本书获 2019 年度洛阳师范学院国家级项目培育基金资助

身体权研究

柳春光 著

Research
on the right to the body

中国社会科学出版社

图书在版编目(CIP)数据

身体权研究／柳春光著．—北京：中国社会科学出版社，2019.11
ISBN 978-7-5203-5339-7

Ⅰ.①身… Ⅱ.①柳… Ⅲ.①人权—研究 Ⅳ.①D082

中国版本图书馆 CIP 数据核字(2019)第 215454 号

出 版 人	赵剑英
责任编辑	宫京蕾
责任校对	秦 婵
责任印制	郝美娜

出　　版	中国社会科学出版社
社　　址	北京鼓楼西大街甲 158 号
邮　　编	100720
网　　址	http://www.csspw.cn
发 行 部	010-84083685
门 市 部	010-84029450
经　　销	新华书店及其他书店
印刷装订	北京君升印刷有限公司
版　　次	2019 年 11 月第 1 版
印　　次	2019 年 11 月第 1 次印刷
开　　本	710×1000　1/16
印　　张	13
插　　页	2
字　　数	220 千字
定　　价	78.00 元

凡购买中国社会科学出版社图书，如有质量问题请与本社营销中心联系调换
电话：010-84083683
版权所有　侵权必究

代　　序

《身体权研究》，是我国首篇以身体权为研究原点、研究对象、研究进路的博士学位论文。该论文选题确定于2011年，写作完成于2014年，答辩于2015年。自论文答辩完毕至今，春光博士一直悉心求索、充实补益、多维探究，遂成今日同名付梓著作《身体权研究》。

回望来路，几番曲折、几番磨砺、几番耕耘、几番收获，正所谓梅花香自苦寒来……

在我国现今民法体系与民法理论框架下，身体权当属重要的人格权，承载着维护身体组织完整安全、支配身体及其组成部分的权能。俗语云：无身体，则无健康与生命；无身体权，则无健康权与生命权的周全保护与价值实现。故《民法总则》第110条规定：自然人享有身体权。身体权内蕴对"人之为人"的尊严保护与人格尊重；意涵对"人之基本权利"的应然确认与价值观照。

学无涯，思无域。《身体权研究》向我们展现了身体的内涵与身体完整性的界定，描述了身体权的立法演进轨迹与制度建设脉络，界分了身体权的性质及其在法律体系中的地位，阐释了身体权的构成要素及其在人格权体系中的归属，探究了身体权的侵害行为类型及其损害赔偿责任，分析了中外民法典有关身体权立法的框架设计与模式选择，提出了我国民法典有关身体权的制度架构与实践路径。

《身体权研究》的出版，恰逢我国《民法典·人格权编》立法编纂与研讨论证之际。其内容表达与观点阐释，将为立法研讨、学术争鸣提供系统的理论梳理与思想给养；其立法思考与规范凝练，将为法典编纂、难点突破补充清晰的研究视角与探究路径。而法学园地，也因《身体权研究》这一"花朵的盛开"，而充分显现"百花齐放，百家争鸣"的清新气息与繁荣景象。

在为《身体权研究》如期出版而欣喜、欣慰的同时,由衷地向春光博士表示祝贺!

天道酬勤!

最后,奉上教育家夸美纽斯的感悟与思辨:"人人都应该祈求自己具有存在于一个健康的身体里面的一个健康的心灵。"

王歌雅于哈尔滨

2019年4月15日

目　　录

引言 …………………………………………………………………… (1)
 一　研究的目的和意义 …………………………………………… (1)
 二　研究的现状 …………………………………………………… (2)
 三　研究的基本思路和方法 ……………………………………… (4)
 四　文献综述 ……………………………………………………… (4)
第一章　身体权的历史探源 ……………………………………… (8)
 第一节　人身保护的古代法传统 ………………………………… (8)
  一　国外古代法对人身的保护 ………………………………… (8)
  二　中国古代法对人身的保护 ………………………………… (12)
 第二节　近代民法对"身体权"的侵权法保护 ………………… (13)
  一　近代民法典中"身体权"的保护制度 …………………… (13)
  二　近代普通法中"身体权"的保护制度 …………………… (17)
  三　中国近代民法中"身体权"的保护制度 ………………… (19)
 第三节　现代民法对身体权的权利化保护 ……………………… (21)
  一　现代民法典中身体权的保护制度 ………………………… (21)
  二　中国民法对身体权的权利化保护 ………………………… (25)
第二章　身体权的内涵界定 ……………………………………… (27)
 第一节　身体权概念的厘定 ……………………………………… (27)
  一　身体完整性的含义 ………………………………………… (28)
  二　身体支配权的含义 ………………………………………… (31)
  三　身体权与相关人格权概念的界分 ………………………… (34)
 第二节　身体权的性质 …………………………………………… (47)
  一　身体权的人格权属性 ……………………………………… (47)
  二　身体权兼具宪法基本权利和民事权利的性质 …………… (50)

第三节　身体权的地位和意义 ……………………………… (54)
　　　一　身体权的归属与地位 ……………………………… (54)
　　　二　身体权的理论价值与实践意义 …………………… (57)
第三章　身体权的结构分析 ……………………………………… (63)
　第一节　身体权的主体 …………………………………………… (63)
　　　一　自然人为身体权的主体 …………………………… (63)
　　　二　胎儿"身体权"的否定论 ………………………… (65)
　　　三　死者"身体权"否定论 …………………………… (71)
　第二节　身体权的客体 …………………………………………… (74)
　　　一　身体概念的界定 …………………………………… (75)
　　　二　植入身体内的器官或组织的法律地位 …………… (76)
　　　三　离体器官组织的法律地位 ………………………… (77)
　第三节　身体权的内容 …………………………………………… (90)
　　　一　身体维护权 ………………………………………… (91)
　　　二　身体支配权 ………………………………………… (91)
　　　三　身体权的行使与限制 ……………………………… (93)
第四章　身体权的侵权法保护 ………………………………… (107)
　第一节　侵害身体权的责任构成 …………………………… (107)
　　　一　违法行为 …………………………………………… (107)
　　　二　损害事实 …………………………………………… (108)
　　　三　因果关系 …………………………………………… (111)
　　　四　过错 ………………………………………………… (113)
　第二节　侵害身体权行为的主要类型 ……………………… (116)
　　　一　侵害身体权的医疗损害行为 ……………………… (116)
　　　二　侵害身体权的非医疗损害行为 …………………… (121)
　第三节　侵害身体权的损害赔偿责任 ……………………… (127)
　　　一　侵害身体权的财产损害赔偿 ……………………… (127)
　　　二　侵害身体权的精神损害赔偿 ……………………… (131)
　　　三　免责事由 …………………………………………… (142)
第五章　中国民法典中身体权的立法构想 ………………… (146)
　第一节　中国民法典中身体权的立法模式选择 …………… (146)
　　　一　身体权立法模式的比较法考察与启示 …………… (146)

  二　中国民法典对身体权立法模式的选择 …………………… (151)
第二节　中国民法典中身体权的立法框架设计 ……………………… (152)
  一　中国现有民法典草案建议稿中相关内容之评述 …………… (152)
  二　中国民法典中身体权的权利结构界定 ……………………… (159)
第三节　中国民法典中身体权救济制度的构建 ……………………… (169)
  一　中国身体权救济制度的现状和问题 ………………………… (169)
  二　构建中国民法典中身体权救济制度的建议 ………………… (171)

结语 ……………………………………………………………………… (181)

参考文献 ………………………………………………………………… (186)

后记 ……………………………………………………………………… (197)

引　言

"身体完整权是一项与生俱来的权利，因此它应当优于财产权的获得。"

——康德①

一　研究的目的和意义

传统民法仅关注身体权的防御性，即身体权是自然人维护其身体完整而不受非法侵害的权利。随着社会现实及伦理观念的变迁，尤其是现代科技和医学的发展，现代民法充分关注到身体权还具有积极自由的权能，即身体权是自然人维护其身体完整并支配其肢体、器官和其他组织的权利。

国际社会中，"身体权"已被视为一项与生命权并列的人的最可宝贵的权利。② 在我国，身体权却一直是学理上以及司法解释中的权利，立法上付之阙如。直至 2017 年 3 月 15 日，我国《民法总则》第 110 条才将身体权明确规定为一项独立的具体人格权。但无论在立法方面、司法方面还是法学理论研究方面，对身体权的研究均重视不够，对身体权的系统研究尚属空白。本书的研究目的主要体现在以下几个方面。

1. 从历史纵向角度，系统梳理身体权的演进过程，探寻身体权实现从消极防御的权利丰满为可以对自己的身体进行有限处分的积极权利转化的理论基础和社会根源。

---

① ［美］格瑞尔德·J. 波斯特马：《哲学与侵权行为法》，陈敏、云建芳译，北京大学出版社 2005 年版，第 335 页。

② A. M. Viens. *The Right to Bodily Integrity* [C]. Ashgate. Pub. Co. 2014.

2. 对身体权的内涵进行界定，明确身体权的概念、性质、地位和意义。

3. 对身体权的权利结构进行剖析，探讨身体权行使的内容、范围和效力。

4. 对侵害身体权的侵权责任进行制度考察，分析现实生活中常见的侵害身体权的行为类型，找寻身体权获得有效救济的法律途径。

5. 立足于身体权的理论阐释和制度考察，结合我国民法典人格权编（草案）以及学者的立法建议稿，构建我国民法典中的身体权制度。

半个世纪以来，由于生命科学在器官移植、生殖技术、基因技术以及变性手术等方面的诸多突破，使得许多人文学者如德国哲学家哈贝马斯等纷纷向科学界提出了所谓合法性的问题，亦即在考虑生命科技"能不能"造福人类的同时，还应考虑新科技"该"或"不该"做的伦理及法律规范问题。加强身体权研究，具有如下意义。

1. 加深对身体权的理论认识。国内外学界对于什么是身体权在理论上始终没有定论。关于人对其身体是否享有权利以及享有什么样的权利也存在激烈的争论。本书希望通过对身体权的历史源流、概念、性质、构成、救济等方面的研究，进一步深化对身体权的理论认识，澄清学界对身体权的理论误解，为促进身体权制度建设提供理论支撑。

2. 提供实践经验。对于身体权的保护，国外的立法和司法实践积累了丰富的经验。在我国，身体权虽已法定，但在司法适用上还存在诸多问题和不足，身体权的保护，任重道远。他山之石，可以攻玉。本书从国内外的身体权制度比较出发，分析我国在身体权保护方面所面临的主要问题，提出有建设性的展望意见，以期建立和健全我国身体权的立法体系和制度保障，进一步促进对自然人身体权的尊重、保护和实现。

二 研究的现状

国内对身体权的研究起步较晚，目前还没有学者对身体权进行系统研究。国内包括港澳台地区还没有关于身体权的专著。我国《民法通则》第98条仅规定"生命健康权"，未提及"身体权"。1994年，杨立新教授发表《论公民身体权及其民法保护》一文，标志着"身体权"的独立获得了学术上的支撑。通过中国期刊网搜索的资料显示，自 1994 年以来，学界开始更多地关注身体权，先后有 15 篇硕士学位论文以"身体权"为研究对象，法学期刊上也开始出现更多有关身体权的学术论文。学者的著作中，以王利明教授的《人格权法新论》《人格权法研究》和杨立新教授的《人格权法》对身体权着墨最多，论及身体权的概念、特征、主体、客体、内容，与其他人格权的关系以及侵害责任的构成等。总体而言，国内学者对身体权的研究存在如下问题。第一，理论剖析不够深入，对身体权的研究不完整、不系统。第二，研究的重点多集中在身体权的不可侵犯性上，对身体权所具有的积极支配权能关注不够。第三，学界已经取得的一些成果尚未达成共识，观点多样，理论不成体系。如身体权的概念、客体以及内容等，都还存在广泛的争议。

与国内研究现状相比，国外对身体权的研究时间更早、水平更高。但两大法系对身体权的研究表现出不同的倾向性。以法、德为代表的大陆法系国家强调对身体完整性的防御性保护。法国 1975 年在其民法典人法卷第一编民事权利中增加第二章"身体权"（Chapitre Ⅱ Du Respect du corps humain）。1994 年第 653 号法令对《法国民法典》"身体权"一章进行修订，强调人体的尊严、安全及完整性，禁止人体及其组成部分的商业化。相对而言，英美法学者对身体权的理解，一方面，强调人的身体是不可侵犯的，即任何对于他人身体不合伦理原则的侵犯、侵入或违反法律的侵犯，都违反了身体完整性原则；另一方面，还强调身体的自主（bodily autonomy），即个人对自己的身体拥有自己决定的自主权利。对此，较具代表性的研究著作有：A. M. Viens 编著的《身体完整权》（*The Right to Bodily Integrity*）[1]；唐娜·L. 狄克森（Donna L. Dickson）所著的《身体权的所有权：女性主义视角》（*Property in the Body：Feminist Perspectives*）[2]；罗汉·哈德保（Rohan Hardcastle）所著的《法律和身体：财产权、所有权和控制》（*Law and the Human Body：Property Rights，Ownership and Control*）[3]。此类著作不仅充分探讨人身的不可侵犯性，而且还全面探讨生育、

---

[1] A. M. Viens. *The Right to Bodily Integrity* [C]. Ashgate. Pub. Co. 2014.

[2] Donna. L. Dickson. *Property in the Body：Feminist Perspectives* [M]. Cambridge University Press. 2007.

[3] Rohan Hardcastle. *Law and the Human Body：Property Rights，ownership and control* [M]. Oxford and Portland. Oregon，2007.

变性、人体移植、整容、外科手术以及人体试验等涉及身体自主的伦理与法律。

三 研究的基本思路和方法

1. 历史分析的方法。身体权的提出是社会发展的结果。从习惯保护到法律保护，再到正式确立为人格权，是人权运动的必然，也是科学发展的成果。唯有采用历史分析的方法，才能较为全面地把握身体权的理论发展和制度嬗变过程。

2. 语义分析的方法。国内外学界对于什么是身体权在理论上始终没有定论。本书采用语义分析的研究方法，对何谓身体、何谓身体完整性、身体权的法学定义如何界定等基本理论问题进行厘清或做出合理的解释，以澄清学界对身体权存在的一些理论误解。

3. 实证分析的方法。本书着眼于"身体权"保护的现实，通过大量的事例和经验分析，展开对身体权的构成要素、保障与救济等方面的深入探讨。

4. 比较分析的方法。他山之石，可以攻玉。本书对各国关于身体权的理论和实践进行了较为系统的比较与分析，以期为我国的身体权理论和制度建设提供经验借鉴。

四 文献综述

身体权是一项具体人格权，在整个人格权体系中居于基础性地位。对身体权的研究，必须结合人格权法领域的相关研究成果。随着现代生物科技和医疗技术的发展，身体权行使的内容、范围和效力已成为一项颇具争议的伦理、法律和政治议题。故本书在文献使用上还充分利用了相关医疗法律和生命伦理的研究成果。具体引用文献主要分为以下四类。

一是人格权法的研究成果。我国学术界对人格权法的系统研究应起源于20世纪四五十年代，其中具有相应学术价值的著作主要是龙显铭的《私法上人格权之保护》。这是我国近代以来第一部人格权法的学术专著，认为人身权可分为人格权与身份权两类，前者乃与人之人格相始终而不能分离之权利，亦即以人格的利益为内容之权利，如生命权、身体权、自由权、名誉权等。1994年王利明的《人格权法新论》是新中国构建人格权理论的学术拓荒力作。① 该著作从中西人格权的思想源流到当代人格权理论的建设，系统展开对人格权法律制度构架的论述。此后，人格权法的学术研究呈现蓬勃发展的态势。如王利明的《人格权法研究》，马特、袁雪石的《人格权法教程》，郑永宽的《人格权的价值与体系研究》，马俊驹的《人格和人格权理论讲稿》，曹险峰的《人格、人格权与中国民法典》，周云涛的《论宪法人格权与民法人格权——以德国法为中心的考察》，杨立新的《人格权法》，姚辉的《人格权法论》，张红的《人格权总论》等。上述有关人格、人格权和人格权法的著述为身体权的理论嬗变和制度沿革研究提供了资料保障。

二是身体社会学的研究成果。身体和社会是不可分的。我们对身体含义的理解是社会性的和历史性的；由于社会和科技的变化，对身体的定义也随之变化。② 此方面较有代表性的著作有布莱恩·特纳（Bryan S. Turner）的《身体与社会》（*The Body & Society*）③、肖恩·斯威尼（Sean Sweeney）、伊恩·霍德（Ian Hodder）主编的《身体》（*The Body*）④。布莱恩·特纳把关于身体的研究从最基础的医学身体层面上升到精神身体的层面。肖恩·斯威尼、伊恩·霍德的编著则源自剑桥大学达尔文学院系列年度主题讲座，该讲座邀请了生物学、社会学、哲学、医学等领域的专家从多学科、多视角来阐释身体与社会、身体与科技的关系。上述著述为身体的社会学研究提供了相关资料。

三是医疗法律和生命伦理的研究成果。生物技术的进步，使医学产生了诸多前所未有的新难题，并对传统伦理提出了新挑战，这就产生了生命伦理学。例如，显微外科手术可以为易性癖者提供一种变化和挣脱身体束缚的选择；体外受精胚胎移植（试管婴儿）、器官移植、新兴生殖技术和克隆，所有这些新科技都会引起我们对一系列伦理问题的思考：什么是"身体"，身体的各器官的"所有权"，生命的开始与结束的界定，在生育

---

① 姚辉：《创建中国的人格权法理论——简评王利明教授主编的〈人格权法新论〉》，《中国法学》1995 年第 2 期。

② Mary Warnock. *The Bioethics of Reproduction Have the Problems Changed?* 参见［英］肖恩·斯威尼、伊恩·霍德《身体》，贾俐译，华夏出版社 2011 年版，第 10 页。

③ ［英］布莱恩·特纳：《身体与社会》，马海良、赵国新译，春风文艺出版社 2000 年版。

④ ［英］肖恩·斯威尼、伊恩·霍德：《身体》，贾俐译，华夏出版社 2011 年版。

选择权问题上的个人权利与自由等等。在这方面，颇具建树的著作主要有邱仁宗的《生命伦理学》、孙慕义主编的《医学伦理学》、黄丁全的《医疗法律与生命伦理》等。上述著作围绕医疗、法律与生命伦理之间的复杂关系展开，为探寻身体权行使的伦理及法律规范奠定了基础。

除使用上述较为系统的学科研究资料外，本书在研究中还使用了相关研究资料，如学术论文的引用、现代法律规范的分析。上述内容对身体权的研究起到了佐证作用。尤其要特别说明并须表示感谢的是，下述著作对本书的形成具有深刻的影响和作用：王利明的《人格权法研究》，是构建我国人格权理论的力作。其对身体权研究的主要影响有三：一是身体权的属性界定；二是身体权的比较法视角；三是身体权保护的原则。本书在探讨身体权的内涵和架构时，围绕身体权的权利归属以及身体权的行使与限制的探究，使用了王利明对身体权的性质界定和对身体权保护的原则。马俊驹的《人格和人格权理论讲稿》是在涉及法哲学、法史学、伦理学、社会学、政治学、经济学乃至心理学等多种学科的广阔领域展开对人格和人格权理论的探讨。其对身体权研究的影响主要体现在：人格权的理论基础及其立法体例的阐释。本书在探讨身体权的历史源流和立法模式选择时，使用了马俊驹对人格权理论基础的阐释，即人的伦理价值的外化，是现代人格权概念兴起的原因，这也是现代民法对人的保护选择"权利的保护"模式而非近代所采用的"人之本体的保护"模式的原因。五十岚清的《人格权法》主要是通过判例来阐明21世纪的日本人格权法的现状。五十岚清在该书序言中指出，尽管在人格权法领域，中国的立法要比日本更加先进，但是判例和学说的发展好像还不够充分。其对身体权研究的影响主要体现在对作为自我决定权的人格权判例分析上。本书在探讨身体权与自我决定权的关系时使用了五十岚清所列的相关判例及说明。邱仁宗的《生命伦理学》是我国第一部系统论述生命伦理学的著作。其对身体权研究的影响主要体现在：应对生殖技术、生育控制以及器官移植这些挑战的生命伦理学体制化。黄丁全的《医疗法律与生命伦理》是近年来我国讨论现代医疗与法律控制及生命伦理关系的力作，其资料翔实、内容丰富的特点，为本书研究身体权的伦理与法律提供了典型的参考样本和方法启示。

关于比较法上的文献资料主要包括：A. M. 维恩斯（A. M. Viens）主编的《身体完整权》（*the Right to Bodily Integrity*）、劳迪卡·劳（Radhika

Rao)的《财产、私生活和人体》(*Property, Privacy and the Human Body*)。① 以上著述从域外法视角较为全面地探讨了身体权所涉及的伦理和法律问题,为身体权研究提供了思想渊源和资料保障。

---

① Radhika Rao. Property, Privacy, and the Human Body [J]. Boston University Law Review, 2000,(80)

第一章

身体权的历史探源

身体权虽然是近现代法律确立的概念,但法律对人身的保护却与法律的产生、发展具有同样悠久的历史。从古代法对人身保护的刑法优位性到近代民法对身体权的侵权法保护,再到现代民法将身体权确定为法定权利,在历史演进的过程中,身体权实现了从消极防御的权利丰满为可以对自己的身体进行有限处分的积极权利的转化。在系统研究身体权之前,有必要探求身体权的历史源流以及权利转化的理论基础和社会根源。

第一节 人身保护的古代法传统

一 国外古代法对人身的保护

在古代等级社会中,法律更多关注的是人的身份和财产,以主体平等为特质的生命权、身体权、健康权等人格权概念无从产生,但还是存在保护人的生命、身体、健康的习惯或法律。如果认定古代法上对人身保护的规定是身体权制度的萌芽,也只能是在形式意义上,究其实质,只能是虚假的"萌芽"①。

从远古社会的习惯法到古罗马的卡尔威(Karlv)刑法典,侵犯人身的法律责任经历了同态复仇、自由赔偿、强制赔偿和双重赔偿等不同形式和立法时期。② 在远古社会中,对于伤害人的身体,采取的是由受害人及其血亲对加害人进行同态复仇的方法。随着社会的发展和文明的进步,逐渐产生了用金钱赔偿代替同态复仇的变通方法,这种制度被法学家称为自

---

① 曹险峰:《人格、人格权与中国民法典》,科学出版社2009年版,第19页。
② 杨立新:《人格权法》,法律出版社2011年版,第29—31页。

由赔偿，即受害人及其血亲有权进行选择，或放弃复仇的权利而接受赔偿，或拒绝接受赔偿而坚持实行复仇。公元前18世纪《汉谟拉比法典》第195条至第227条，大多是关于侵害身体的法律责任的规定，其中既有同态复仇，也有金钱赔偿的内容。如该法第196条规定："倘自由民损毁任何自由民之子眼，则应毁其眼。"又如该法第206条规定："倘自由民在争执中殴打自由民而使之受伤，则此自由民应发誓云'吾非故意致之，并赔偿医药费'。"至罗马最高裁判官法，最终确立了对人的身体侵害一律实行强制性的金钱赔偿；最高裁判官法确认赔偿数额由法官依据被害人的身份、地位、伤害的部位以及侵权行为发生的场所来计算。至查士丁尼《国法大全》，规定了对人私犯（privata delicta）的损害赔偿责任，即所谓的"侵辱之诉"。需要注意的是，这一时期的罗马法已经开始通过侵辱之诉对非物质的人格利益进行金钱赔偿。著名的德国罗马法学家弗里兹·舒尔茨对此曾言："侵辱之诉对于精神损害，尤其是任何类型的侮辱行为，提供了强大而有效的保护。"[①] 双重赔偿，是指对于人身的法律保护，不仅要赔偿财产上的损失，而且要赔偿因人身受侵害所造成的精神损害。这种制度始于罗马卡尔威刑法典第20条："违法加暴行于他人身体之人，对于痛苦应予以赔偿。"这项制度后来被德国法确认为抚慰金请求之诉。如《德国民法典》第823条规定："因故意或过失不法侵害他人的生命、身体、健康、自由、所有权或其他权利者，对被害人负损害赔偿的义务。"又如该法第847条第1款规定："不法侵害他人的身体或健康，或剥夺他人自由者，被害人所受侵害虽非财产上的损失，亦得因受损害，请求赔偿相当的数额。"

罗马法的"侵辱之诉"对于现代侵权法中侵害身体权的精神损害赔偿制度的建构与解释仍具有借鉴意义。罗马法时期，私法繁荣，侵害他人人身或私人财产的行为作为私犯成了债发生的根据之一，私犯行为人要承担损害赔偿的法律责任。私犯又有盗窃、强盗、对人财产的私犯和对人身和名誉的私犯四种。其中对人身和名誉的私犯是对人私犯，被称为侵辱，"侵"是对身体的侵犯，"辱"是对名誉尊严的侮辱。古罗马第一部成文法典《十二表法》中就已经出现了关于"侵辱"的规定，其第8表第2、

[①] Fritz Schulz. *Classical Roman law*, Scientia Verlag, 1992, p.599. 转引自肖俊《人格权保护的罗马法传统：侵辱之诉研究》，《比较法研究》2013年第1期。

3、4条规定了行为人在身体上对他人造成非法侵害的情形。第一，断肢（第2条：如果故意伤人肢体，而又未与受害人和解者，则他本身应遭受同样的伤害。）第二，折骨（第3条：如用手或棒子打断自由人的骨头，则应缴纳罚金300阿斯，如为奴隶，则为150阿斯。）第三，简单侵辱，比如殴打等轻微伤害（第4条：对人施行其他侵辱行为的，处25阿斯的罚金。）① 不过，《十二表法》中的"侵辱"，并不包括名誉和尊严。直到公元前3世纪，罗马的裁判官获得了谕令权，通过发布裁判官告示才弥补了这一空白。裁判官的告示经由法学家的解释成为一种全面保护自由人人格尊严的市民法上的诉权——侵辱之诉（actio iniuriarum），与专门保护财产侵害责任的阿奎利亚法相并列。在古罗马的侵辱之诉中，判断侵辱行为的标准是否违反了善良风俗（boni mores），即对稳定的社会道德秩序具有重要意义的风俗习惯和伦理准则。与要求物品实际损害结果的阿奎利亚法不同，侵辱之诉考虑的主要是当事人的侮辱行为对善良风俗的破坏程度。侵辱之诉赔偿的目的是衡平，而非恢复原状，体现出政治和法律对侵害行为的否定评价，因而具有罚金的性质。此外，针对罚金因货币贬值而失去效用的问题，大约在公元前2世纪，侵辱之诉的赔偿不再采用《十二表法》中的固定罚金数额，而是由受害人和法官根据侵害事实（被害人的身份、地位、被害的部位以及侵权行为发生的场所）共同做出评估。

研究罗马法的"侵辱之诉"对我们至少具有如下两方面的启示意义。第一，对侵害身体权的精神损害赔偿，应将侵害行为违反善良风俗的程度作为衡量标准之一。第二，身体权侵害中，精神损害赔偿的目的不仅在于对受害人的抚慰，还在于对侵害人的惩罚。现实生活中，殴打他人作为一种较为特殊的身体权侵权行为，对受害人的身心及社会风气均造成了恶劣影响，具有较强的反社会性。鉴于受害人所遭受的精神损害程度难以精确衡量，法官可将考察的重心转化为此类侵权行为对社会一般道德标准的侵害程度，同时，还可从抑制侵权行为的角度，提高精神损害赔偿金的数额，以达到惩戒的效果。

以上对人身保护的史实并不意味着在罗马法上就已经存在了"身体权"的概念。尽管真正法律意义上的权利概念发端于罗马法，但罗马法从

---

① ［英］巴里·尼古拉斯：《罗马法概论（第二版）》，黄风译，法律出版社2004年版，第232页。

不认为人对其身体可以享有"权利"。罗马法"权利"（jus）概念的核心是"财产权"，不能用金钱衡量的人的生命、身体等伦理价值是被排除于权利的客体之外的。再者，就实质而言，罗马法对人身的保护措施与近现代意义上的身体权概念在主体、内容、手段和目的等方面是不可等同的。[1] 其一，在罗马法中，不同等级的人拥有不同的公权和私权，其评判根据是法律人格。罗马法的人格理论的最重要特征之一便是人本身和人格的分离。[2] 这就意味着，自然意义上的人与法律意义上的人并非一一对应。经过"人格"的过滤，即身份和地位的不同，人格的有限性决定了"身体权"的享有者不可能是一切生物人，而只能是部分具有某种特定身份的社会人。例如，在古罗马，奴隶被视为家族的财产，是权利的标的，而非权利的主体；在家庭内部，法律主体仅限于"家父"，"父对其子有生死之权，更毋待论的，具有无限制的肉体惩罚权"[3]。因而，作为"人之为人"本质所要求的、必须享有的身体权，在此时尚无存在的基础。其二，就保护的内容而言，罗马法对人身的保护并不能说明罗马法对人已经有足够的"内视"，而只能说是从家族乃至整个城邦的持续发展角度，对人的"生存性要素"的维护。这与近现代意义上的立足于人自身、体现对人的法律关怀的身体权制度在理念和出发点上是毫不相同的。其三，就人身保护的手段而言，刑法具有优位性。罗马法上虽然存在禁止侵害人身的规定，但由于公私法混合、民刑不分，这类规定在很大程度上成为针对犯罪和不法行为所做的规定的一部分，更侧重于惩戒与威慑。可见，罗马法对人身的保护更多的是从秩序维护的角度，而不是从个人利益的角度，这就决定了其与近现代意义上的身体权制度的分野。其四，就制度功能而言，古代社会保护人身的主要目的在于以朴素的自然法思想为指导而维护公的秩序。古希腊自然主义哲学家们普遍认为，个人的身体是自然和上帝赐予的礼物，人只是自己身体的管理者和看护者，而非拥有者。这就部分解释了罗马法在法律和道德上反对自杀和自残的传统。[4] 质言之，罗马法关于人身保护制度的目的性不是以人为中心，维护人之为人的个体尊严、

---

[1] 曹险峰：《人格、人格权与中国民法典》，科学出版社2009年版，第19—20页。
[2] 江平：《江平文集》，中国法制出版社2000年版，第222页。
[3] ［英］梅因：《古代法》，沈景一译，商务印书馆1959年版，第79页。
[4] Diego Gracla. *Ownership of the Human Body: Some Historical Remarks* [M]. Published by Kluwer Academic Publishers, 1998, pp. 68–76.

利益，而在于对生命、身体、健康等体现上帝意志的"自然秩序"的保护，进而维护社会的基本运行。

二 中国古代法对人身的保护

"身体发肤，受之父母，不敢毁损，孝之始也。"① 在传统礼法的规制下，我国古代法中，人的身体极大程度上并非属于自己，主要属于家长、家族和国家。② 首先，我国古代，家国同构、宗法发达。礼法将具有自然属性的个人牢牢系在家族、宗族的伦理之网中。在伦理这张大网中，个人的身体从来就不属于自己，而是属于家长，再扩展归属于家族、宗族。其次，就礼法的政治意义而言，个人的身体归属于国家。当个人侵犯国家利益时，国家有权对其身体进行合法性、正当性处理。墨、劓、剕、宫等肉刑直接体现了国家如何处理个人身体的过程和结果。再次，我国古代礼法对女子的身体贞节以及丈夫对妻子身体的拥有权也有诸多方面的规定。此种男尊女卑的伦理准则"不仅成为父系家长制下两性关系的基本特征，而且被作为一种社会制度，作为宗族制的一项重要内容被完全肯定下来了"③。最后，只有在关乎生物意义时，个人才算真切拥有自己的身体。例如，我国古代法中针对身体的残酷惩罚，显然是以承认身体归属于个人为前提的。概言之，在我国传统礼法的规制下，一方面，身体的个人归属权的行使受到礼法的诸多约束，被漠视或边缘化；而另一方面，个人的身体，作为君权、父权、夫权的附属品，往往成为刑罚施加的追逐对象。

我国古代法，刑民不分，对于侵害人身的行为主要采用刑事制裁的方式为受害人提供保护，而忽视受害人的利益补偿。秦律将伤害分为斗伤、贼伤，啮断人鼻、若耳、若指、若唇者，一律处以耐刑，缚而尽拔其须眉，处完城旦刑。对于持械斗殴伤人者，处刑较徒手重；为吏伤人，加重处罚。《唐律疏议》第21卷第302条规定："凡因相争而打人，处笞四十。打伤以及用其他器物打人的，处杖六十；伤及拔头发一寸以上，处杖

---

① 《孝经·开宗明义章》。

② 方潇：《中国传统礼法规制下的身体归属及其在近代的法律转向》，《环球法律评论》2009年第6期。

③ 陶毅、明欣：《中国婚姻家庭制度史》，东方出版社1994年版，第147页。转引自王歌雅《中国婚姻伦理嬗变研究》，中国社会科学出版社2008年版，第61页。

八十。如血从耳朵、眼睛流出及因内伤吐血的,各加重二等处罚。"① 大量的民事关系主要依靠"礼"的规范调整,国家的法律较少涉及,对侵害人身的民事侵权往往由家族宗法进行调节。在一族之内,族长常常依据习惯的家族宗法对损害赔偿进行裁决。家族成员之间偶尔产生的损害赔偿,也多是由公认的德高望重的长辈进行调解或仲裁。

"权利"一词,最早出自《史记·魏其武安侯列传》:"陂池田园,宗族宾客为权利,横于颍川",但仅具有权势与财货之意,与近代意义上的权利,形近义远。在等级社会和传统礼教文化束缚下,对生命、身体完整性以及健康之保护,是我国古代刑事立法的重点。以平等人格为基础之生命权、身体权等人格权概念直至近现代法律才确立。

第二节 近代民法对"身体权"的侵权法保护

罗马法在公元5世纪达到顶峰,但随着罗马帝国的灭亡,罗马法也在长达六个多世纪的时间里沉寂了,整个欧洲进入了宗教神权统治下黑暗的中世纪。"中世纪的法学家沿袭罗马的分类方法,在对'对人私犯'的名目下对待人格之侵犯,并区别于财产法。"② 只不过"在基督教义之下的人格分析中,(人格的侵害)中的'过错'变成了'罪恶',因而成为教会律师与学者的领地"③。在漫长的欧洲中世纪,封建等级制度和土地的多重占有制,决定了人与人之间在身份上的从属和相互依赖,因此不可能形成以人格平等为基础的身体权的概念。欧洲中世纪的教会法也拒绝将生命、身体等人格价值看成权利的客体。

一 近代民法典中"身体权"的保护制度

(一)身体权作为自然权利的提出

中世纪晚期,欧洲宗教改革和文艺复兴运动勃兴,个体不仅摆脱了身份关系的束缚,而且也从教会塑造的"神"的权威中解脱出来,成为自

---

① 钱大群:《唐律疏议新注》,南京师范大学出版社2007年版,第659—660页。

② Eric H. Reiter. *Personality and Patrimony: Comparative Perspectives on the Right to One's Image*, Tulane Law Review, February 2002.

③ Ibid.

主的个体，个人主义在当时得到了前所未有的发展。主张以人为本，以人为中心，尊重人的尊严和自由的人文主义得到社会的普遍接受，人格权的概念逐渐形成。一些自然法学家主张"天赋人权"的观念，认为生命、身体、自由都是人与生俱来的天赋人权，实定法不得随意剥夺和限制，从而对人格权理念的传播以及身体权等具体人格权的形成起到了重要的促进作用。

一般认为，近代初期法国人文主义法学家多内鲁斯（Donellus）是现代人格权理论的创始人。将生命权、身体权等一些具体人格权从罗马法的诉权中抽取出来的贡献也应归于他。① 在其《市民法评注》一书中，多内鲁斯将罗马法的诉权改造为支配权和债权两种类型的权利，而且将前者的对象划分为人和物。对人的权利（in persona cuiusque）可再区分为四种具体人格权：生命（vita）、身体完整（coporis incolumitas）、自由（libertas）和名誉（existimatio）；侵害这样的人格利益，就构成了侵权行为，用侵权诉权制度进行救济。得益于多内鲁斯的理论贡献，经由欧洲启蒙运动中的自然法学家赋予精神支柱，人格权的概念逐渐形成。基于"天赋人权"的观念，自然法学家认为，生命、身体、自由等，是人类的基本权和人权，在人类形成国家之前既已存在，其性质是一种自然权利。此种人权理论为人权的起源做了具有说服力的道德论证，并为人格权奠定了自然法的基础，极大推动了人格权理论的发展。

17世纪，德国学者普芬道夫（Samuel Pufendorf）构建了自然法的义务体系。在《自然法原理》一书中，普芬道夫依据自然法将人的义务分为如下三种：对神的义务、对己的义务和对他人的义务。其中，人格权属于对他人的义务部分。从绝对的义务中，普芬道夫推导出禁止侵害他人的戒律，尤其是禁止造成他人与生俱来的自然法上的权利的损害。该权利包括生命、身体、名誉和自由。18世纪，德国学者沃尔夫（Christian Wolf）对普芬道夫的自然法的义务体系和托马西乌斯的原初权利理论进行了整合，在其《自然法导论》一书中，沃尔夫列举了如下具体人格权：生命权、身体权、名誉权、荣誉权和一般的价值评定权等。沃尔夫的人格权体系对后世影响很大，这集中体现在其理论对《奥地利民法典》起草工作

---

① ［日］五十岚清：《人格权法》，铃木贤、葛敏译，北京大学出版社2009年版，第2页。

的影响上。①

(二) 近代民法典对"身体权"概念的拒绝

在人文主义与近代自然法的影响下，1804 年的《法国民法典》将自然法倡导的无差别的"人类理性"作为实定法上人格的取得依据，从而使得"生而平等"的伦理价值观念在法典上得到了落实；确立了主体平等的原则，将人视为唯一具有法律人格的主体，改变了罗马法上"人为非人"的状况，实现了自然意义上的人与法律意义上的人的统一，完成了"从身份到契约"的历史性转变。但是，1804 年的《法国民法典》并未从权利的角度看待生命、身体、健康、自由等"人之为人"的基本伦理价值。在当时的编纂者看来，生命、身体等人格要素具有自然权利的神圣性，因此不得将它们降格为法定权利而规定在民法典中，法典所需做的工作仅是对于侵犯生命、身体等人格要素的行为予以法律上的规制。因而，《法国民法典》第 1382 条对侵权行为的规定比较富有弹性，它直接继承了自然法中的"不得损害他人"（neminem laedere）的一般性规则，规定"任何行为使他人受损害时，因自己的过失而使损害发生的人，对该他人负赔偿责任"。此处所说的"损害"包括了财产损害和精神损害，因此可以适用于对人格权的侵害。②

1804 年的《法国民法典》基于天赋人权、人人平等的自然法思想，对自然人人格普遍承认，将人的自然理性作为人之为人的原因。但在 1900 年的《德国民法典》制定过程中，康德的先验唯心主义和萨维尼（Von Savigny）的历史法学发挥了重要作用，他们反对把自然法作为民法的法源。在康德伦理人格主义哲学看来，人正是因为是伦理学意义上的"人"，所以他本身具有一种价值，即人不能作为其他人达到目的的手段，人具有其"尊严"。因此，人人为权利主体，相互间是平等的。同时，每个人都有权要求其他人尊重他的人格、不侵害他的生存（生命、身体、健康）和他的私人领域；相应地，每一个人对其他任何人也都必须承担这种尊重他人人格以及不侵害他人权利的义务。可见，康德思想斩断了人格要素同自然法以及自然权利的哲学纽带，将人的生命、身体、健康、自由等范畴视为人的要素——人本身"内在的东西"，进而成为法律人格的伦理

---

① 王利明：《人格权法研究》，中国人民大学出版社 2012 年版，第 129 页。
② 同上书，第 130 页。

基础。不过，1900年的《德国民法典》也未从权利的角度看待上述人之为人的"生存性因素"。在康德的伦理人格主义中，一方面他认为以人为目的的法律应该对人之为人的人格要素予以法律保障；另一方面他又坚持认为，人在任何情形下都是目的，以这一绝对前提为基点，他坚决否认人在任何情况下支配自己身体的组成部分，包括反对自杀。继承康德思想，并且对《德国民法典》的制定有直接影响的德国历史法学派代表人物萨维尼，也担心在制定法中规定关于个体对其人格要素的一般权利会导致自杀权的产生，因此他仅仅支持在制定法中对人格要素需通过具体的保护性条款予以保护。① 他认为，人无法就自己的精神利益享有所有权，并且也无法占有自己的身体和肢体。该观点成为19世纪欧洲大陆的主流。《德国民法典》的起草人温特沙伊德等人继承了萨维尼的观点，认为权利是人支配物的关系，而不是人支配人的关系，所以就无法规定人格权。起草人进而指出，"不可能承认一项'对自身的原初权利'"。② 这种认识导致了《德国民法典》拒绝承认人对自己的"生命、身体、健康和自由"享有权利。如德国学者拉伦茨所言，"第823条第1款还列举了四种在受到侵犯时就完全同权利处于同等地位的'生活利益'，即生命、身体、健康和自由。在它们受到侵害之虞时，司法实践准许提起除去侵害之诉，在继续受到侵害时，准许请求停止侵害。这并不是说，有一种生命、身体、健康和自由的不可侵犯的权利，并把这种权利与法律承认的人格权并列"。③

与法国民法相同，在德国民法中，上述人格要素虽然没有被视为权利，但是同样不影响侵权法对它的保护。《德国民法典》第823条第1款规定了对于故意或过失侵害生命、身体、健康、自由的损害赔偿义务。据此，"生命、身体、健康和自由"等人格价值，虽然与"所有权或其他权利"共同规定于该条款中，但这仅仅意味着上述人格要素在侵权法的保护上，与权利适用同样的规则。亦即，1900年的《德国民法典》并不承认所谓的"生命权""身体权"等具体人格权，但适用了与权利保护的相同规则。此种立法先例对我国台湾地区"民法"产生了一定的影响，该法

---

① 朱晓峰：《人格立法之时代性与人格权的权利内质》，《河北法学》2012年第3期。
② ［德］霍尔斯特·埃曼：《德国民法中的一般人格权——论从非道德行为到侵权行为的转变》，邵建东译，载梁慧星《民商法论丛》第23卷。
③ ［德］卡尔·拉伦茨：《德国民法通论（上册）》，王晓晔、邵建东等译，法律出版社2013年版，第169—170页。

第 193 条规定："不法侵害他人身体或健康者，对于被害人因此丧失或减少劳动能力，或增加生活上之需要时，应负损害赔偿责任。"《日本民法典》在总体上也继承了《德国民法典》有关人身保护的规定。1896 年的《日本民法典》第 710 条规定："不管是侵害他人身体、自由或名誉情形，还是侵害他人财产权情形，依前条规定应负赔偿责任者，对财产以外的损害，亦应赔偿。"

综上所述，尽管在近代人文主义学派和自然法学派的论述中，生命、身体、健康等"人之生存性要素"，不再如罗马法那样，被看作社会秩序的一部分，而是内在于个人的与生俱来的权利，但以法、德民法为代表的近代大陆法系民法典，仍拒绝承认人对自身的生命、身体、健康等人格要素享有权利，仍在沿袭罗马法所开创的人身保护之救济与权利相分离的模式。这一模式的延续，一方面是受罗马法的权利观影响，将人的伦理价值与外在于人的事物相对立，人的伦理价值被排除于权利客体之外；另一方面，在近代人文主义思想影响下，生命、身体、健康等人的伦理价值在法律中被看成内在于人的事物，从而使得法律在"人格"的保护上必然采取"人之本体的保护"模式。在这两个要素的作用下，身体权等人格权概念无法在近代民法中产生。①

二 近代普通法中"身体权"的保护制度

相对于近代大陆法系民法中人格权法的发展，采用普通法系的各国有自己独自的发展道路。在普通法系中，即便在今天，也不存在人格权这一概念。但是，人格权理论所涉的各种利益，仍受侵权行为法的保护。就身体权而言，普通法系并没有身体权的法定权利概念，但这并不代表普通法系国家不重视对身体完整性的保护；相反，普通法系国家的法律制度很早就开始关注如何维护人身完整性（bodily integrity）。

对人身完整性的保护，最早可追溯到 13 世纪英国国王的令状（writs）

---

① "法律之保护"存在两种模式，其一是权利保护模式，其二是人之本体保护模式。如果该项事物是"外在于人"的，由"人之存在"不能够推知"人对该事物的拥有"，所以法律必定是以沟通主客体的"权利"为保护手段，即所谓"权利保护"模式。如果权利的客体是"内在于人"的，权利"反指"主体本身，主客体混同，由"人之存在"意味着"人所拥有的该项事物"存在。所以，不能以权利为手段，而只能通过"人之保护"实现，即所谓"人之本体保护"模式。马俊驹：《人格和人格权理论讲稿》，法律出版社 2009 年版，第 367、372—373 页。

制度。在传统的侵权行为中，令状分为两种。一种是直接侵害诉讼（the action of trespass），其诉讼对象只要具备"暴力"（force）以及施加的暴力是"直接的"（direct）这两个条件就足以构成。此种情形并不考虑行为人是否存在故意的主观状态，只要有客观的行为，遭受损害的人就能在国王处获得令状，提起直接侵害的诉讼。此种责任的承担是一种严格责任原则，"既不要求原告证明被告的主观故意，也不要求证明原告所受到的损害结果"①。另一种是间接的侵害诉讼（trespass on the similar case），其诉讼对象是一种非直接的或非暴力的伤害。在具体案件中，如果前一种诉讼的条件不具备，但它的具体情况与直接侵害诉讼的条件相似，就会获得这种间接侵害的令状。但在此种诉讼中，原告必须证明被告具有一定程度的主观过错以及损害的存在。在1832年和1833年英国法律改革之后，开始不再要求区分这两种令状，而且英美法开始确立了"过失"的侵权行为形式，从早期的严格责任原则，进入过错责任原则的时代。②

具体而言，英美侵权行为法对"身体权"的保护机制，其内容包括故意侵害（Intent）和过失侵害（Negligence）。其中，故意侵害又可分为殴打（battery）和威吓（assault）。殴打侵权之诉不仅包括对身体完整性的保护还包括对身体所承载的人格尊严的保护，其内容包含伤害性接触（harmful contact）和冒犯性接触（offensive contact）。根据《美国侵权行为法重述（第二次）》第18条的规定及其释义，"接触"（contact）的客体不仅及于身体的各个部位，还包括习惯上认为与身体紧密结合（intimately connected）而被视为受害人身体的一部分（customarily regarded as part of the person）物品。例如，只要被告接触原告穿着的衣服、手里拿着的拐杖、纸张或其他物品，均可能构成殴打；就算是接触原告正在坐着的椅子、骑着的马匹，以及乘坐或占用的汽车，甚至是靠着的人也可能构成殴打。殴打行为的构成必须存在真实的接触，即客观存在的行为，如果接触造成受害人的身体受损，属于伤害性接触（harmful contact）；如果接触并未造成身体受损，而是令受害人感到可耻、困扰等，则可能会构成冒犯性接触。在一些案例中，职场上的男上司对女下属的性暗示动作，往往会构

---

① 徐爱国：《侵权法的历史散论》，《法学》2006年第1期。
② 潘诗韵：《英美侵权法殴打制度研究》；梁慧星主编：《民商法论丛（第43卷）》，法律出版社2009年版，第396—399页。

成冒犯性接触,例如,在 Rogers v. Loews L'Enfant Plaza Hotel① 一案中,原告是酒店的助理经理,被告是原告的直属男上司,被告经常用性暗示的方式骚扰原告,比如被告会拉原告的头发、触摸原告并希望和她单独相处,这些行为被视为冒犯性接触。再如,在 Gates v. State② 一案中,被告未经同意轻拍他人臀部,也构成了冒犯性接触。在英美侵权行为法中,不仅侵犯身体权的既遂行为构成侵权,未遂甚至是威胁的行为也有可能承担侵权责任,即威吓(assault)侵权制度。就构成要件而言,威吓侵权要求:(1) 行为人有使受害人担心、恐惧将对其实施暴力侵犯或打击的故意;(2) 行为人有明显的实施暴力的能力;(3) 行为人发出即时暴力威胁的信号;(4) 行为人之行为造成受害人产生立即的担心和恐惧,并且此种担心和恐惧有充分依据。③ 在 Stephens v. Myers(1830)一案中,被告威胁原告并紧握拳头朝他走来但由于他人的阻拦而未接触到原告,即构成威吓侵权行为。相反,如果从他人背后或趁他人熟睡时进行袭击,则不会构成威吓而仅构成殴打侵权。对于因过失造成侵犯身体权的行为,则由过失侵害(Negligence)加以调整。④ 在过失侵害行为中,行为人通常负有合理谨慎之人(The reasonable prudent person)的注意义务或特定职业、职责之人(The professional)的更高的注意义务,如果行为人违反该义务,侵犯了他人身体权,则需要承担过失侵害的侵权责任。

综上,近代普通法中身体权的保护制度呈现出以下两个特点。第一,殴打(battery)侵权之诉不仅包括对身体完整性的保护,还包括对身体所承载的人格尊严的保护。第二,对人身安全的保护,注重了预防和排除妨害。例如,威吓侵权之诉,将人身保护的范围扩张到企图殴打或具有殴打的危险。此种保护制度对我国学者关于身体权制度的构建具有较大的影响。⑤

三 中国近代民法中"身体权"的保护制度

中国近代,由于鸦片战争的爆发,刺激了救亡图存运动的兴起。清

---

① Rogers v. Loews L'Enfant Plaza Hotel, 1981, 526 F, Supp. 523, D. C.
② Gates v. State, 1964, 110 Ga. App. 303, 138 S. E. 2d 473.
③ 张红:《人格权总论》,北京大学出版社 2012 年版,第 107 页。
④ Richard Owen. *Essential Tort Law* [M]. Wuhan: Wuhan University Press, 2004. pp. 83-84.
⑤ 杨立新:《论公民身体权及其民法保护》,《法律科学》1994 年第 6 期。

政府为形势所迫，于20世纪初实行法制改革。这种变革反映在身体的归属上即是以家族和国家归属为主的身体归属，开始转向以新式法律确立和保障的以个人归属为主的身体归属。相对于传统礼法而言，新式法律是在以个人本位为核心的资产阶级法律原则的指导下制定的。尽管随着清朝的迅速灭亡，新的法律并未真正实施，但其所包含的尊重身体的个人归属的法律精神极大促成了"五四时期"的"身体解放"思潮，进而也推动了民国时期的立法对男女法律地位的平等对待以及对身体权的法律保护。①

中国近代的人格权立法始于1911年的《大清民律草案》。1925年，北洋政府又完成了《民国民律草案》。这两部民律草案虽未正式颁行，但于法制史和司法实践而言，具有深远意义。② 其后，南京国民政府1929年颁布了《中华民国民法典》。与前两部民律草案相比，《中华民国民法典》增设了健康权。此项权利，前两部民律草案虽未明确规定，但包含在身体权规范之中。具体而言，《大清民律草案》第958条第1款规定："害他人之身体，致被害人丧失或灭失活动能力，或增加生活上之需要者，加害人需支付定期金于被害人，以赔偿其损害。"《民国民律草案》第263条第1款则规定："不法侵害他人之身体，致被害人丧失或减少活动能力或增加生活上之需要者，应支付定期金于被害人。"《中华民国民法典》第193条则在身体权之基础上，结合规定了健康权："不法侵害他人身体或健康者，对于被害人因此丧失或减少劳动能力，或增加生活上之需要时，应负损害赔偿责任。前项损害赔偿，法院得因当事人之声请，定为支付定期金。但需命加害人提出担保。"从身体权到"身体权+健康权"，法律施以救济者，不限于丧失或灭失活动能力，而包括了丧失或减少活动能力/劳动能力。这一变化过程因应了社会发展和时代变迁，促进了人格权保护的强化和细化。此外，《中华民国民法典》采取了侵权法保护模式，顺应了先进的法律文化潮流。该法典在我国台湾地区沿用至今，虽几经修改，但仍具强大的生命力。

---

① 方潇：《中国传统礼法规制下的身体归属及其在近代的法律转向》，《环球法律评论》2009年第6期。

② 易继明：《人格权立法之历史评析》，《法学研究》2013年第1期。

第三节　现代民法对身体权的权利化保护

一　现代民法典中身体权的保护制度

（一）现代民法典中身体权的立法趋势

在现代社会中，世界上大多数国家或通过实证法规定，或以判例法的形式来提供对包括身体权在内的人格权的承认和保护，而且伴随着世界人权运动的推动以及人权价值理念的迅速传播渗透，我们已无法否认生命权、身体权、健康权等以权利的形态存在于现实社会生活中。如果说近代民法典对身体权的保护是以"人之本体"保护模式为特征的话，那么，现代民法典的一个重大变化就是变对身体权的"内蕴式"保护为权利保护，身体权被逐渐法定化。[1]

最能体现以上变化的就是1994年的《法国民法典》修正案。20世纪初受德国学说的影响，法国民法开始将生命、身体、名誉、贞操、姓名、肖像、信用等作为人格权（droit de la personnalite）在理论上予以承认。20世纪的"民法典草案"（Avant-Project de Code Civil）第1编第1章题为人格权（droit de la personnalite），从其条文（第164条和第165条）可以看出，该修正案旨在设立一个总括性的、含义相当宽泛的"人格权"，而对于人格权的内容、类型及其保护则交于判例解决。尽管该修正案最后未获成功，但毕竟反映了法国民法界将包括身体权在内的"人格权"予以权利化的努力。直至1970年，经7月17日第70-643号法律，《法国民法典》第9条承认了"私生活权利"。随后，经1994年7月29日第94-653号法律，《法国民法典》第2章被改为"尊重人之身体"，其第16-1到第16-9均为对人之身体完整性及身体应受尊重的权利的相关规定。从法国民法的内容修订可知，法国民法现在是以权利的角度看待身体权，这与1804年法典制定时的立场已有所不同。就德国而言，虽然其民法立法格局没有根本变化，但第二次世界大战以后，法学界进行的多次民法典修订。努力反映了人们对于包括身体权在内的"人格权"的权利化倾向。

---

[1] 曹险峰：《人格、人格权与中国民法典》，科学出版社2009年版，第106页。

这种权利化趋势在其他国家民法典中也有所体现。1942年制定的《意大利民法典》在总则中将包括"身体权、姓名权、肖像权"的人格权规定在"自然人"一章。1960年制定的《埃塞俄比亚民法典》被认为是体现了法国人改进民法典愿望的蓝本。其中，关于"人身的完整性"就被规定于该法典的第1编第1题第1章的"人格权"一节中。1994年加拿大《魁北克省民法典》不仅在第一编（人）第一章"民事权利的享有和行使"的第3条规定了"人身的不可侵犯权和完整权"，还在这一部分，对维护"人身的完整"进行了具体的规定。1995年制定的《越南民法典》在总则第2章第2节"人身权"中规定了"生命权、健康权、人身安全权"等具体人格权。1996年制定的《乌克兰民法典草案》将人格权列为单编，用47个条文规定了自然人的生命权、健康保护权、自由和人身不受侵犯权等为了确保自然人的自然存在而必要的人身非财产权。我国澳门地区1999修订的《澳门民法典》第71条规定了"身心完整权"，以实现对身体权和健康权的一体保护。

（二）现代民法中身体权权利化保护的基础

现代民法对身体权进行权利化保护，既有其观念上的基础，又有其现实的强烈需求。

其一，身体权权利化保护的观念基础。传统民法以所有权为权利构造的原型，权利若需要表现出来，必然通过某种对物的占有来完成。但事实上，此种对于权利的认识是不恰切的。根据现今我们对权利现象的考察和把握，人的那种"自在自为的自由意志"的表达方式不仅仅是对物的占有。权利作为人与人之间的关系，这种关系"可以通过一个人对'物'的占有进行界定，即'我的'和'你的'；也可以通过人与人之间的自由度来进行界定，即'我'和'你'"。[①] 不同于所有权，"某种以人本身为标的的权利是存在的。这样一个概念是不会违反逻辑的，因为权利是一种理想中的意志权力，而甚至人类意志的物质权力也不单单及于外部世界，而是也包括这一意志的主体本人的人身；这个概念也不会使我们背上道义上荒谬的后果，因为这些权利必须被视为是不可放弃的，如果对这些权利自愿加以限制是违反了公共秩序的，那么，这种自愿限制的行为也是

[①] 张永和：《权利的由来》，中国检察出版社2001年版，第106页。

不允许的"①。这就回应了康德、萨维尼等所提出的承认人对自身的原初权利会导致"自杀权"的道义上的担忧。这种忧虑实质上是以所有权为原型基础来评判包括身体权在内的人格权，是不科学的。无论如何，人格权均不会有如所有权所表现出的纯粹的支配性。或如有学者所认为的，将吾人自然享有之生命、身体、自由与法律保护之生命、身体、自由相混同，将自然的能力与法律上的能力相混同，实属错误。生命权、身体权、自由权等人格权，非直接支配自己之生命、身体、自由等人格之全部或一部分之权利，此等权利之内容，在不被他人侵害而享有生命、身体之安全，活动之自由。②尽管，我们可以说权利是一种自主的空间，但权利从来就不是绝对的，均是有着一定限度的。当我们对自己的身体的处分、限制被认为是违反人道主义、善良风俗时，完全可以用权利行使中的公序良俗原则加以规制。这就在观念上破解了近代民法否认对自己身体的实定法上的支配权的束缚，为身体权的权利化奠定了基础。

其二，身体权权利化保护的现实基础。首先，对身体权保护的加强反映的是时代的要求。在现代社会，随着科学技术的发展和医学的进步，人的身体的完整性在得到充分维护的同时，被侵害的可能范围越来越广泛，被侵害的可能程度也越来越深。传统的对身体完整性的侵害方式往往是导致受害人受到有形的外伤，而后来的发展则包括对人体器官组织的盗取。例如，2006年，沈阳市某医院盗取病人骨髓事件被披露后，引起了社会各界对身体权问题的深入思考。③为了强化对身体权的保护，大多数国家有关医疗的法律对医生治疗活动规定了严格的事前说明和告知义务，尤其是在手术过程中，医生切除病人的某一部位或附属部分也应当事先告知病人，并征得其同意；否则，即构成对身体权的侵害。其次，身体权的权利化保护对人的自由和尊严提供了全面的保护。在现代社会中，器官移植技术等现代生命科技所带来的维系生命的手段，也使得个体在特定情形下依其自由意志以积极行为实现其人格利益成为可能。个体不但可以为了恢复身体健康而自愿放弃身体的某一组成

---

① ［葡］卡洛斯·阿尔贝托·达莫塔·平托：《民法总论》，林炳辉等译，澳门法律翻译办公室、澳门大学法学院，1999年，第186页。

② 龙显铭：《私法上人格权之保护》，中华书局1948年版，第2页。

③ 吕耀怀、熊节春：《盗取骨髓事件：身体权问题的法律与伦理》，《思想战线》2011年第1期。

部分,还可以在特定情形下,在不损伤其健康的基础上捐献血液、精子、皮肤组织等;或者会对其健康造成一定程度的损害但不至于危及生命并且在符合法律和善良风俗的前提下进行肾脏等器官捐献。现代科学技术的持续发展为人们针对自己身体进行的决定提供了越来越多的可能,甚至提供了人们针对自身基因进行决定的可能,自我决定的内容亦呈现不断扩张的趋势。① 最后,身体权的权利化保护,在尊重人格尊严和自由的前提下,也顺应了消费主义和人格要素商品化的趋势。有学者指出,不同于工业化社会的"劳动的身体",在后工业时代,人们对自己身体的关注与消费主义相关联。当代消费主义把身体看作快乐、欲望和欢娱的载体。身体可以获得满足、修饰、按摩和锻炼;身体也被晒黑、穿孔和纹身。在当今的消费社会,为了健美和幸福,整容、植假体、染发和吸脂甚至成为现代生活的必需。② 而且,随着商品经济关系在整个社会领域的蔓延,某些与人体分离开的人体组织,如乳汁、毛发等,开始具有了可以金钱衡量的财产属性。

综上所述,如果说近代民法拒绝承认人对于自己的"生命、身体、健康和自由"享有权利是由于这些人格要素是被看成人的内在要素的话,那么,在现代社会中,人对自己身体的可支配性的出现,是对近代民法所固守的传统理念的突破。身体权不仅有不可侵犯性的一面,同时也具有积极自由的一面,现代意义上的"身体权"概念真正走入了民法的视野。

(三) 现代民法中身体权权利化保护的必要性

现代民法是否有必要以权利的形式对身体加以保护呢?我们认为,即使承认侵权法足以保护"身体"法益,但仍有以权利保护的必要。正如有的学者所言,"生命、身体、自由等吾人基本生活利益之所在,较之其他生活利益远为重大,法律对于其他生活利益,尚赋予法律之力,使其成为权利,则生命、身体、自由等,反不能成为权利,殊失权衡"。③ 首先,就保护的力度而言,权利属于民法中保护规格最高、力度最强的对人保护

---

① 杨立新:《人格权法》,法律出版社2011年版,第320页。
② [英]肖恩·斯威尼、伊恩·霍德:《身体》,贾俐译,华夏出版社2011年版,第2—4页。
③ 龙显铭:《私法上人格权之保护》,中华书局1948年版,第2页。

的手段，法益等与之相比处于劣势地位。并非任何利益均可上升为权利，而利益权利化，权利具备正义性，对权利的侵犯即可推定其违法性，因而权利机制对于利益的保护更为有效。其次，一般而言，权利兼具正面规范和反面救济的特征。以权利的形式对身体加以保护，使得身体权的内涵和外延得以明确，权利的边界相对确定，可为社会所认知而减少被侵犯的可能。再次，身体权的权利化保护，明确了人们的自由的界限，提高了法律的可预期性，在一定程度上可有效避免权利冲突的现象发生，也可有效节省法的适用成本。最后，身体权的权利化保护，在消极防范之外，已经发展出了积极权能，因应了社会生活对于人的身体的"可支配性"要求，为身体权的适当处分权权能提供了合法依据。此外，身体权于侵权保护之外，旨在追求对身体权更圆满保护的消除妨害、预防妨害等身体权请求权的存在，也意味着身体权存在的必要性。

二 中国民法对身体权的权利化保护

新中国成立以后，虽然 1952 年宪法就已经确立了对公民人身自由、人格尊严进行保护的精神，但有关人格权的规定在立法中极为缺乏。在"文化大革命"期间，受极左思潮的影响，对个人人格权的践踏如殴打、"剃阴阳头"等侮辱人格、蔑视人权的行径普遍存在，给人民群众造成了极大损害。正是鉴于对"文化大革命"中暴行的反思，改革开放以后，立法机关开始重视对人格权的保护，1986 年颁布了《民法通则》，作为一部保障人权的宣言书。《民法通则》专门以一节的篇幅规定人身权，其中主要是人格权。然而，受 1964 年《苏俄民法典》和当时苏联民法通说的影响，《民法通则》仅仅规定了生命健康权，未提及"身体权"。在《民法通则》颁布以后，我国司法实践中有关人格权和精神损害赔偿的案例大量产生，相应的司法解释也相继出台。就身体权而言，2001 年 3 月 8 日颁布的《关于确定民事侵权精神损害赔偿责任若干问题的解释》第 1 条第 1 项明确使用了"身体权"的概念，将身体权视为一种具体人格权，并认为对他人身体权之侵害可产生精神损害赔偿。陈现杰法官在谈如何理解和适用该司法解释时，指出："生命、健康、身体在有关国家和地区立法中是同时并列受到保护的独立人格权利。实践中，如强制文身、强制抽血、偷剪发辫、致人肢体残疾等，均属侵害他人身体权，即使对健康权作扩张解释也难以概括侵害身体权的各种类型。据此，《解释》在第 1 条第

1款第1项中，增列了身体权。"① 2003年12月26日颁布的《关于审理人身损害赔偿案件适用法律若干问题的解释》则对侵害生命、身体、健康权的赔偿标准做了详细的规定。但2009年颁布的《侵权责任法》第2条所涵盖的"民事权益"当中，仍然仅罗列"生命权、健康权"而未承认"身体权"。不过，在我国学界，身体权和健康权应作为并列的两种人格权予以保护，已成主流观点。直至2017年3月15日，《民法总则》第110条明确将身体权规定为一项独立的具体人格权，才在立法上实现了对身体权的权利化保护。当前，正值我国民法典《人格权编（草案）》如火如荼的编纂过程中，如何从促进对身体权的尊重、保护和实现的角度，以权利的理念来规范私法主体之间对身体客体的法律关系，不仅是构建民法典的重中之重，也是改进和提升我国现有民事立法的当务之急。

---

① 陈现杰：《〈关于确定民事侵权精神损害赔偿责任若干问题的解释〉的理解与适用》，《人民司法》2001年第4期。

第二章

身体权的内涵界定

任何概念都拥有自身的历史，它们不能抵抗时代的变化。① 身体权的概念也必然是一个历史流变的过程。放置于现代民法体系中，何谓身体权，国内外理论和立法实践并无一个统一的明确结论，这也给司法实践带来诸多困扰。本书将从身体权的概念界定入手，在研究分析身体权的性质、地位等基本内涵的基础上，再结合确定身体权的意义进行全面阐释。

第一节 身体权概念的厘定

关于身体权的概念，有诸多解说。有学者认为，身体权是"不为他人妨害，而就身体之安全，享受利益之权利"②。有学者认为，身体权是"为以保持身体之完全为内容之权利"③。还有学者认为，身体权是指"自然人对其肢体、器官等的支配权"④。有学者将以上观点综合起来，表述为"身体权是自然人维护其身体完全并支配其肢体、器官和其他组织的具体人格权"⑤，此说为目前学界之通说。然而，即使在持通说的学者之间，对于身体权概念的界定也并不一致，主要表现在以下两个方面。

其一，关于"身体完整性"含义的理解。自然人的身体由头颅、肢体、器官、其他组织以及附属部分［毛发、指（趾）甲］所构成，具有完整性和完全性的基本特征。"完整性（integrity）"是指统一而不可分开的性质或状态，即具有或保持应有部分，没有损坏或残缺。"完全性"

---

① ［德］魏德士：《法理学》，丁晓春、吴越译，法律出版社2005年版，第81页。
② 龙显铭：《私法上人格权之保护》，中华书局1948年版，第59页。
③ 史尚宽：《债法总论》，中国政法大学出版社2000年版，第148页。
④ 张俊浩：《民法学原理（修订第三版）》，中国政法大学出版社2000年版，第143页。
⑤ 杨立新：《人格权法》，法律出版社2011年版，第391页。

（completeness）则指维持完全的性质或状态。两者的含义基本一致。杨立新教授认为，身体的完整性包括两个含义：一是实质性完整，是指身体的实质组成部分不得残缺；二是形式性完整，是指身体的组成部分不得非法触摸。在此基础上，他还指出，身体的形式性完整体现在自然人对自己身体的支配观念上，自然人是否接受对自己身体的接触，受自然人自己意志所支配，这种对自己身体的支配的观念体现了自然人对自己身体的形式性完整的追求。例如，非法搜身、面唾他人、当头浇粪、强行接吻等，均被视为侵害身体权的行为。① 王利明教授则认为，身体的完整性仅指身体的实质性完整。如果行为人实施某种侵权行为，限制了他人的人身自由，或抚摸他人身体等，这些虽然构成了对其他人格利益的损害，因为未侵害身体完整性，并不构成对身体权的侵害。②

其二，关于"身体支配权"含义的理解。一般认为，身体支配权，是指自然人对自己的身体组成部分在法律准许的情况下，有适当的支配权，对自己的身体组成部分进行适当的处置。例如，义务献血、捐献脊髓、救助他人；将自己的精液献给精子库，为人工授精提供资源；将自己的肾脏捐献给他人进行器官移植；生前留下遗嘱，死后将自己的遗体或角膜捐献给医疗机构、医疗教学单位或眼库，进行医学研究、教学或者为他人救治疾病；等等。③ 事实上，自然人的身体不仅仅是人身的肉体构造，其上还固着各种欲望和功能（如生育、性交以及审美的功能等）。这意味着，在现实生活中，自然人对自己身体的支配行为是多种多样的，如从事卖淫、代孕的行为以及形体模特（包括手模、脚模、乳模等身体局部模特）对自身形体进行商业化利用的行为。我们能否将这些行为一概纳入身体权人行使支配权的范畴中呢？换言之，身体权人对自己身体的可支配性，是仅仅体现在对身体完整性的支配上，还是应扩展到其他对身体的支配行为上呢？

一 身体完整性的含义

（一）"身体完整性"含义的比较法考察

比较法上，"身体完整性"的含义至少有四种宽狭不同的界定。一是

---

① 杨立新：《人格权法》，法律出版社2011年版，第391—399页。
② 王利明：《人格权法研究》，中国人民大学出版社2012年版，第302页。
③ 杨立新：《人格权法》，法律出版社2011年版，第391、396—397页。

指身体的"实质性完整"。德国学者迪特尔·施瓦布认为,身体完整性是指"身体(人体组织器官)的完好无损性"①。德国学者克雷斯蒂安·冯·巴尔也从侵权法的角度认为,《德国民法典》第823条第1款意义上的侵害"身体完整性"指的是人的外在表现形态的破坏,典型的就是伤口。② 二是指身体的完整性和生理健康。1999年的《澳门特别行政区民法典》第70条规定了"生命权",第71条规定了"身心完整权"。《欧洲侵权法原则》第2:102条第2款指出,生命、身体和精神的完整性,人的尊严和自由受最全面的保护。③ 以上两个立法例均未规定对健康的保护,但从条文中可以推断出,"身心完整"或"身体和精神的完整性"已经包括了"身体的完整性"和"精神的完整性",即前者涵盖了肉体的完整性和生理健康,而后者则包括了心理健康。④ 三是指身体的完整、健康和自由。德国的齐默曼教授认为,罗马法的"侵辱之诉"所保护的身体(corpse)利益是指保护身体不受侵犯和身体的自由,即身体的完整性(integrity of body)。⑤ 四是指身体的不可侵犯性(inviolability),不仅包括身体伤害还包括不道德的侵扰。此种对"身体完整性"的宽泛界定,主要体现在英美侵权法的殴打(battery)、暴力威胁(assault)制度上。在适用范围上,殴打限于伤害性接触或冒犯性接触,而暴力威胁则扩张到企图殴打或具有殴打的危险也要承担责任。杨立新教授所提出的"身体完整性"含义,即身体的完整性包括身体的"实质性完整"和"形式完整性",主要借鉴了英美法中的殴打、暴力威胁侵权制度的内容。⑥ 以上关于"身体的完整性"的四种界定,第一种观点最为狭义,而后三种观点则将身体的完整性做扩大解释,涵盖健康、自由、人格尊严等内容。

(二)"身体完整性"的界定

从语义学角度分析,"完整性"(integrity)来源于拉丁字"integri",

---

① [德]迪特尔·施瓦布:《民法导论》,郑冲译,法律出版社2006年版,第209—218页。

② [德]克雷斯蒂安·冯·巴尔:《欧洲比较侵权行为法》,焦美华译,法律出版社2004年版,第77页。

③ 欧洲侵权法小组编著:《欧洲侵权法原则:文本与评注》,于敏、谢鸿飞译,法律出版社2009年版,第59页。

④ 刘春梅:《论人身伤害中的非财产损害赔偿》,对外经济贸易大学,2010年。

⑤ Chittharanjan Felix Amerasinghe. *Defamation and Other Aspect of the Actio Iniuriarum in Roman-Dutch Law* [M]. Colombo: Lake House Investments Ltd., Publishers. 1968, p. 322.

⑥ 杨立新:《人格权法》,法律出版社2011年版,第399—402页。

它意味着整体，是一种整全性、纯洁的状态或品质，一种未受损害、毁损的状态。完整性的基本内涵是指由部分构成的整体，处于完整的、不受损伤的状态。① 据此，"身体的完整性"应指具有或保持身体统一而不分开，没有损坏或残缺的性质或状态。在身体权范围内，身体的完整性应仅指身体的"实质性完整"。究其原因，有如下三个方面。其一，身体权是一项独立的人格权。身体权保护的是自然人的身体完整，健康权保护的是自然人的生理健康和心理健康，人身自由权则体现为身体活动的自由。② 三项权利各有其不同的保护内容和保护方法，相互独立。"身体完整"的含义应与健康、自由的概念各自独立。其二，身体权是一项物质性人格权。③ 物质性人格权和精神性人格权应有明确的权利保护边界，不能混淆。身体权的客体是身体，其核心内容是"身体完整性"利益，这一利益具有固有性，是"人之为人"的必要条件，同时具有自然性、不证自明性，其正当性源于客体自身而非外来价值。精神性人格权的客体则是抽象的精神价值，具有社会属性，其正当性并非来自人格要素本身，而是源于外在于人格的价值目标或现实要求。④ 对物质性人格权的侵害大多采用人身伤害的方式，多表现为身体这一物质载体本身受到了损害，其损害后果主要是财产损失和生理疼痛等。侵害精神性人格权，所涉及的内容往往与身体这一物质载体本身的损害无关。例如，侵害肖像权通常表现为未经本人许可而非法使用他人的肖像，一般不直接侵害他人身体，如果损毁他人的面容或身体的某个部位，只能认定为侵害身体权，而不能认定为侵害肖像权。若某一侵权行为并未造成他人身体的实质性完整损害，受害人遭受的主要是人格屈辱或精神痛苦，此侵权行为应该归于精神性人格权范畴为宜，否

---

① 陈慧珍：《作为生命伦理学基本原则的完整性》，《世界哲学》2009年第6期。

② 有学者所列举的：通过某种措施，人为地控制或抑制人体功能的行为，如为防止配偶与他人发生性关系，而强制给其佩戴贞操带、贞操锁；如某医生出于报复的目的，利用手术之便将女患者的输卵管用绳子系住以及强迫清洁工人穿上印有广告的清洁服的行为；等等，更多的应归于人身自由权或一般人格权的范畴，而非身体权的范畴。参见毛立新《身体权理论与实践的再思考》，《河南社会科学》2006年第2期。

③ 学界通说认为，身体权属于物质性人格权。关于身体权归属的论证，将于本章第三节展开。参见杨立新《人格权法》，法律出版社2011年版，第369页；王利明《人格权研究》，中国人民大学出版社2012年版，第300页。

④ 张平华：《人格权的利益结构与人格权法定》，《中国法学》2013年第7期。

则会模糊物质性人格权和精神性人格权的边界。其三，两大法系对身体权的保护模式有较大差异。大陆法系是以权利为民事法律关系的核心，要使某个人负有的义务在私法上得到实现，最有效的手段就是赋予另一个人享有一项相应的请求权（此即权利）。英美侵权法则是以对象事实而非权利类型为中心，以提供救济为目的而不是以既有权利为依托，依据调整对象的情况适用相应的裁判规则。就身体权的保护而言，英美法不是从权利客体的角度，而是以"暴力"或"接触"等侵害方式来界定这种侵权行为。本书所研究的"身体权"，主要是从权利客体的角度进行规范的。身体权的客体是身体，身体具有完整性的基本特征。对身体权的侵害必须是对身体完整的损害，必须是对自然人的肢体、器官和其他身体组织造成了破坏。殴打侵权之诉中的"冒犯性接触"，可能侵害了其他人格利益，但不构成对身体权的侵害；"暴力威胁"，若仅对他人的人身安全构成了妨害或有妨害的危险，受害人有权行使除去侵害请求权和防止侵害请求权。这是人格权作为绝对权的当然结果。

综上所述，身体完整性的含义，不宜包括英美侵权法中"冒犯性接触"侵害的所谓身体的"形式性完整"，而应仅指身体的"实质性完整"。有些学者所界定的"身体完整性"过于宽泛，值得商榷。

二 身体支配权的含义

传统法学通常采取"客体+权能"的模式来确定权利，特别是将客体作为认识权利的基本起点。[①] 身体权的客体即身体，其保护的法益也是明确的，即身体的完整性。因而，在身体权范围内，身体支配权应指的是权利人对自己身体（完整性）的支配，而不包括其他对自己身体的支配行为。

美国学者劳笛卡·劳将人对自己身体的支配，表述为人对自己身体的自主权（autonomy）。事实上，自主权本身是一个具多重意义的复杂概念。源自希腊词根 autos 和 nomos。它是一个表征自治、自决和自主的术语。[②] 以亚里士多德为代表的古希腊思想家主要从政治的角度谈及自主权，自主

---

① 沈建峰：《具体人格权的立法模式及其选择——以德国、瑞士、奥地利、列支敦士登为考察重点》，《比较法研究》2011 年第 5 期。

② Radhika Rao. *Property Privacy and the Human Body* [J]. Boston University Law Review. 2000.

权的主体既可以是国家、城邦也可以是个人。近代康德哲学则主要是从伦理的角度谈论自主权的。自主性观念主要体现在人的意志上,主体能够自由运用理性,采取自主的行动。① 伦理上的自主权又可称为自我决定权(self-determination),即一个人对生活范围内具有的自我决定的自由,该种自由尊重的就是人的自主性。比较法上,自我决定权主要是作为宪法领域的问题而存在。例如,美国罗伊诉韦德堕胎案(Roe v. Wade)中确认堕胎自由属于自我决定的范畴。在日本的民事诉讼上也产生了自我决定权的问题,例如"'耶和华的证人'的信徒拒绝输血案"。但需要指出的是,人格权法上的自我决定权可以作为一般人格权中的人格自由的内容,而不应作为一项独立的人格权,否则其范围难以确定,且容易导致不必要的竞合。

所谓支配权,"系对于特定权利客体得以直接支配之权利作用,故支配权之行使系依其对客体之支配予以现实化而为"②。如果将支配区分为事实支配和法律支配,前者通过事实行为来实现,后者则是通过法律行为来完成的。身体权的事实支配包括自行利用,如以自己的身体从事冒险活动,也包括抛弃,如自伤、自残。此类行为,法律是无法明文禁止的,即使有禁止性规定,也不可能完全奏效。身体权作为一项私权,只要不损害社会公共利益,以自由意志实施支配自己身体的行为,很难受到法律强制性的限制。此非法律不为也,是不能也。③ 与身体权的事实支配相对应的是,身体权的法律支配。基于社会生活的无限多样性,身体权的支配的具体方式也是无限多样的,而其是否符合伦理道德观念,进而是否应当得到法律的允许,其在判断上也面临着极为复杂的情况。因为人在身体上可能享有的支配利益是一个发展的、动态的问题。例如,出于对人的尊严的维护,传统民法规定自然人不能处分自己的身体。中国古代也有"身体发肤受之父母,不敢毁损"的说法。但随着现代科技的发展和法律伦理的进化,现代民法逐渐承认自然人可以在法定范围内处分身体的某些部分,即对于某些可以与身体分离而不致影响健康或生命的部分,如毛发、指甲、

---

① 马衍明:《自主性:一个概念的哲学考察》,《长沙理工大学学报(社会科学版)》2009年第2期。
② 杨与龄:《民法总则争议问题研究》,五南图书出版公司1998年版,第64页。
③ 马俊驹:《人格和人格权理论讲稿》,法律出版社2009年版,第109页。

牙齿等，自然人可以自由支配；出于治病救人和发展医学的需要，自然人可以依法捐献某些身体器官或组织成分，如血液、角膜、骨髓、皮肤或某些器官。① 我们可以预见，随着生物科技的发展，人对于自己身体的支配方式将会更加多样，但哪种支配合乎伦理道德的要求，哪种则不合乎，法律应如何对其加以把握？这个问题，本质是人的意思自治与法律上公序良俗原则的关系问题。在民法技术上，正是由于法律行为的道德判断是一个"具体情况具体对待"的问题，所以立法不可能以列举的方式做出界定，只能笼统地规定"民事行为不能违反公序良俗"，而民法对于"违反公序良俗"并不予正面规定，而是通过司法实务在个案中去界定。鉴于此，在身体权的法律支配行为的伦理性判断问题上，应当按照法律行为的规则来解决。在理论上，应当厘清"能否支配"与"能否实现支配的目的"这两个层面的区分，而与这两个层面所对应的，就是意思表示行为"成立"与"生效"的区别。在权利人对自己的身体具有法律上的可支配性的前提下，法律可以将支配能否实现的问题交给行为的"生效"要件，即以公序良俗原则加以考察。但是，我们不能够基于某些场合人对自己身体的法律支配有悖于公序良俗原则就否认身体权法律上的可支配性，正如我们不能够基于在某些场合权利的行使会构成滥用就否定权利的可支配性一样。② 我们认为，身体权的事实支配行为，不属于法律评价或调整范围，而应属于道德调整范围的行为。其原因是法律对此类行为不可能禁止，也不可能或无必要施加行为人以任何法律责任。对于道德调整范围的行为，法律无须对之加以价值评判，既无须确认其非法，也不能确认其合法。③ 所谓身体权的事实支配无助于解释身体权的支配性，而身体权的法律支配比较契合身体权的本意。因而，本书中的"身体支配权"，是指身体权的法律支配，即自然人对自己的身体组成部分在法律准许的情况下得以处置的权利。它是身体权行使的积极层面。

在身体权范畴中，"身体支配权"是否涵摄个体对其人体形象的商业利用呢？如前所述，身体具有不同层面的价值，其在市场上可被包装成各种各样的商品进行非法或合法的交易，如模特、健美先生、人体摄影、彩

---

① 梁慧星：《中国民法典草案建议稿附案建议理由（总则编）》，法律出版社2004年版，第33页。
② 马俊驹：《人格和人格权理论讲稿》，法律出版社2009年版，第110—112页。
③ 尹田：《自然人具体人格权的法律探讨》，《河南政法管理干部学院学报》2004年第3期。

绘甚至色情出版物，人体之美丽、壮硕等成为法律行为的标的。可见，在市场经济条件下，自然人的人体形象作为一类重要的人格标识，已经被广泛运用在商业活动和社会实践中，并产生了明显的商业价值。尽管学界对于如何界定"形象权"的概念尚未达成一致意见①，但上述个体对其人体形象的商业利用行为，显然属于"形象权"或肖像权的范畴，如手模特的形象、身体其他部分的形象、自然人的动作形象、自然人的表演形象等。这与本书所界定的"身体支配权"存在着明显的区别，不可混淆。

还有学者认为，卖淫行为也是权利主体对其身体的支配行为，应在身体权范畴内予以考察。② 诚然，人类性交主要是靠身体接触来实现的，以获取心理和生理上的快感，达到一定程度的性满足，而且就性行为本身而言，自然人有权自主决定是否何时、以何种方式与他人发生性关系，以实现自己的性意愿和性利益而不受他人非法干预，具有正当性。③ 但是，若将性行为作为交易的标的，则会被社会的一般道德观念视为有损社会正义、有违善良风俗。借助法律行为的理论来分析，从事性行为是人对性利益的支配性问题，即"性自主权"的行使；而卖淫行为是否违法、是否有悖于公序良俗的问题，则是行为本身可否生效的问题，即对"性自主权"的限制，与本书所界定的"身体支配权"无涉，不属于身体权的考察范畴。

三 身体权与相关人格权概念的界分

尽管我国《民法总则》已明确将身体权规定为一项独立的具体人格权，但身体权是否可能且有必要作为一项独立的人格权，学者们尚有疑问。究其原因，在于身体权与其他人格权的关系存在诸多模糊和混淆之处，这也给立法和司法实践造成了一定程度的困扰。因而，有必要对身体权和其他人格权的关系进行厘清。④ 目前我国民法学界比较一致的观点

---

① 如杨立新、马俊驹等学者主张，形象权与肖像权并列成为一项表标性人格权；而王泽鉴、王利明等学者则主张，形象权是肖像权的扩张保护。

② 张婕：《论身体权》，西南政法大学，2008年。

③ 杨立新：《中国人格权立法报告》，知识产权出版社2005年版，第461页。

④ 目前民法学界比较一致的观点是，在承认一般人格权的前提下，在具体人格权范畴中，根据权利客体和保护方法的不同，将现有人格权分为物质性人格权与精神性人格权两类。由于一般人格权重在保护人格上的精神利益，为了叙述上的方便，笔者将身体权与生育权以及一般人格权的比较放在"身体权和精神性人格权的关系"项下，特此说明。

是，在承认一般人格权的前提下，在具体人格权范畴中，根据权利客体和保护方法的不同，将现有人格权分为物质性人格权与精神性人格权两类。一般人格权重在保护人格尊严和人格自由等精神利益，因而，为了叙述上的方便，笔者将身体权与生育权以及一般人格权的比较放在"身体权和精神性人格权的关系"项下。

（一）身体权与生命权、健康权

生命权、健康权和身体权一起构成了完整的物质性人格权体系。无身体也就无所谓生命、健康，无生命之躯体则为尸体。① 生命、身体、健康为自然人之根本利益，是人之为人并进而成为法律主体之根基。

1. 身体权和生命权

生命权为不受他人之妨害，而对于生命之安全，享受利益之权利②，它的客体是自然人的生命。生命依附于身体而存在，身体依赖于生命的存在而存活。正是由于生命和身体密切相关，日本学者鸠山秀夫主张，生命权为身体权的一部分，认为生活之身体为身体权成立的要素，身体的保护，当然包括生命之保护在内，盖所谓保护身体，乃谓保护生活之身体，而使生命绝止，系侵害身体之最者故也。③ 然而，生命权和身体权固然彼此间具有密切联系，但两者仍应各自独立。生命权和身体权具有不同的权利客体。身体权的客体是身体；生命权的客体是生命。身体权维护的是身体的完整性，而生命权维护的是人的生命的存续。"然身体权因创伤而受侵害，生命权则非有死亡发生，不能认为受侵害，故二者应分别视之。"④

2. 身体权和健康权

健康权是以自然人身体的生理机能的完善性和保持持续、稳定、良好的心理状态为内容的权利。⑤ 一般情形下，侵害身体亦同时侵害健康，即侵害身体权可能会导致对健康权的侵害，而对健康权的侵害往往表现为对身体完整性的破坏。例如，砍断他人手臂的行为，既破坏了身体的完整，

---

① 梁慧星：《民法总论》，法律出版社2017年版，第93页。
② 何孝元：《损害赔偿之研究》，商务印书馆1982年版，第124页。
③ ［日］鸠山秀夫：《日本债权法各论》，第817页，转引自龙显铭《私法上人格权之保护》，中华书局1948年版，第42页。
④ 龙显铭：《私法上人格权之保护》，中华书局1948年版，第42页。
⑤ 王利明：《人格权法新论》，吉林人民出版社1994年版，第288页。

也损害了健康。身体权和健康权的关系似乎出现了"难以区分的困局"①。对此,学者们要么否认身体权和健康权各自的独立性,要么提出侵害身体权的认定标准,即"身体损害必须是身体组成部分构成的完整性、完全性受到损害,而对于身体机能运行的正常性及其整体功能的完善性没有明显的影响"②。甚至有学者还提出了大胆的构想:与其容忍身体权和健康权关系的模糊性,不如将身体权界定为精神性人格权。③ 对此,笔者认为,尽管身体权和健康权二者关系密切,但二者具有明显的区别,应各自独立。其原因如下。

第一,"身体"和"健康"的概念相互独立。我们要明确身体权和健康权的关系,有必要先厘清"身体"和"健康"这两个概念之间的关系。人类社会早期,受当时对人体的认知水平所限,人们对健康的认识还非常模糊,身体和健康常被混为一体。在古代法中,身体和健康均被视为一体,是维持人的生存载体,身体受伤害的同时也是对健康的侵害。公元前18世纪《汉谟拉比法典》自第195条至第227条,大多是关于侵害身体的法律责任的规定。及至近代,人类在与疾病抗争和认识生命自身的过程中对"健康"的认识,已经从与生命、身体的混沌中逐渐独立出来,这也意味着人们形成独立于身体完整性的健康观成为可能。不过,这一时期法学上的健康概念是基于没有病的"生理健康观"。英国近代法学家杰里米·边沁(Jeremy Bentham)在其《道德与立法原理导论》中就认为:"健康就是没有病,也因此没有作为病症之一的所有各种病痛。一个人如果不觉得有任何不适感(其主要部位可设想为他身体的任何部位),那就可说是处于健康状态。"④ 随着医学科学的进步,人们对健康的内涵和外延的认识也不断扩展。19世纪下半叶科学心理学的诞生,标志着人类对自身和健康的认识进入了一个崭新阶段。人们改变了过去将健康权的客体仅限于生理健康的认识,现代健康权的客体涵盖了生理健康、心理健康两

---

① 顾长河:《身体权与健康权的区分困局与概念重构》,《商业研究》2013年第5期。
② 杨立新:《人格权法》,法律出版社2011年版,第369页。
③ 王竹:《建议将身体权作为精神性人格权规定》,《中国社会科学报》2011年8月9日第008版。
④ [英]边沁:《道德与立法原理导论》,时殷弘译,商务印书馆2000年版,第101页。

个方面。同时，生物技术的进步也使得身体的整体概念变得更为流动。①一般而言，自然人的身体，由头颅、肢体、器官、其他组织等主体部分，以及毛发、指（趾）甲等附属部分构成，具有完整性的基本特征。但随着现代医学科学的发展，一些人工假体，如假肢、假牙、义眼、人工心脏瓣膜等被镶装、配置到人体中，构成身体的组成部分。另外，人的器官或组织成为人体的可分离部分，能够进行自体移植或捐赠给他人，甚至进入研究和商业领域。基于以上的分析，我们可以看出，尽管身体和健康关系密切，但两者具有各自不同的内涵和外延，是相互独立的关系。

第二，身体权独立于健康权的法理基础。在法理上，身体权和健康权也具有明显的区别。（1）二者的权利客体不同。身体权的客体是身体，系"肉体的构造"，体现为身体的完整性特征；而健康权的客体是健康，系"生理的机能"以及"精神机能"②。正是因为客体不同，对身体权的侵害应是对身体完整性的损害，而侵害健康权则主要是对他人的生理健康或心理健康的破坏。（2）侵害身体权不一定导致自然人健康的损害，而侵害健康权也不一定导致身体完整性受损。现实生活中有只侵害健康而不损及身体完整的，如致人患精神疾病；或只侵害身体而不损及健康的，如非法剪人长发。③（3）身体权是自然人对自己身体组成部分的支配权，支配性较强，而健康权的支配性较弱。身体权人可以在合法范围内对自己的身体及其组成部分行使支配权，例如，抽脂减肥、整容、捐献器官、献血甚至为了恢复健康而进行的截肢手术等。而且，随着科学技术的发展，人们支配自己的身体或身体组成部分的可能性得到极大的提高，例如，人的精子、卵子可被储存并再用，甚至可以利用基因技术克隆身体器官等，这些都表明身体权人对自己身体组成部分具有较强的支配性，且有进一步增强的趋势。但健康权的支配性则较弱，自残、吸毒等损害自身健康的行为是现代文明社会所不容许的。（4）对身体权的侵害和对健康权的侵害在后果上并不完全一致。对健康权的侵害所导致的损害后果包括健康水平的下降、健康状况的恶化以及由此产生的精神痛苦。对身体权的侵害所导致

---

① Donna L. Dickson. *Property in the Body: Feminist Perspectives*, Cambridge University Press, 2007. p. 5.
② 龙显铭：《私法上人格权之保护》，中华书局1948年版，第59—61页。
③ 梁慧星：《民法总论》，法律出版社2017年版，第94页。

的后果则主要是肢体、器官的丧失或部分丧失，或某些生理功能的丧失以及由此产生的精神痛苦。两者终究还是存在实质上的差异。

第三，身体权独立于健康权的立法基础。在立法上，近代民法已经将生命、身体、健康等具体的人格要素纳入了私法权利体系的保护之中。例如，《德国民法典》第823条将身体和健康作为侵权法保护的特别法益并列规定，间接确认了身体权和健康权为各自独立的具体人格权："因故意或过失不法侵害他人的生命、身体、健康、自由、所有权或其他权利者，对被害人负损害赔偿义务。"受德国民法的影响，我国台湾地区"民法"也将身体与健康并列保护：第193条第1款规定："不法侵害他人之身体或健康者，对于被害人因此丧失或减少劳动能力或增加生活上之需要时，应负损害赔偿责任。"第195条第1款前段规定："不法侵害他人之身体、健康、名誉、自由、信用、隐私、贞操或不法侵害其他人格法益而情节重大者，被害人虽非财产上之损害，亦得请求赔偿相当之金额。"对于身体权和健康权的规定，现代民法还呈现出以下两种新的立法趋势。其一，更多的国家在其民法典的形成过程中，利用后发优势将"身体权"① 与健康权并列起来进行保护。1978年修改的《匈牙利民法典》专门设置了一章共10条规定了人格权并极大扩张了人格权的范围，包括生命、身体、健康、肖像等。1994年《俄罗斯联邦民法典》第15条规定了"生命权、健康权、个人尊严权、人身不受侵犯权"。1996年《越南民法典》第32条规定了"生命、健康和人身安全权"。其二，法律对身体权的保护从"身体完整"利益扩展到"身体支配"利益，身体权的法律保护更臻完备。1994年加拿大《魁北克省民法典》是第一个在人格权部分对死者遗体做出规定的民法典，也是第一个在变性问题上予以反映的民法典。该法典从第42条至第49条规定了"死者遗体的保护"，强调了当事人的意思自治；并在第71条规定了"变性的问题"。2005年修订的《越南民法典》增加了新的人身权，如第33条规定了"捐献身体器官权"，第34条规定了"死后捐献遗体、身体器官权"，第35条规定了"接受他人身体器官权"，第36条规定了"重新确认性别权"。

---

① 由于法律传统、价值取向以及立法目的的不同，各国民法对"身体权"的规定选择了不同的用语规范，譬如"人身安全权""人身不受侵犯权"以及对身体权支配权能进行列举的"捐献身体器官权"等。

综上所述，不论是扩大对健康权概念的解释，将身体权包含在健康权内，或扩大对身体权的解释，使健康权包含在身体权内，均囿于身体权和健康权在侵害后果上一定程度的重叠性，而未辨明两者在权利客体上的区分。身体权是一项独立于健康权的具体人格权。不仅"身体"和"健康"是相互区分的法学概念，而且在学理上身体权和健康权也有明显区别，这已为一些主要成文法国家的立法例所证明。

（二）身体权与精神性人格权

身体权属于物质性人格权。物质性人格权是主体就其生命有机体的存在，即肉体及伴生的心理健全健康而享有的一种权利，而精神性人格权则主要是为了满足人们正当的精神需要而确定的一项权利。[1] 在现代民法中，身体的完整不仅仅是权利人人格存在的必要条件，其人格尊严价值也不断得以凸显，并在某种程度上成为权利人人格全面发展的精神追求。人的容貌体态作为人的身体的重要组成部分，权利人可以按照其人格追求对身体的完整性做出适当的改变。例如，抽取脂肪的瘦身手术、发型的选择，以及整容、美体手术等。但是，作为物质性人格权的身体权与精神性人格权之间又有着明显的区分，不应混淆。针对身体权和精神性人格权关系中较为典型的争议问题，以下逐一探讨。

1. 身体权和名誉权

名誉权指享有名誉的权利，为人格权之一种。名誉是对他人就其品行、德行、名声、信用等的社会评价，具有客观性。至于名誉感，具有主观性，难以客观认定，并非名誉权的客体。身体权和名誉权的关系较为密切。侵害某人的身体权，也可能导致其名誉权的被侵害，例如，殴打他人、非法剪人长发等。这些行为本身具有侮辱的性质，不仅构成对身体权的侵害，也可能会造成对他人名誉权的侵害。但身体权和名誉权是有区别的，表现如下。第一，名誉权是精神性人格权，而身体权是物质性人格权。侵害名誉权主要造成的是精神痛苦，而侵害身体权则以造成身体完整性的破坏为必要。第二，在侵害的方式上也是不同的。侵害名誉权通常采用的是语言或行为方式对他人进行侮辱、诽谤，而侵害身体权则只可能采用行为方式（作为或不作为）破坏他人的身体完整。[2]

---

[1] 马俊驹：《人格和人格权理论讲稿》，法律出版社 2009 年版，第 201—202 页。
[2] 王利明：《人格权法研究》，中国人民大学出版社 2012 年版，第 454—455、462 页。

2. 身体权和肖像权

肖像权是个人就自己的肖像是否制作、公开及使用的权利。肖像以人之面部特征为主要内容。其呈现肖像的方法、手段或载体如何，在所不问。照相、绘画、雕塑、电视、电影、计算机数字合成、纪念币、漫画等，均属肖像权的保护范围。① 身体权和肖像权关系密切。人的面部特征依附于身体，毁损他人容貌不仅会侵害他人的身体权，而且会导致权利人无法行使其肖像权。但身体权和肖像权的法律保护存在着明显的区别。一方面，法律对肖像的保护主要是再现的肖像，例如，殴打致人脸部受伤或整容不当致使受害人形象受损，受害人只能以身体权受到侵害为由提起诉讼，而不能认为其肖像权受到侵害。另一方面，如果受侵害的是再现后的形象，即使不是脸部的再现，而是对身体其他部位的再现，也受肖像权的保护，而不涉身体权的保护问题。②

3. 身体权和"声音权"

"声音权"能否成为一种独立的具体人格权，尚存争议。但声音与肖像一样，确系人之重要特征，包含着主体专属享有的精神利益，而且随着窃听器、录音机的广泛使用，特别是电脑和互联网技术的普及，加剧了对声音侵害的现实性，凸显了对其保护的必要性。③ 身体权和声音权的关系也非常密切。声音是人的身体中发音系统的功能，破坏他人的发音系统不仅会侵害他人的身体权，而且还会导致权利人无法行使其声音权。但是，身体权与声音权有着明显区别。身体权是物质性人格权，声音权是精神性人格权。侵害他人的发音系统，应被认定为侵害他人的身体权或健康权，而不能被认为侵害声音权。侵害声音权则通常表现为未经本人同意，而对其声音以歪曲、偷录、剪接、模仿、不当利用等方式加以侵害，与对身体权的侵害无涉。

4. 身体权和隐私权（私生活权）

隐私系一种私生活秘密，具体而言，隐私有三种形态，"一是个人信

---

① 王泽鉴：《人格权法——法释义学、比较法、案例研究》，北京大学出版社2013年版，第140—141页。

② 王利明：《人格权法研究》，中国人民大学出版社2012年版，第418页。

③ "声音权"已经在德国、美国、捷克斯洛伐克等国的立法或司法实践中被确认为具体人格权。笔者也赞同将声音权确立为一项独立的人格权。参见杨立新、袁雪石《论声音权的独立及其民法保护》，《法商研究》2005年第4期。

息，为无形的隐私；二是个人私事，为动态的隐私；三是个人领域，为有形的隐私"①。隐私权是自然人享有其个人信息、私人活动和私有领域依法受到保护并排除他人非法侵犯的权利。隐私权又可被称为私生活权。在美国法上，隐私概念自产生以后，一直存在范围不断扩张、内容日益宽泛的趋向，隐私权的概念还包括了名誉、肖像等人格利益。美国法的隐私权概念业已发挥着大陆法国家中一般人格权的作用，是一项维护私生活不受侵扰，个人人格独立完整、自由发展的基本人格权。20世纪60年代，美国法院（尤其是联邦最高法院）又通过一系列判例，将隐私权逐渐从普通法上的权利上升为一种宪法上的权利，并将其归入公民所享有的基本权利类型中，并以其作为各州及联邦法令违宪审查的依据，用以规范女性享有的堕胎自由等重大争议问题。② 隐私权与身体权也会发生一定的联系，因为个人身体的隐秘部位和身体特征也构成隐私的一部分，应受隐私权的保护，未经权利人许可，任何人不得观摩、写生、刺探、公开和传播。但身体权和隐私权也有明显不同，身体权属于物质性人格权，而隐私意识源自人们的精神生活，且全面体现了个人的自由、安全和尊严，隐私权属于精神性人格权。再者，身体权是与生俱来的，隐私并非与生俱来，而是随着社会活动的扩大和社会交往不断形成和增加的，其不依赖于身体等一定的物质载体。③

5. 身体权和人身自由权

人身自由权以人身自由为客体，然而关于人身自由权究竟是私法权利还是公法权利，如果是私法权利，那么究竟是一般人格权还是具体人格权，理论上一直存在诸多争论。我国《宪法》第37条规定："中华人民共和国公民的人身自由不受侵犯。"这就确定了保护人身自由的宪法原则，形成了公民享有的宪法基本权利。基于基本权利的客观价值秩序确定功能，保护人身自由应成为法律所保护的客观价值，所有包括私法在内的法律都应对人身自由加以保护。既然宪法规范不能适用于私法主体的法律关系，那么对人身自由的侵犯就必须通过民法予以实现。因

---

① 杨立新：《中国人格权立法报告》，知识产权出版社2005年版，第419页。
② Prosser, "privacy", Calit. L. R., Vol. 48 (1960), p. 383.
③ 笔者赞同将人身自由权确定为一项民事权利。参见王利明《人格权法研究》，中国人民大学出版社2012年版，第511页。

而，人身自由权应是一种民事权利。① 进而，在人格权体系中，自由法益既可以成为一般人格权也可以成为具体人格权的法益。但是一般人格权不能替代具体人格权中的人身自由权。一般人格权中所说的自由是一种概括的人格自由，既包括人身活动自由又包括精神活动自由；而具体人格权中的自由，则是指身体自由，其侵害形态主要是非法拘禁和妨害人身自由的行为。一般人格权中的自由是一种抽象的权利，可以解释各种人格权存在的基础和应当受到保护的正当性。但人身自由存在独立的侵权行为形态，可以类型化。一般人格权不宜对某些类型化的具体侵害人身自由的行为做出调整。此外，将人身自由权作为一项独立的人格权，可以实现人格权法与相关法律的衔接。例如，在刑法上，有非法拘禁罪；在刑事诉讼法上，通过刑事诉讼程序的限制以保护公民不受非法逮捕、拘留或其他刑事强制。各个法律都对人身自由这一重要法益予以保护，有利于形成周密、完善的保护体系。因而，人身自由权应作为一项具体人格权。

身体权和人身自由权关系密切。人身自由权主要体现为身体活动的自由。侵害人身自由也可能会导致对身体权的侵害。例如，采取暴力手段剥夺或限制他人身体活动自由，不仅侵害了他人的人身自由权，也侵害了他人的身体权。但身体权和人身自由权仍是有区别的，表现为以下几方面。第一，性质和内容不同。身体权是物质性人格权，而人身自由权是精神性人格权。身体权是对身体完整性的保护，人身自由权则是对身体活动自由状态的保护。第二，侵害形态不同。侵害身体权的形态主要表现为破坏他人身体完整性的行为，如殴打致人身伤害等。对人身自由权的侵害主要是非法拘禁他人，剥夺他人的行动自由。对身体权的侵害，并不一定会造成对人身自由权的侵害，而侵害人身自由权也不必然会造成他人身体完整性的损害。第三，损害后果不同。侵害身体权往往会造成受害人的肉体痛苦，而侵害人身自由权主要是造成精神痛苦。

6. 身体权和性自主权（贞操权）

贞操权乃传统用语，实指性自主权，即"性行为的自主决定"，亦即

---

① 王利明：《人格权法研究》，中国人民大学出版社2012年版，第343—344页。

个人对于其是否及与何人发生性行为,有自主决定的权利。① 身体权与性自主权的关系最为密切。侵害他人的性自主权一般都要与受害人的身体进行接触,侵害的结果可能同时导致其身体受到损害,譬如处女膜的破裂,或可能由于受害人的反抗而导致受害人的肉体遭受轻重不等的损害。但是,身体权与性自主权是不同的。身体权是一种物质性人格权,而性自主权则体现为主体在性行为方面正当性的精神需要,属于精神性人格权的范畴。侵害他人的性自主权,虽与身体有联系,但并不一定会导致对身体权的侵害。例如,在因欺诈而诱使妇女与之发生性行为的情况下,一般不会造成对身体权的侵害。②

7. 身体权和生育权

生育权是指自然人所享有的依法自主决定自己对后代的生殖和抚育的权利。生育权乃根据人之自然属性而享有的权利,应属宪法上之基本人权,即公民的宪法基本权利。同时,生育权也符合"私人利益""行为与国家强制机构无涉"等私法的经典定义,体现了社会个体对亲情、家庭的希望和努力,应为民法所确认和保护。③ 在我国,生育权一般是指是否生育、何时生育以及如何生育的权利。但是生育权究竟是人格权还是身份权,学界一直存在争论。如有学者认为,生育权在现实生活中主要还是体现在婚姻家庭领域,生育权的具体实现往往需要由男女双方主体共同决定,具有浓厚的身份属性,因而生育权很难为单纯的人格权所概括。④ 但是,生育权是一种人之为人的基本人权,其产生与存在是以捍卫人对自身的生育行为的自我决定为使命的,而非像身份权那样以维护某种身份关系为目的。虽然我国现行的有关生育的法律制度规定的是婚内生育,但这属于对生育权行使的合理限制,并不能改变生育权的人格权属性。否则,以身份权为基点,将意味着丈夫有满足妻子生育要求的义务,妻子也有满足丈夫生育要求的义务,这就在一定程度上否认了作为平等主体的夫妻双方的生育自决权(Right of Procreational Autonomy)。况且,若将生育权界定

---

① 王泽鉴:《人格权法——法释义学、比较法、案例研究》,北京大学出版社2013年版,第113页。

② 王利明:《人格权法研究》,中国人民大学出版社2012年版,第570—571页。

③ 李丽峰、李岩:《人格权:从传统走向现代——理论与实务双重视角》,中国法制出版社2007年版,第306—308页。

④ 王利明:《人格权法研究》,中国人民大学出版社2012年版,第358页。

为身份权，无异于剥夺了现代多元的生活方式下无配偶者或丧失配偶者延续后代的正当权利，即宣告非婚生育违法。此外，生育权身份权说无法对男性捐精现象做出法理解释，也无法对夫妻间的生育问题的法律纠纷做出合理的裁决。① 正如有学者所言，只有把生育权界定为人格权时，生育权的性质与价值才能得到澄清和回归。②

身体权与生育权有着密切的关系。尤其是，生育行为主要涉及母亲的身体，生育权与母亲的身体权关系最为密切。母亲的身体权是其生育权得以行使的基础，某些侵犯母亲身体权的行为，也可能同时侵犯其生育权。例如，因医疗事故、交通肇事或暴力行为等造成孕妇流产的情形，被告的行为不仅侵犯了原告的生育权还同时侵犯了原告（母亲）的身体权或健康权。但是，身体权和生育权之间仍存在着明显的区别，主要表现如下。第一，从权利的性质而言，身体权是物质性人格权，而生育权蕴含人格自主之内涵，应属于一般人格权之保护范畴。③ 第二，从权利的限制来看，生育权的行使受各国立法政策的限制。在我国，这种限制主要体现在计划生育政策上。我国《人口与计划生育法》第17条规定："公民享有生育的权利，也有依法实行计划生育的义务，夫妻双方在实行计划生育中负有共同的责任。"这是因为，当时我国的社会人口过度膨胀，已严重影响到社会生产和人民生活，有必要对生育进行合适的社会控制。反之，像欧洲发达国家，人口不但出现零增长，而且出现负增长，由此导致的劳动力严重短缺和人口老龄化问题，给国家带来了严重的威胁。此种情形下，就有必要采用鼓励生育的社会政策。不同于对生育权的政策调控，对身体权的限制则主要是以法律的明确规定为前提的。第三，从权利保护的角度，对生育权的保护多向女方倾斜。生育主要是女性的身体体验，孕妇需要承受怀孕带来的各种身体不适、流产对身体造成的侵害乃至分娩所带来的痛楚和不便。司法实践中如果发生夫妻之间生育权在具体行使过程中的冲突，

---

① 王淇：《关于生育权的理论思考》，吉林大学，2012年。
② 王歌雅：《生育权的理性探究》，《求是学刊》2007年第6期。
③ 尽管德国有判决认为，将生育自主权归于其民法典第823条中的"其他权利"作为一般人格权对待，将会使该条保护的权利范围无法控制，因而拒绝将其归入一般人格权对待（Vgl. OLG. Frankfurt NJW 1993, 2388.），但这实际上是不可行的。如果将生育自由不作为一般人格权对待，那么对其侵害的损害赔偿请求将于法无据，因而将影响此类案件中损害后果的认定。参见张红《人格权总论》，北京大学出版社2012年版，第283页。

应优先保护女性的生育权。① 身体权的保护则不因性别差异而有区别，原则上都应进行平等保护。

8. 身体权和一般人格权（人格尊严权、人格自由权）

一般人格权是从德国判例中发展起来的概念。一般人格权是相对于具体人格权而言的，以人格尊严、人格平等、人格自由为内容的，以抽象概括性、兜底性、价值的导向性和基础性为特点的，人格权体系中的权利。② 人格尊严是指人之为人所应有的最基本的社会地位并且应受到社会和他人的最基本的尊重。人格尊严作为一种法益，是在 17 世纪至 18 世纪，从传统社会到现代社会的转变过程中，由启蒙哲学家根据自然法理论创立的。二战后，战争给人类带来的深重灾难，纳粹对人格尊严的践踏，促使世界各国对此进行反思，将人格尊严置于极为重要的位置，并于法律中加以确认。将人格尊严纳入一般人格权并作为重要内容的做法始于德国。德国法上的一般人格权就是法官依据《基本法》关于人格尊严的规定发展起来的。在我国，人格尊严是宪法规定的政治权利，同时也是民法上的一般人格权的内容。《精神损害赔偿司法解释》第 1 条将"人格尊严权"作为精神损害赔偿制度的保护范畴。按照起草人的解释，"人格尊严权"在理论上被称为"一般人格权"，是人格权利一般价值的集中体现，具有补充具体人格权利立法不足之作用。③ 人格自由在人格权法中有广义和狭义两种含义：从狭义上理解，人格自由就是指人身自由权，特指身体活动的自由；从广义角度而言，则不仅包括人身自由权还包括精神的自由、个人依法享有的自主决定的权利。亦即，人格自由权是个人自由发展所要求的权利，包括身体上的行动自由、精神上的自主决定，等等。有学者认为，个人的自主决定权（自我决定权）应是一种抽象的人格权，即自然人享有的以发展人格为目的，对于生命、身体、健康、姓名等具体外在人格要素的控制与塑造有权自行决定的抽象人格权。一般人格权、自我

---

① "李健诉启东市陈黄秀珍医院、王海霞生育权纠纷案"，江苏省启东市人民法院（2006）启东民一初字第 0558 号民事判决书，载《中国审判案例要览（2007 年民事审判案例卷）》，中国人民大学出版社 2008 年版，第 168—173 页。

② 王利明：《人格权法研究》，中国人民大学出版社 2012 年版，第 147 页。

③ 陈现杰：《〈关于确定民事侵权精神损害赔偿责任若干问题的解释〉的理解与适用》，《人民司法》2001 年第 4 期。

决定权和公开权共同构成了抽象人格权体系。① 在比较法上，一些国家也通过判例确立了自主决定权。例如，美国罗伊诉韦德堕胎案（Roe v. Wade）中确认堕胎自由属于个人自主决定的范围。② 又如，日本"耶和华的证人"的信徒拒绝输血案，"当患者认为接受输血违反自己的宗教信仰，明确表示拒绝伴有输血的医疗行为的时候，将这样的意思表示作为其人格权的一部分，必须予以尊重"③。但在这两个案例中，所谓自我决定权实际上表达的是一种纵横交错的权利，即宪法上的权利。从纵的方面而言，公民的堕胎自由不受公权力干涉；从横的方面而言，个人对自己的身体有自我决定权，该决定权应为人格权的内容，应予以尊重。因而，笔者认为，在人格权范畴中，自主决定权（自我决定权）应属于一般人格权的范畴，不应作为一项独立的人格权。其理由有二。其一，自主决定是私法自治的延伸，若将自主决定作为一项独立的人格权，其范围难以界定，也难以确定权利的边界。而且，很多人格权都涉及自主决定，这就容易产生不必要的竞合。其二，人格权法上的自主决定是与人格利益联系在一起的。例如，我国《侵权责任法》所规定的患者自主决定权，以及我国《婚姻法》所规定的婚姻自主。这些自主决定权都是人格自由的内容，而不宜作为一项独立的人格权。

身体权是一项独立的具体人格权，而一般人格权则是各种具体人格权产生的基础，具有渊源权的功能。一般人格权和包括身体权在内的具体人格权的关系可概括为：抽象和具体的关系；本源和派生的关系；既定和补充的关系；一般和特殊的关系。④ 也就是说，一般人格权是一般性的权利，其包容的价值非常概括、抽象，而身体权具有确定的内涵和外延，被法律确定为特定的权利。

需要指出的是，在现代社会中，许多新型人格利益需要法律提供保护，但还未能在法律上获得作为权利的地位，因此需要适用一般人格权来补充。此外，在司法实践中，殴打他人的行为，不仅侵害了他人的身体权，同时也是对他人人格尊严的侮辱。但由于身体权是一般人格权在人的

---

① 杨立新、刘召成：《论作为抽象人格权的自我决定权》，《学海》2010年第5期。
② See Roe v. Wade, 410 U. S. 113 (1973).
③ [日] 五十岚清：《人格权法》，铃木贤、葛敏译，北京大学出版社2009年版，第187—188页。
④ 王利明：《人格权法研究》，中国人民大学出版社2012年版，第168—172页。

身体完整性上的具体化的权利，对身体完整的侵害应适用身体权的保护，而非直接援引一般人格权加以保护。

第二节　身体权的性质

在传统学说中，关于身体权的性质，曾有"财产权说"和"人格权说"之争。现代社会，人格权意识高涨，多数学者已摒弃"财产权说"而接受"人格权说"的主张。然而，伴随着学界对人格权性质的争议，身体权是宪法权利、民事权利，还是兼具宪法权利和民事权利的属性呢？

一　身体权的人格权属性

个人对自己的身体享有什么样的权利？究竟是承认身体为财产权所涵盖，还是将其根本排除于财产权之外，而归类到人格权范畴？

（一）"财产权"说

身体被作为其"所有人"拥有的一种形式的财产的观念至少可以回溯到18世纪自由主义时期的英国哲学家约翰·洛克（John Locke），他的财产理论将全部的所有权追溯到个人对其自身身体享有的财产权上。洛克认为："虽然土地和一切低等动物为一切人共有，但是每个个人对其自身身体享有财产权，对此，除他本人以外任何人都不享有任何权利。"[1] 根据洛克的观点，个人对其身体的所有权导致他对外部事物的所有权，因为外部之物为其自身劳动力的产物。然而，洛克并未将个人拥有对自己身体的"财产权"上升到完全所有权的层次。他认为身体是一种特殊类型的财产，是由个人信托持有而非作为所有人持有，身体的最终所有权属于神。这在一定程度上解释了人的生命、身体和自由的不可让与性。及至现代，仍有学者根据"人拥有的针对客体的权利束"[2] 的财产理论，认为身体权包括但不限于占有自己身体的权利、使用它的权利、排除他人干预的权利、通过赠与或买卖移转所有权的权利、处置自己死后遗体的权利、未经偿付补偿排除政府征用自己身体的权利。不过，该学者强调，人对自己

---

[1] Radhika Rao. *Property, Privacy and the Human Body*, in Boston University Law Review, 81. 2000.

[2] Stephen R. Munzer. *A Theory of Property* [M]. Cambridge University Press, 1990. 43.

的身体仅享有有限的财产权，法律不允许人们对自己的身体随意处置，如不得自杀、卖淫、活体间转让器官等。

依"财产权说"，人的身体及其组成部分在很多场合可以作为财产来对待。例如，血液和精液可被看作在市场上买卖的物品。个人享有生前向他人捐赠自己身体及其部分的权利，或者通过遗嘱进行遗赠。若死者生前并未行使上述权利，其遗体如同其他财产一样为其继承人所继承，在被继承人死后，继承人有权决定对其遗体及其部分的处分。事实上，有些国家也在某些情形下对人体及其组成部分进行征用。例如，在美国许多州，验尸官被授权不经死者（生前）或其家属同意为直接移植的目的从尸体取用角膜和其他器官。[①] 此类法律显然是把死者的遗体看作了生者的利益而可由国家予以没收的公共资源。

"财产权说"存在的一个显著的理论盲点是，它并不适合用来解释自然人的身体作为整体时的法律地位问题，因为人的身体作为主体人格的载体，只能是目的而不能作为被利用的手段，否则就背离了"人的神圣性、尊严和完整性"的传统价值。

（二）"人格权"说

德国哲学家伊曼纽尔·康德（Immanuel Kant）创立了伦理人格主义哲学。在伦理人格主义哲学看来，我们人的一切作为都是为了保有人类的价值，而作为一个人的价值必须包含其身体。人体是实现自由权和道德义务的外在凭借，所以我们必须给予"人体"一定的尊严地位。康德主张"人"不是"物"，物是被以"手段"来看待，人却是存在的"目的"本身。因此，人们对自己的身体毫无任何财产权可言。身体不是"我的"，它是"我"本身；以人为目的的法律应该保护包括身体在内的人之为人的人格要素。[②] 受康德的伦理人格主义哲学影响，现代民法普遍认为，将身体作为物，违背了人本主义精神，贬低了人的地位，不利于人的尊严的保护；身体不是物，不能作为财产权的客体，而是人格的载体，应归属于人格权的保护范畴。

[①] Radhika Rao. *Property, Privacy and the Human Body*, in Boston University Law Review, 256. 2000.

[②] 林祥祺：《人体分离物及其衍生物或权利之法律属性与权利归属之研究》，台湾国立成功大学，2009年。

如果我们在道德和人性的大纛下，将有关身体的权利完全归属在人格权项下，我们又将如何解释与人体相分离的器官或组织被作为财产对待的情形呢？日本学者末弘严太郎认为，尽管身体不能如其他财产那样被任意处分，但此点仅仅是因为身体的特质而产生的必然结果，不足以因此否认其为所有权。他还进一步举出了极端的例子加以说明：人死之后的尸体，当然归继承人所有；在睡眠中或其他无意识中被切取身体的一部分，当然归其人所有，如不认为身体权是一种所有权，就无法解释上述现象。①

（三）身体上权利属性的界分

通过考察财产权和人格权的结构和内容的异同，我们不难发现，不论是将人对自己身体的权利归属于财产权还是人格权，两者在保障同一利益——拥有自己的身体的权利和排除他人干涉的权利——的范围内都相同的。但两者对人与身体的关系的理解上发生了分歧。财产权保护的是所有人对所有权客体的权利，而人格权则保护人身的特性。根据人格权说，一个人并不拥有自己的身体，身体是人格不可分割的部分；由于身体和人格的紧密同一性，对身体的侵犯危及它所承载的人格。② 财产权说则区分所有人与所有物，把人格看作有别于其载体的存在。日本学者末弘严太郎就认为，法律上的人格是无形的法律观念，与身体是完全不同的观念，因此，身体属于以身体为基础的人格所有的观念并不矛盾，其类似于财产与财团法人之间的关系。③ 亦即，财产权说以身体与人格的相互独立为前提，而人格权说则认为人格体现于身体中，身体是人格的表现。一方面，在财产权框架下，身体要转化为所有权的客体，在理论上可以与其所有人分开，人格"寄居"于身体之中。另一方面，在人格权框架下，人格和身体不可分离，而是紧密交织在一起，表明了一种依其性质不能与个人分离，因而不能由他人行使的权利。④

---

① ［日］末弘严太郎：《债权各论》，第1022页。转引自龙显铭《私法上人格权之保护》，中华书局1948年版，第59页。

② See Radhika Rao. *Property, Privacy and the Human Body*, in Boston University Law Review, 329. 2000.

③ ［日］末弘严太郎：《债权各论》，第1022页。转引自龙显铭《私法上人格权之保护》，中华书局1948年版，第59页。

④ See Radhika Rao. *Property, Privacy and the Human Body*, in Boston University Law Review, 329-330. 2000.

综上所述，人格权说把身体当作人格的物质体现、人格权的客体，并赋予它受保护的权利，而财产权说则把身体作为所有权的客体。但此两种学说均无法既适用于自然人人身整体又适用于与人体分离的器官组织以及死者遗体的法律地位的界定。鉴于此，身体上的权利属性应如何界分？人与物之间是否存在相对明确的界线呢？笔者认为，死亡标志着人与物的最终界线，活人的身体依人格权受到保护，死者的尸体应依财产规则受到保护；人与物之间的另一界线是按照活人体的轮廓线划定的，调整完整的身体的法律涉及人格权，而调整已分离的身体部分的买卖或处分的法律则关系到财产。①

本书所探讨的身体权是自然人维护其身体完整并支配其肢体、器官和其他组织的权利，属于人格权范畴。

二 身体权兼具宪法基本权利和民事权利的性质

人格权是人权的重要内容，人权运动的发展必然促进人格权的发展和完善。人格权究竟是宪法上的基本权利，还是私法上的民事权利，学界争论不休。笔者赞同学界的主流观点，即人格权具有双重性，既属于一项宪法基本权利，同时也作为民事权利受到私法保护。② 身体权作为一项具体人格权，也兼具宪法基本权利和民事权利的性质。

（一）作为基本人权的身体权

人权（human rights）乃每个人应当享有的、须臾不可分离的权利。生命权、身体权、健康权等人格权在人权序列中具有最高地位，是最重要、最基本的人权。随着世界人权运动的发展，一系列专门保护人权的国际公约明确规定了对身体权的保护。

1. 国际人权文件对身体权的保护。《世界人权宣言》第3条规定："人人有权享有生命、自由和人身安全。"第5条则是禁止酷刑的规定，从反面规定了对身体权和健康权等人格权的保护。《公民权利和政治权利国际公约》第7条规定"任何人均不得加以酷刑或施以残忍的、不人道的或侮辱性的待遇或刑罚。特别是对任何人不得未经其自由同意而施以医药或科学实验"，该条特别指出了"对任何人不得未经其自由同意而施以

---

① See Radhika Rao. *Property, Privacy and the Human Body*, in *Boston University Law Review*, 330. 2000.

② 马特、袁雪石：《人格权法教程》，中国人民大学出版社2007年版，第153—187页。

医药或科学实验",对于身体权的保护具有积极的意义。此外,国际人权文件在对特殊群体的身体权保护方面贡献突出。《儿童权利公约》第19条规定:"1. 缔约国应采取一切适当的立法、行政、社会和教育措施,保护儿童在受父母、法定监护人或其他负责照管儿童的人的照料时,不致受到任何形式的身心摧残、伤害或欺凌,忽视或照顾不周,虐待或剥削,包括性侵犯。""2. 这类保护性措施应酌情包括采取有效程序以建立社会方案,向儿童和负责照管儿童的人提供必要的支助,采取其他预防形式,查明、报告、查询、调查、处理和追究前述的虐待儿童事件,以及在适当时进行司法干预。"该条涉及儿童的身体权、健康权和性自主权等多方面的人格权。《智力迟钝者权利宣言》和《艾滋病患者权利宣言》则从各自的角度对这两类特殊人群的人格权保护进行了特别的规定。以上对特殊群体身体权保护的规定同民法上从抽象平等的人到实质平等的人的转变是一致的,对于"弱而愚"的人,法律必须从机会上给予更多的照顾,否则就会导致"以平等来掩盖不平等的结果"[①]。

2. 区域性人权文件对身体权的保护。《欧洲人权公约》(《保护人权与基本自由公约》)第3条规定了任何人不得加以酷刑或使其受到非人道的或侮辱性的待遇或惩罚;第5条则规定了人身自由和人身安全的权利。《欧洲联盟基本权利宪章》在其第一章"尊严"中,第3条规定了人的完整权,认为人人都享有身体和精神的完整权;尤其是第3条第2款还规定了,在医学和生物学领域,应尊重下列权利:①根据法定程序,有关人的自由和知情权;②禁止优生手段,尤其是那些旨在淘汰人的优生手段;③禁止将人体及其部位作为财政收入的来源;④禁止人类的生殖克隆。这些规定是法律对现代生物科技的发展对人类生活的冲击的对策,极具现实意义。《美洲人权公约》第5条规定了人道的待遇,对身体权、健康权和人身自由权进行了综合性的规定。《亚洲人权宪章》2.4条规定:"即使在经济高度发达的国家,广泛的贫穷问题也是人权受到侵犯的主要原因。贫穷剥夺了无数个人、家庭以至社群的人权,并且导致卖淫、利用童工、使人为奴、贩卖人体器官、残害身体以便行乞等行为。贫穷使人不能过有尊严的生活,亚洲国家的发展政策必须以消除贫穷为目标,推行更公平的发展政策。"该条对人体器官买卖、性利益的商业利用、儿童的生命健康

---

① 马特、袁雪石:《人格权法教程》,中国人民大学出版社2007年版,第106—112页。

权、禁止为奴等做了导向性规定。①

(二) 作为宪法基本权利的身体权

人权作为一种原则和理念,需要借由立法转化为具有具体权利内容的基本权利形态。人权一旦转化为法定的基本权利后,公民和国家机关都应受其约束。联邦德国基本法(GG)第一章第 2 条第(2)项规定:"人人享有生命和身体不受侵犯的权利。"葡萄牙共和国 1976 年《宪法》第 25 条、西班牙 1978 年《宪法》第 15 条也都对身体权做出了规定。20 世纪 60 年代以来,美国法院(尤其是联邦最高法院)还通过一系列的司法判例,将原普通法上的隐私权逐渐上升为一种宪法上的权利,创设了"宪法上的隐私权/私生活权"(constitutional privacy)的概念,并将其归入公民所应享有的基本权利类型中,并以其作为各州及联邦法令违宪审查的依据。其中突出的是法院根据宪法增补条文第 14 条规定的自由及正当法律程序为依据,用以规范使用避孕药、堕胎等重大争议问题。在私生活权项下,个人有权运用避孕的手段阻止怀孕、以流产的方式终止妊娠、抵抗强制绝育。私生活权还包括抵制对自己的身体强制侵入的权利、阻止对身体做物理改变的权利,比如阻止为了提取证据重大侵入身体的权利。②

作为一项宪法基本权利,身体权首先是公民享有的排除国家干涉的防御权,更进一步,国家应对此等基本权利承担保护的义务;必要时,国家立法如欲侵害或限制公民的基本权利,须遵循比例原则,并按照法定程序而为之。例如,在刑事诉讼中,国家专门机关对人体体液、血液等身体样本的强制收集权力,即"强制采样",就极易侵犯公民作为宪法基本权利的身体权。1963 年德国"脊髓抽查案",地区法官命令被告人接受一项以抽取其腰部脊髓为内容的医疗检查以确定其精神状态,后来被告人以该项医疗检查严重侵犯自己的身体健康为由向宪法法院申诉,并获支持。③ 又如,为了收集被犯罪嫌疑人吞咽的毒品、物品等,追诉机关通过强制服药等方式迫使犯罪嫌疑人呕吐而收集样本,也可能侵犯了该犯罪嫌疑人所享有的宪法上的身体权。Rochin v. California. 342 U. S. 165(1952)一案中,

---

① 马特、袁雪石:《人格权法教程》,中国人民大学出版社 2007 年版,第 106—116 页。

② Radhika Rao. *Property*, *Privacy and the Human Body*, in Boston University Law Review, 273 - 274. 2000.

③ 陈光中、陈雪全:《强制采样与人权保障之冲突与平衡》,《现代法学》2005 年第 5 期。

一名男子在接受搜查过程中，被警方发现吞咽了一些毒品。警方把他带到医院，让医生通过强灌催吐药的办法，使其呕吐出毒品以采集样本。这种行为被认为是粗鲁的，是对人的尊严的侵犯。[①] 此外，还包括司法机关及其工作人员在行使职权时侵害公民身体权的其他情形。我国《国家赔偿法》第15条规定："行使侦查、检查、审判、监狱管理职权的机关及其工作人员在行使职权时有下列侵犯人身权情形之一的，受害人有权获得赔偿：……刑讯逼供或者以殴打等暴力行为或者唆使他人以殴打等暴力行为造成公民身体伤害或死亡的；违法使用武器、警械造成公民身体伤害或死亡的。"

（三）作为民事权利的身体权

法律对身体（完整性）保护的历史由来已久，但近代民法典并未对"身体权"做出正面的赋权性规定而仅仅做出概括的或者反向的保护性规定。1804年的《法国民法典》并没有规定身体权。这是因为《法国民法典》对人格权保持自然权利的立法态度，即生命、身体、健康等人格要素之被承认和受尊重，毋庸规定，只要民法承认了自然人的主体地位，就意味着同时承认了保护自然人的人格要素。1900年的《德国民法典》第823条规定："不法侵害他人生命、身体、健康、自由、所有权或其他权利者，对因此而产生的损害负赔偿义务。"此种方式主要是从保护法益的角度来规定身体权，亦即，通过作为权利保护法的侵权法的规定，间接承认身体权为侵权法保护的特别法益。我国台湾地区"民法"深受《德国民法典》的影响，该法第193条规定："不法侵害他人身体或健康者，对于被害人因此丧失或减少劳动能力，或增加生活上之需要时，应负损害赔偿责任。"

二战后，在现代民法法典化的过程中，人格权的私法法定化得到了快速的发展。尤其以《埃塞俄比亚民法典》《越南民法典》和加拿大的《魁北克民法典》为最，这种权利化模式将"身体权"规定为人格权，并规定了比较具体的权利内容，极大丰富了身体权的私法理论。我国《民法总则》也已明确将身体权作为一项独立的具体人格权加以规定。

总而言之，身体权的宪法基本权利性质是对身体权作为基本人权的实

[①] Christyne L. Neff. *Woman, Womb, and Bodily Integrity*. Yale Journal of Law & Feminism. 1991(3): 327.

证化。身体权不但是宪法赋予公民的基本权利之一,也是私法上所保护的权利。前者旨在保护公民免受国家强制力的损害,后者旨在调整民事主体之间发生冲突和损害的情形。[①] 承认身体权兼具宪法基本权利和民事权利的性质,是否可能在裁判中出现规范适用的错乱呢?笔者认为,两种性质的身体权拘束的主体和作用的范围不同,在采用宪法私法化的间接效力说的前提下,由于仅存在合宪性解释和依据宪法基本权利的价值补充,因而不会发生混淆。大陆法系各国均以间接效力说为通说,即宪法权利不能直接适用于民事关系,但可凭借价值补充的方法以私法中的概括条款为通道,通过法官对概括条款的"合宪解释",将基本权利转化为私法规范,从而使得基本权利介入到私法生活。例如,二战后的德国在基本法中推导出了一般人格权,将其设定为公民的基本权利,保障公民的人格尊严不受侵犯。

第三节 身体权的地位和意义

一 身体权的归属与地位

(一) 身体权在人格权体系中的归属

目前我国民法学界比较一致的观点是,依据人格权权利客体和保护方法的不同,在承认一般人格权的前提下,将现有具体人格权分为物质性人格权和精神性人格权两类。所谓物质性人格权是指自然人就其生命有机体的存在,即肉体及伴生的心理之健全健康而享有的一种权利。对于物质性人格权的种类,学界已经达成共识的有生命权、身体权和健康权。[②] 精神性人格权,是指不以具体的物质性实体为标的,而是以抽象的精神价值为标的的不可转让的人格权,如名誉权、隐私权、肖像权等。[③] 此两者的区别主要表现在权利客体上,前者的客体是生命、身体、健康等人的存在本身所固有的、依赖于人的身体的物质性人格要素,无论是身体、健康还是生命,都是固定在人身——人的物质性载体上,而后者大多是以抽象的精

[①] 姚辉、周云涛:《人格权:何以可能》,《法学杂志》2007 年第 5 期。
[②] 马俊驹:《人格与人格权理论讲稿》,法律出版社 2009 年版,第 201 页。
[③] 王利明:《人格权法研究》,中国人民大学出版社 2012 年版,第 41 页。

神性价值为客体。民事权利,因其种类不同而有不同的客体。易言之,民事权利客体是民事权利归类的基本依据。此种分类能够针对自然人的基本属性,基于权利客体的不同,将现有人格权进行较为清晰的归类。所以,笔者赞同我国学界的主流观点,即将具体人格权分为物质性人格权和精神性人格权,身体权应归属于物质性人格权。这种分类方法也为大陆法系一些国家的学者所承认,例如,法国学者通常将人格权划分为物质层面的权利(droits relaifsà l'aspect physique)和精神层面的权利(droits relaifsà l'aspect moral)两大类别。该学者认为,物质层面的权利是指一切人拥有的要求其身体受到尊重的权利,人体及其组成与产品不得成为任何财产权利的标的。精神层面的权利,主要包括私生活受到尊重的权利、肖像权、获得无罪推定的权利、住宅不受侵犯的权利、其秘密得到保守的权利、名誉权、著作权中的精神权利等。①

我国有学者对各种制定法中的典型具体人格权进行类型化,将身体权归入灵肉人格权或结果人格权。② 另有学者主张,从人的自然属性和社会属性两方面展开,依据保证自然人的自然存在还是保证其社会存在的分类来论述各种人格权是一种最具均衡性的分类;身体权可以归为保证自然人自然存在的人格权。③

(二)身体权在人格权体系中的地位

身体权在人格权体系中居于什么样的地位呢?生命是自然人存在的基础,是法律保护的最高利益。生命是自然人享有其他所有权利和利益的基础和前提。毫无疑问,生命权是人的第一位重要的人格权,在整个人格权体系中具有最高的地位。这就意味着,在人格权法中,当生命利益和其他人格利益发生冲突时,应当优先保护生命利益。但是,身体权和健康权的序位应如何安排呢?根据《德国民法典》第 823 条中"生命、身体、健康"的序位,通常情况下,侵害身体(完整性)比侵害健康造成的后果更为严重。从体系解释的角度来看,侵害身体(完整性)的后果主要是致人残疾,这一判断可在《德国民法典》第 1896 条中得到印证。④ 当某

---

① Philippe Malinvaud, Introduction à l'étude du droit, 9e edition, Litec, 2002, p. 258.
② 郑永流:《人格、人格的权利化和人格权的制定法设置》,《法哲学和法社会学论丛》,北京大学出版社 2005 年版,第 164 页。
③ 徐国栋:《民法总论》,高等教育出版社 2007 年版,第 318 页。
④ 顾长河:《身体权与健康权的区分困局与概念重构》,《商业研究》2013 年第 5 期。

一加害行为既造成受害人的身体（完整性）的破坏，又损害其健康时，按照从重吸收的原则，应认定为侵害了身体，而不再同时认定侵害了健康。但这种理解与我国目前的理论和实践中对于身体、健康的序位的解读存在着明显的差异。我国学界普遍认为，身体损害必须是身体组成部分构成的完整性、完全性受到损害，而对于身体机能的运作的正常性及其整体功能的完善性没有明显的影响。当身体构成的完整性、完全性受到损害，并对人体机能运作的正常性及其整体功能的完善性造成损害时，应当认定为对健康权的损害。当一个行为既侵犯健康权，又侵犯身体权时，只认定为侵害健康权，而不再同时认定侵犯身体权。亦即，对健康权的侵犯吸收了对身体权的侵犯。我国最高人民法院2001年通过的《精神损害赔偿司法解释》中"生命权、健康权、身体权"的序位以及2003年通过的《人身损害赔偿司法解释》中"生命、身体、健康"的序位的规定反映了当时学界对身体权和健康权的序位排列的理解。

针对以上关于身体权和健康权序位的争议，笔者认为，生命权是人的第一位重要的人格权；身体权应仅次于生命权，位列健康权之前，在整个人格权体系中具有基础性地位。究其原因如下。

其一，身体权在物质性人格权体系中居于基础性地位。生命权是自然人的第一位重要的人格权，但是，身体是生命的物质载体，是生命得以产生和延续的最基本条件，没有身体则生命不存在。身体亦是健康所依附的物质载体，无身体也无所谓健康。健康一般系通过身体构造的完整性而实现，当人体的肉体构造遭到损害时，可能进而导致对健康的损害。从广义的角度而言，身体权作为一种物质性人格权，与生命权、健康权一样都以身体的完整的利益为保护对象，这就决定了身体权在物质性人格权体系中的基础性地位。

其二，身体权在整个人格权体系中也居于基础性地位。这一点可以从身体权与其他标表型人格权的关系上得到印证。具体而言，个人的肖像和声音都是个体的人格标识。肖像、声音本身都依附于身体，毁损他人容貌，破坏他人的发音系统，不仅会侵害他人的身体权，而且会导致权利人无法行使其肖像权或声音权。但是，身体权和肖像权、声音权是不同类型的人格权，前者属于物质性人格权，后两者属于精神性人格权。就权利救济的角度，侵害肖像权通常表现为未经本人许可而非法使用他人的肖像，一般不直接侵害他人身体，如果损毁他人的面容或身体的某个部位，只能认定为侵害身体权或健康权,而不能认定为侵害肖像权;侵害声音权亦是同理。此外,身体还承载了人类在社会化过程中通过意识的作用附加的一切是非观念,并反映人的多层次需求,进而为不断发展的许多人格权益提供了物质基础。例如,在人格权法中,对身体隐私的隐私权保护以及对与身体的欲望和功能有关的性自主权(贞操权)的保护等。这些都在一定程度上证明了身体权在整个人格权体系中的基础性地位。

其三,从人格权商品化的限制角度也可以看出身体权在人格权体系中的基础性地位。人的身体作为一种自然产生的生物体,还固着各种欲望或功能,如性交、生育等;对个人具有人格标识作用的肖像和声音,其本身也附着于身体之上。当前能够进行商品化的人格权主要是肖像权、姓名权、声音权以及隐私权。因为,这些人格权中的人格要素的特点是可以与身体分离,并呈现于其他载体之上。如自然人对其肖像或声音的使用权的许可,以及对其隐私(包括身体的隐私)的披露的许可等都是人格权商品化的应有之义。然而,身体本身是不能被商品化的,器官买卖、卖淫和代孕等行为都是为文明社会所禁止的,这是由身体权在人格权体系中的基础性地位决定的。

其四,不论是从历史沿革还是从事实逻辑的角度而言,健康权都是从身体权中推导出来的,而非相反。一方面,健康的概念是伴随着人类对健康的内涵和外延认识的不断进步,才从身体完整的概念中独立出来的。而在人类社会早期,受当时的认识水平所限,人们时常将健康与身体混为一体。另一方面,身体为生命、健康所依附的载体,公众对身体权的感知和重视程度远甚于健康权。我国历史上的两部民律草案(1911年的《大清民律草案》和1925年的《民国民律草案》)仅规定了"身体权",而后来的"民国民法"则在"身体权"的基础上,结合规定了"健康权"。此立法变革过程在一定程度上说明了,健康权是在身体权的基础上提出来的,是对身体权的强化和细化。我国学者从健康权中推导出身体权,不符合历史发展的规律性,也有悖于事实和逻辑。

概言之,在人格权体系中,身体权应仅次于生命权,而位列健康权之前。这不仅彰显了身体权的基础性地位,而且也符合身体权和健康权的逻辑关系以及事实判断。

二　身体权的理论价值与实践意义

身体权和生命权、健康权一样,是自然人的最根本法益。在法律上将身体权确立为一项独立的人格权,既具有理论价值又具有实践意义。

(一) 身体权的理论价值

1. 有利于明确物质性人格权与精神性人格权的保护边界

物质性人格权与精神性人格权之间有明确的权利保护边界,不应混淆。一方面,物质性人格权和精神性人格权保护的客体不同。人之生命、健康均依附于身体,身体权是物质性人格权体系的基础,其客体是身体,其核心内容是"身体完整性"利益。这一人格利益具有固有性,是"人之为人"的必要条件,因而具有自然性、不证自明,其正当性源于客体自身而非外来价值。精神性人格权的客体则是抽象的精神价值,具有社会属性,其正当性并非来自人格要素本身,而是源于外在于人格的价值目标或现实要求。[①] 另一方面,对物质性人格权和精神性人格权的侵害方式及其造成的损害后果也显著不同。对物质性人格权的侵害多采用人身伤害的方式,多表现为身体这一物质载体受到损害,其损害后果主要是财产损失和肉体疼痛等。侵害精神性人格权,所涉及的内容则往往与身体这一物质载体本身的损害无关。例如,侵害肖像权通常表现为未经本人许可而非法使用他人的肖像,一般不直接侵害他人身体。质言之,物质性人格权所保护的人格利益(生命、身体、健康)都是固定在人的物质性载体之上,体现在人的身体之上;而精神性人格权不以人的物质性载体为标的,而大多体现为抽象的精神性价值。身体权的概念的确立,完善了由生命权、身体权和健康权一起构成的物质性人格权的体系结构,进而有利于明确物质性人格权与精神性人格权的保护边界。

在学界和司法实践中,仍有将非法搜身行为、非法触摸他人身体的性骚扰行为归于身体权范畴的论断,此值得商榷。究其原因,此种论断应源于对英美法系权利保护模式的误读。英美侵权法中殴打侵权之诉中既包括"伤害性接触"(harmful contact),还包括"冒犯性接触"(offensive contact)。所谓"冒犯性接触"显然涵盖了搜身、性骚扰行为。但我国民法是以权利为民事法律关系的核心,英美侵权法则是以对象事实而非权利类型为中心,以提供救济为目的而非以既有权利为依托,依据调整对象的情况适用相应的裁判规则。就身体权而言,我国《民法总则》中的身体权应是从权利客体的角度进行规范的,身体权的客体是身体,具有完整性的

---

① 张平华:《人格权的利益结构与人格权法定》,载《中国法学》2013年第7期。

基本特征；对身体权的侵害必须是对身体完整性的损害。英美侵权法则是以"暴力"或"接触"等侵害方式来界定侵权行为，为受害人提供充分的救济；"冒犯性接触"往往并不损及他人的身体完整性。所以，在我国，非法搜身行为或非法触摸他人身体的性骚扰行为可能构成对其他人格利益的损害，但并不构成对身体权这一物质性人格权的侵害，否则会模糊物质性人格权和精神性人格权的边界。

2. 为合法的身体支配行为提供了规范基础

随着现代科技和医学的发展、伦理观念的变迁，现代民法不仅全面维护人身安全，还充分关注权利人对其身体（完整性）的支配。学界通常采用"客体+权能"的模式来确定权利，客体是认识权利的基本起点。在身体权范围内，身体支配行为指的是权利人对自己身体（完整性）的支配，而不包括其他对身体的支配行为。例如，人体对其人体形象的商业利用行为（手模特、自然人的表演形象等），应属于"形象权"的范畴，而非身体权。由于社会生活的多样性，自然人的身体权支配方式也是无限多样的，其是否符合伦理道德观念，能否得到法律许可，在判断上也是一个动态的发展过程。传统民法规定自然人不得处分自己的身体，我国古代也有"身体发肤受之父母，不敢毁损"的传统道德。但随着法律伦理的进化，现代社会逐渐承认自然人可以在法定范围内处分身体的组成部分，即对于某些可以与身体分离且不至于影响健康的部分，如毛发、指甲、牙齿等，自然人可以自由支配。并且，出于治病救人和发展医学的需要，自然人依法自愿捐献自己的器官、血液、骨髓、角膜等身体的组成部分甚至生前捐献自己遗体的行为，亦为适例。但令人遗憾的是，由于作为母权利的身体权一度在我国民法基本法范畴中的规范缺失，器官捐献、血液捐献等身体支配行为始终无法得到民事立法的全面保护。所以，身体权概念在立法上的确立，使得合法的身体支配行为可以在身体权制度框架内规制，进而为实现身体权的充分保护提供坚实的民法基础。

3. 具有防止权利创设泛滥的意义

法律理论界存在着严重的权利创设泛滥现象。所谓"亲吻权"诉讼、"哺乳权"纠纷、同居权、悼念权……诸如此类，不一而足。这些在导致法教义学混乱不堪的同时，也使法律失去了其作为规范的严肃性。就与身体权相关的概念而言，有学者为了给人体器官以合法的地位，提出了"器官权"的概念，将其视为身体权的类权利，只能由活着的自然人享有，它跨越人身权和物权两大领域，从而兼具人格权和物权两大属性。[①] 但这一概念有其明显的缺陷，所谓未与身体分离的"器官权"，其实是身体权；而与身体分离的"器官权"则应属于物权的范畴。并且，这种新的权利种类的创新极易造成权利种类的滥设，可能会出现所谓的精子权、受精卵权、基因权等令人眼花缭乱的新权利种类。可见，权利泛滥的根源是权利的滥设，权利滥设问题的实质是缺乏对概念的科学划定。因而，身体权概念的确立，在一定程度上具有防止权利创设泛滥的意义。

（二）身体权的实践意义

1. 有利于全面保护人身安全和人格尊严

对身体权的法律保障不仅关系到自然人的人身安全，还关系到人格尊严的全面维护。现代民法中，作为人格尊严内容的身体保全利益增强，身体所体现的人格尊严价值进一步凸显。例如，殴打他人，是法治社会所不能容忍的违法行为，甚至是犯罪行为。如何通过民事责任的方式制裁殴打行为，遏制殴打行为的发生，是我国民法中的一项重要课题。在目前的社会生活中，殴打他人的现象时有发生，而且此类案件大部分没有通过司法途径解决。即使通过司法途径，也不一定能获得救济。究其原因，现行立法和司法实践对身体权保护的不重视是主因。在《民法总则》颁布之前，身体权一直是司法解释的权利，并非法定。在司法实践中，身体遭受暴力侵害而主张精神损害赔偿的，其精神损害严重性的认定常常与身体的伤残等级简单挂钩，这在实际上阻却了一些受害人请求精神损害赔偿的权利。因为，像打人耳光、脚踹他人等殴打行为给受害人造成的可能主要是人格屈辱和精神痛苦，而医疗费用的支出等财产损害则往往是次要的，甚至有可能是附带的。一些较为典型的侵害身体权的行为，如断人毛发、强迫抽血等，更是如此。所以，在法律上将身体权确立为独立的人格权，可以赋予受害人以独特的救济方式。当身体受到暴力侵害时，受害人不仅有权主张财产损害赔偿，而且有权主张精神损害赔偿。并且，在侵权损害认定上，还可以借鉴英美侵权法中的殴打侵权制度，由被告行为直接推定损害存在的侵权类型（行为自身可诉侵权），即受害人只需证明殴打的事实，就可以认定其实际遭受了损害，进而可以推定加害人的行为已经构成身体权侵权。这无疑对于全面保护自然人的人身安全和人格尊严具有重大

[①] 吴文珍：《论人体组成部分的法律地位及其归属》，《河北法学》2011年第5期。

意义。

2. 有利于明确某些离体器官组织（如脐带血、胎盘等）的权属

一般而言，人体器官组织在脱离人体之前受身体权的保护，在脱离人体之后，则成为物，其所有权归原身体权人所享有。但关于产妇分娩后，脐带血和胎盘的权属一直存在争议。它们究竟属于胎儿所有、产妇所有、夫妇共有还是属于产妇和胎儿共有呢？（1）脐带血的权属。脐带血是指胎儿娩出，脐带结扎并离断后，残留在胎盘和脐带中的血液。脐带血因为含有大量的可以重建人体造血和免疫系统的造血干细胞，从而成为治疗血液疾病的宝贵资源。从医学的角度，脐带血是新生儿脐带扎断后的远端所采取的胎盘血，其含有的造血干细胞并非母体的造血干细胞而是胎儿本身的造血干细胞。在身体权制度框架下，若胎儿活体出生，其即为该脐带血的所有权主体；但若胎儿出生时为死体，则该脐带血连同死胎本身归产妇所有。[①]（2）胎盘的权属。胎盘是产妇分娩后的身体脱落物，具有一定的药理价值和营养价值。谁是胎盘的权利所有者呢？在身体权制度中，胎盘在孕妇的体内，当然受孕妇身体权的保护，但随着分娩而脱落后，则属于离体器官组织，其法律属性为物，其所有权应归属于原来的身体权人即产妇所有。[②]所以，在法律上将身体权确立为一项独立的人格权，有利于明确脐带血、胎盘等离体器官组织的权属，消弭实务争议。

3. 有利于民法、刑法等法律保护体系协调一致、互相衔接

我国刑法第234条规定了"故意伤害他人身体"的犯罪行为所应负的刑事责任；第235条规定了"过失伤害他人致人重伤"的犯罪行为所应负的刑事责任。2011年2月25日，全国人大常委会通过《中华人民共和国刑法修正案（八）》（以下简称"《修八》"），在刑法第234条故意伤害罪之下增设了人体器官犯罪。该条第二款规定："未经本人同意摘取其器官，或者摘取不满十八周岁的人的器官，或者强迫、欺骗他人捐献器官的，依照本法第二百三十四条、第二百三十二条的规定定罪处罚。"可见，《修八》将未经同意摘取活体器官的行为按照故意伤害罪、故意杀人

[①] "焦某诉北京航天总医院赔偿损失案"中，原告焦某向法院诉称，被告北京航天总医院未经原告同意，将原告分娩的死胎作为医疗废物自行处理，导致追究私人诊所的证据丢失，要求被告赔偿财产损失和精神损失。

[②] 2005年，我国卫生部针对山东卫生厅的请示做出的《关于产妇分娩后的胎盘处理问题的批复》，明确了胎盘的所有权归产妇所有。

罪定罪处罚。按照学理和司法解释，我国刑法中的"伤害他人身体"，主要表现为破坏他人的身体完整性，如砍伤手臂、咬掉耳朵、刺破内脏等，以及损害他人生理和心理的正常机能，如打聋耳朵、使得眼睛失明、引起神经错乱等。亦即，故意伤害罪所保护的法益是他人的身体权和健康权。但在我国的民事立法上，仍未准确区分身体权与健康权，将身体权确立为一项独立的人格权。实际上，对身体权、健康权等概念、性质及其范围的界定本应是民法的任务，刑法只是保护这些权利的最后一道屏障。侵犯身体权和健康权的行为，常常会导致规范的竞合，即同一行为既构成犯罪，又构成侵权。而在发生竞合时，侵权责任和刑事责任是可以同时并用的。如果在民法中不区分身体权和健康权，必然会导致同一行为所侵犯的权利，依据刑法为身体权，而依据民法为健康权的现象。① 例如，强行为他人文身的情形，从法律规范的角度，文身对于皮肤所造成的机能的损害是微小的或难以判断的，与其说是对健康的侵害，毋宁说是对身体完整性的破坏。刑法上应将毁人容貌以及强行为他人做大面积文身使得他人的外形发生重大改变的行为认定为故意伤害罪，相应地，民法上也应有独立于健康权的身体完整性法益的保护规范。② 否则，身体权的立法阙如，不仅使这一类规范竞合的案件难以得到正确处理，也不利于民法规范和刑法规范的协调配合以及共同对权利实行严密的保护，不利于建立民法和刑法的综合权利保障体系。③

---

① 王利明：《人格权法新编》，吉林人民出版社1994年版，第286页。
② 刘斌雁、彭荣：《论故意伤害罪的几个争议问题》，《云南大学学报（法学版）》2013年第1期。
③ 王利明：《人格权法新编》，吉林人民出版社1994年版，第286页。

第三章

身体权的结构分析

权利的结构实质是法律关系的结构,而法律关系是指"法律所规定的法律主体之间的规范性关系"①。根据民法学界的主流观点,法律关系的要素是指构成民事法律关系所必需的因素和必要条件,包括主体、客体、内容。对身体权权利结构的解析,事实上即属于对身体权主体、客体、内容的分别展开。身体权的内容为身体权主体依据其权利而享有的各种权能,但其行使应受法律基于伦理道德考量的限制。

第一节 身体权的主体

一 自然人为身体权的主体

自然人为身体权的主体,在今天已不容置疑。一切生物人皆为自然人,均属身体权的主体。法律意义上的身体仅指自然人的血肉之躯,作为组织体的法人、合伙当然不享有身体权。尽管当代保护动物以及人和动物和谐相处的呼声高涨,有学者甚至提出动物也是权利主体的说法②,但身体权是与人格相联系的权利,所谓人格,乃人的平等、尊严和自由之所系,只能由自然人所享有。动物权利论者的主张无非要求加强动物的保护。动物即使成为"权利主体",基于其生理特性,仍然无法在人类意识所主导的生活世界主张权利。它们所能有的"主张"无非某些人类基于某种价值偏好而做出的关于动物不应被随意屠杀、虐待,而应受到人道对待的代言而已。然而,面对这样的要求和目标,我们根本无须通过使动物

---

① 王涌:《权利的结构》;郑永流:《法哲学与法社会学论丛(第四辑)》,中国政法大学出版社2000年版,第243页。
② 曹智:《动物主体论辩与驳》,《昆明理工大学学报(社会科学版)》2008年第2期。

成为权利主体且进而造成现行法律体制的"革命",相反,我们完全可以通过在不同层面对人的行为的规范限制而达成。①

民法上自然人的概念,专指有自然生命的人具有权利主体的这一资格而言。"一切生物人皆成为法律上的人(自然人)"的法律理念的确立经历了一个漫长的历史过程。近代以前,法律普遍确立的是一种不平等的身份等级制度。在古罗马奴隶社会中,虽然有朴素的自然法思想与基督教的影响,但在世俗层面,奴隶在法律上并不是人,而是被当作物对待的。而近代以来,经历了文艺复兴和启蒙思想的洗礼,在自然法思想的影响下,个人主义与主体平等的思想观念逐渐确立。这种思想观念反映在近代民法的发展中即表现为对主体不平等的否认和确立任何人均具有平等权利的法律原则,并最终在《德国民法典》第一次创设了"自然人"概念并承认一切生物人无条件地当然成为权利主体。

人格平等固然是民法的基本原则之一。对特殊群体的特殊保护也是实现民法实质正义,彰显民法人文关怀,追求民法慈爱和谐的表现。现代民法的一个基本特点就是从抽象的人格平等向具体的人格平等转化。国际人权文件对儿童、妇女以及智力迟钝者、艾滋病患者的人格权的保护规定,与民法上"从抽象平等的人向实质平等的人的转变"是一致的。对于"弱而愚"的人,法律必须从机会上给予更多的照顾,否则就会导致"以平等来掩盖不平的结果"②。在我国,特殊群体的身体权的薄弱保护已经对我国整个社会发展产生了不容忽视的影响。"甘肃武威中小学生被逼卖血案"③"弱智少女被切除子宫事件"④ 以及死刑犯的器官或尸体捐赠问题⑤等。因而,

---

① 郑永宽:《人格权的价值与体系研究》,知识产权出版社2008年版,第68页。

② [德]鲁道夫·冯·耶林:《为权利而斗争》,郑永流译,法律出版社2007年版,第35页。

③ 甘肃武威武南兰生单采血浆有限责任公司涉嫌胁迫未成年人卖血,详情参见:http://www.guancha.cn/society/2014_08_16_257344.shtml,2014年11月28日访问。

④ 我国发生的某地儿童福利院将两名约14岁的弱智少女送到医院切除子宫的事件,参见高一飞《人的生命永远都只能是目的》,《新京报》2005年5月8日。

⑤ 2012年"两会"期间,我国卫生部副部长黄洁夫提出要在3年到5年内逐步取消国内器官移植主要依赖死刑犯器官捐献的现状以来,有关死刑犯器官捐献的问题已经成为舆论的焦点。从医学的角度而言,死刑犯的器官捐献同普通人捐献器官一样,都是发扬人道主义精神的高尚行为,但由于死刑犯身份的特殊性,人身自由受到限制且生命权已被剥夺的死刑犯的器官捐献有可能成为"被捐献"。参见刘长秋"专家谈器官捐献:允许死刑犯捐器官体现文明人道",详情参见:http://www.takungpao.com/sy/2012-05/31/content_327686.htm,2014年11月28日访问。

我国未来的人格权立法除强调自然人作为身体权主体的广泛性、普遍性和平等性外,还应充分关注特殊群体的身体权保护。

二 胎儿"身体权"的否定论

(一)胎儿不能作为身体权的主体

在医学上,"胎儿"(fetus)是指妊娠后期子宫内未分娩的小孩或子代,此时主要器官及系统已形成,开始呈现成年特征。一般来说,人类胚胎约在受精后第8周末成为"胎儿",以有别于第八周之前的"胚胎"(human embryo)。在身体器官的生长与功能的发展上,发育十四日前的"受精卵"只是一个细胞团,尚未有脑神经的发育与知觉,而发育到十四日之后的"胚胎"仅有部分身体器官发育完成。据此,胎儿的发育过程要经历三个阶段即受精卵、胚胎期和胎儿期。其中,第十四日和第九周为两个时间分界点。[1] 然而,多数学者认为,这种对胎儿发育过程的医学上的划分对于胎儿的保护并无必要。民法对胎儿的保护应注重其社会性,主要关注对胎儿作为未来社会的"人"的特性,而无须割裂生命发育的整个过程。因此,法律意义上的"胎儿"应指自然人未出生但在受胎之中的生物体状态。在人类自然生殖的状态下,卵子受精、着床并逐渐发育成胎儿直至出生,均为在母体一个连续的、无法分割的过程,对受精卵、胚胎的保护包含在对胎儿的法律保护之中。

自然人是一个始于出生,终于死亡的过程性存在。《德国民法典》通过权利能力概念的界定和表达,赋予自然人作为平等法律主体的价值存在。我国民法借鉴其他国家的立法例,于《民法通则》第9条规定,"公民从出生时起到死亡时止,具有民事权利能力,依法享有民事权利,承担民事义务"。据此,胎儿不属于自然人范畴,不具有权利能力,当然也就不是身体权的主体,似无疑义。但事实上,对胎儿是否是生命权、身体权、健康权等人格权的主体问题,亦即胎儿的主体资格问题,在许多国家的司法实务和学说中一直存在十分激烈的争论。例如,在德国,对此问题的讨论表现为:活着出生的人是否可对他出生前或在其胎体的形成过程中因第三人的不法行为或因其父母一方的行为引起的损害请求赔偿。德国联

---

[1] 林祺祥:《人体分离物及其衍生物或权利之法律属性与权利归属之研究》,台湾成功大学,2009年。

邦法院承认过一个孩子的损害赔偿请求权。这个孩子的母亲在怀孕前因接受一个性病病人的输血，本人染上了性病，而在其怀孕过程中此病又传染给孩子。联邦法院还以同样的方式承认了另一个孩子提出的损害赔偿请求。这个孩子在出生前因母亲受伤，其出生前的健康状况就受到损害。① 以沃尔夫为代表的一些学者认为，孩子可提出损害赔偿请求权的前提条件是他在受到损害的时候已经具有权利能力。但德国主流学说仍坚持认为，人的权利能力始于出生，胎儿尚不是人，故胎儿不享有权利能力。立法者也认为人的权利能力随着其出生而开始，但并不否认其作为自然界生命体存在一个很长的"前史"。胎体于出生前所受侵害，对此发展过程中生命体的形成及其功能所生之不利影响，于其出生后仍会继续。人只有作为有权利者，即随着出生具有权利能力后，才能对其在出生前"身体"所受到的"自然的"侵犯请求损害赔偿。一般而言，损害赔偿请求权是与损害同时发生的。但对于出生前受侵害的情形，损害赔偿请求权的时间则应被推后，且取决于胎儿是否活着出生。为了行使损害赔偿请求权，而将人的权利能力的开始前移到出生前，实无必要。②

笔者赞同德国主流学说的观点，即自然人的权利能力始于出生，终于死亡；胎儿尚未出生，不能成为身体权的主体。这并非要否定胎儿作为人类生命体的特殊地位。根据大陆法系国家（地区）的民法对于胎儿利益保护的立法规定及司法实践可知，我们可以通过法律拟制（视为……）的手段，对出生后自然人的某些利益预先保护，以达成对胎儿的保护。我国《民法总则》第 16 条关于胎儿利益保护的规定，即为著例。

（二）胎儿及体外胚胎的法律地位

1. 胎儿法律地位的界定

既然胎儿不属于自然人的范畴，不能作为主体，但其作为正在形成的人本身确需法律保护，此种人身保护将如何实现呢？笔者认为，此种情形下，胎儿应被视为母亲身体的一部分，作为母亲身体权的客体进行保护。其理由如下。（1）胎儿在出生前，存在于母体中，其生存的维系完全依

---

① ［德］卡尔·拉伦茨：《德国民法通论（上册）》，王晓晔等译，法律出版社 2013 年版，第 126—127 页。

② 同上书，第 128 页。

赖母体的供应。尽管胎儿已具有生命的特征，但客观上它无法与外界的人、事、物产生互动，譬如，在很多情况下，法律无法区分归属于胎儿的行为后果与归属于其母亲的行为后果。若胎儿在其出生前或其胎体的形成发展过程中因第三人的不法行为或因父母一方的行为引起的损害，通常只能通过其母亲的身体，间接归于胎儿。① 身体权是自然人维护其身体组织器官的完整性并支配其肢体、器官和其他组织的权利。胎儿虽然不同于母体内其他器官组织，但它是母亲身体构造的一部分，在一定时期内是不能与母体相分离的，应受母亲身体权的保护。（2）胎儿所受伤害，出生前往往不易发现和鉴定。若胎儿活产，侵权行为应被视为延长至胎儿出生之时，活产胎儿可以原告起诉；如导致死产，母亲可以本人身体权或健康权受伤害，请求损害赔偿，包括精神损害赔偿。需强调的是，将胎儿作为母亲身体权的客体进行保护，与立法上对胎儿的"预先保护"并不矛盾。前者关注胎儿本身的保护，后者则着眼于胎儿未来权利的预先保护。② 胎儿作为母亲身体权的客体，既有利于母亲身体权的维护，也不影响对胎儿的保护。（3）每个人都享有拥有和支配自己身体的权利，避免他人的限制或干预，除非法律有明文规定。将胎儿视为母亲身体的一部分，是将身体完整原则扩展到怀孕女性，为女性的身体自主提供了更为有力的保护。女性主义法理学认为，我们把女性视为负责任的道德践行者，而非仅仅是"基因信息的物理容器"。胎儿是母体的一部分，怀孕这种身体体验完全是在其身体完整的范围内发生的。任何违背女性意愿的终止妊娠或受孕，都是将女性和其子宫对立起来，侵犯了女性的身体权。③

2. 体外胚胎法律地位的界定

在自然生殖状态下，胎儿在母体的发育直至出生的过程，是一个连续的、无法分割的过程。胎儿的定位和保护在各国的立法和司法实践中并不存在问题。但随着生殖技术的进步，精子和卵子在体外结合并发育成胚胎成为现实，体外胚胎的法律地位，成为我们必须面对的问题。尤其是随着司法实践中新型案例的出现，关于体外胚胎的法律地位引发了各界的争

---

① 李锡鹤：《民法哲学论稿》，复旦大学出版社2009年版，第38—39页。
② 参见龙卫球《民法总论》，中国法制出版社2001年版，第232页。
③ Christyne L. Neff, "Woman, Womb, and Bodily Integrity", *Yale Journal of Law & Feminism*, 1991 (3): p.327.

议,也遭遇了法律空白。例如,在我国发生了首例关于冷冻胚胎继承纠纷案。该案中,一对夫妇因多年未生育,在医院做了"试管婴儿"手术。但在进行植入胚胎手术之前,该夫妇因遭遇车祸死亡。围绕在医院中处于冷冻状态的 4 枚胚胎应由谁处置和保管,该死亡夫妇的双方父母与医院之间发生了纠纷。该案的原审法院认为,通过实施体外受精-胚胎移植手术而产生的受精胚胎具有发展为生命的潜能,为含有未来生命特征的特殊之物,不能像一般之物一样任意转让或继承,故其不能成为继承的标的;同时,对胚胎享有"有限权利"[1] 的夫妇已经死亡,通过手术达到生育的目的已经无法实现,故此种受限制的权利也不能被继承。二审法院则认为,鉴于我国现行法律对胚胎的法律属性没有明确规定,结合该案实际,应考虑伦理、情感和特殊利益等因素以确定涉案胚胎的相关权利归属。第一,双方父母与涉案胚胎具有生命伦理上的密切关联性。第二,双方子女过世后,涉案胚胎成为双方家族血脉的唯一载体,承载着精神抚慰和情感慰藉的人格利益。第三,胚胎是介入人与物之间的过渡存在,具有孕育成生命的潜质,应受到特殊的尊重与保护。因而,二审法院判决该夫妇的双方父母共同享有对涉案胚胎的监管权和处置权。[2]

尽管在上述案件中,涉案胚胎的监管权和处置权的归属已经尘埃落定,但面对日新月异的胚胎的医学研究和临床应用,明确体外胚胎的法律地位,并充分保护体外胚胎所承载的相关法益,仍是我们无法回避的难题。

目前,关于体外胚胎的法律地位主要有三种观点:客体说、主体说和折中说。第一,在"客体说"中,杨立新教授将人的冷冻胚胎和其他脱离人体的器官和组织均认定为具有人格属性的伦理物。[3] 该说面临的批评是,其忽略了体外胚胎发育成为人的潜在可能性,而且暗含允许体外胚胎转让的诉求,会导致人类生命组织的商品化。第二,在"主体说"中,体外胚胎被看作有限的自然人。目前,此说面临的批评十分有力:体外胚胎还可继续分裂,具有无限的潜在发展可能,若将此类未特别化的早期干

---

[1] 所谓有限的权利,是指夫妻双方对其权利的行使应受到限制,即必须符合我国人口和计划生育法律法规,不违背社会伦理和道德,并且必须以生育为目的等。
[2] 参见(2014)锡民终字第 01235 号。
[3] 杨立新:《人的冷冻胚胎的法律属性及其继承问题》,《人民司法》2014 年第 13 期。

细胞作为法律关系上的主体，有违常理；体外胚胎诚然是生物学意义上的生命，但非具备自我意识的人格生命；若将体外胎胚作为有限的自然人而禁止相应的临床、研究，会出现重胚胎而轻活人的问题。① 第三，在"折中说"中，徐国栋教授认为体外胚胎既不属于人，又不属于物，而是处于主体和客体的中间状态。② 此说面临的质疑主要是：是否有必要不惜破坏传统民法对市民社会物质构成的基本划分方法和民法的基本逻辑思维，而在主体、客体之间创设第三类民法范畴？

笔者赞同"客体说"，其理由有三。首先，较诸"主体说"和"折中说"，"客体说"同样可以对体外胚胎进行充分的法律保护，且不会破坏民法的基本逻辑思维。"主体说"和"折中说"将体外胚胎定性为主体或准主体，其目的在于为体外胚胎提供特殊的法律保护，以防止其包含的潜在人格受到侵害。"客体说"虽将体外胚胎归于物权范畴，但并不否认其具有潜在的生命的特殊性。例如，杨立新教授主张用伦理物的概念界定体外胚胎的法律属性，认定其具有最高的法律物格。虽然仍使用对物的保护方法，但应对其权利的行使有适当的限制，以充分保障其所具有的人类潜在生命的特殊性，避免受到损害。事实上，几乎没有任何一个国家的人工辅助生殖立法将体外胚胎视为完全的财产，均充分考量了体外胚胎的特殊的伦理价值，对其采取了特殊的保护措施，尤其是对其可转让性的限制。其次，"客体说"将体外胚胎的性质界定为特殊之物，对于司法实务中新型案件的解决具有实践意义。在前述关于冷冻胚胎继承纠纷案件中，作为配体提供者，该对遭遇车祸死亡的夫妇，生前对体外胚胎具有所有权。他们死亡后，冷冻胚胎就成为遗产，成为继承人继承的标的。尽管，二审法院并未明确涉案胚胎的法律属性，但判决该夫妇的双方父母共同享有对涉案胚胎的监管权和处置权，这样的认识更接近于"客体说"。最后，国外的司法实践和理论也趋向于"客体说"。例如，在 York v. Jones 一案中，一对接受试管授精手术的夫妇要求施孕诊所将他们唯一的一枚受精胚胎转移到另一诊所，当遭到拒绝时，他们起诉要求索回该枚胚胎。联邦地方法院适用了财产法裁决了这一争议，认为施孕诊所和该对夫妇之间就胚胎的冷冻储藏协议形成了寄

---

① 徐国栋：《体外受精胚胎的法律地位研究》，《法制与社会》2005 年第 5 期。

② 同上。

托关系。这就要求在寄托目的终止时,诊所应把寄托关系的客体——该枚冷冻胚胎——返还给它的所有人。① 又如,在 Del Zio v. Columbia Presbyterian Hospital 一案中,当一对夫妇起诉主张他们唯一的一枚胚胎被故意毁坏,因而就侵占他们的财产和故意施加精神痛苦要求赔偿金时,联邦法院适用了准财产理论,支持独立陪审团的否认原告因其财产受到侵占而提出的任何赔偿金要求的裁决,但就他们因失去其胚胎而遭受的精神痛苦就裁决给予 5 万美元的赔偿。② 尽管,在 Davis v. Davis 一案中③,美国田纳西州最高法院援引了宪法上的私生活权解决一对离婚夫妇就试管授精过程中遗留下来的 7 枚冷冻胚胎发生的纠纷。④ 该案中,冷冻胚胎被界定为相互冲突的私生活权的客体,而非财产。⑤ 但法院求助于财产的概念并承认配子的提供者享有"性质为所有权的利益,在对如何处置准胚胎在法律规定的范围内享有的决策权的范围内如此",含蓄地揭示了所采"私生活权说"的不周延。在更为新近的 Kass v. Kass 一案中,纽约最高法院在一对离婚夫妻之间就 5 枚冷冻胚胎所发生的类似争议中拒绝适用私生活权,宣称:"对植入前的受精卵的处置并不涉及妇女在生殖方面的私生活权或身体完整权;植入前的受精卵不被承认为宪法意义上的'人'。"对于谁享有对这些胚胎的处分权的问题,法院的结论是:"就这些植入前受精卵的处置在准父母或配子捐献人之间达成的先前协议通常被推定为有效并有拘束力,可在他们之间发生争议时予以执行。"这一结论也展示出它与财产法原则的密切联系。⑥

---

① See 717 F. Supp. at 422 (E. D. Va. 1989).
② See No. 74-3558, 1978 U. S. Dist. LEXIS 14450 (S. D. N. Y. Nov. 14, 1978).
③ See 842 S. W. 2d at 588 (Tenn. 1992).
④ See 842 S. W. 2d at 600 (Tenn. 1992).
⑤ 美国加州大学教授 Radhika Rao 所定义的私生活权包括人身私生活权 (Right of Personal Privacy) 和关系私生活权 (Right of Relationship Privacy)。前者是指个人保持其身体完整的自由利益,后者包括生育自决权。该案就是以法院认定路易斯不生育的自决权高于玛丽的通过把受精胚胎捐赠给他人完成生育的自决权告终。See Radhika Rao, "Property, Privacy and the Human Body", *Boston University Law Review*, 2000. 我国有学者也持类似的观点,参见满洪杰《人类胚胎的民法地位刍议》,《山东大学学报(哲学社会科学版)》2008 年第 6 期。
⑥ See Radhika Rao, "Property, Privacy and the Human Body", *Boston University Law Review*, 2000, pp. 416-418.

三 死者"身体权"否定论

关涉死者是否享有身体权的问题,其争议的焦点仍在于死者是否具有主体资格上。依据传统民法学原理对于权利能力与自然人的一般解释,死者不享有身体权应属自明之理。然而,尸体作为自然人死亡后身体的变化物,并不会随着死者去世而立即消灭。现实生活中,有关尸体的纠纷也时有发生。尸体在法律上具有何种性质?是受人格权法的保护,还是物权法的保护?

(一)关于尸体上权利结构学说的介绍

关于尸体上的权利结构如何,对此国内外学者观点不一。德国以"人格权残存说"和"物权说"为代表;日本主要集中在物权说,并区分为所有权说和非所有权说;我国学界也有"所有权说""管理权说"以及"人格权延伸保护理论说"。比较而言,以德国的学说为典型,其他学说与之类似。因而本书仅就德国的"人格权残存说"和"物权说"进行分析。

1."人格权残存说"

德国通说采"人格权残存说",否定人的尸体是物权法上的"物",认为应从死者人格权残存的角度来理解尸体的意义。[①] 特别是德国基本法制定以后,联邦法院曾主张人格权保护的价值,逾越了人的权利能力而存在。所谓尸体上的权利,是从自然人生前对自己身体所具有的权利内容推导出的,换言之,自然人的人格权有双重的内容,即排除对身体侵害的权利(消极层面)和决定有关身体处分的权利(积极层面),此人格权于自然人死亡后在"应保护必要限度内"会转化为关于尸体的权利而续存。例如,从尸体摘取器官进行器官移植时,应尊重死者本人的"人格权",死者生前对自己的尸体处分若有指示,只要不违反法律的规定与公序良俗,就必须予以尊重。

此说强调了死者本人的"人格权",以保护死者的尸体。但实际上要行使该权利时,权利主体之本人已经死亡而不存在,故不能由"自己"

[①] Hans Forkel, Verfügungen über Teile des menschlichen Körpers, JZ 593 (1974). Potsdam Jens Petersen, Postmortaler Persönlichkeitsschutz, JURA 271 ff. (2008). 转引自邱玟惠《人体、人体组织及其衍生物民法上权利之结构》,台湾东吴大学,2009年,第50页。

请求保护其尸体,据此,尸体的保护必须转由死者的继承人或亲属执行。在死者"人格权"受侵害的场合,其人格权主体虽消失,但其家属以信托人(Treuhaendler)身份,有权把死者的事务当成自己的权利处理。德国判例即认为,此即近亲属对尸体拥有习惯法上的权利,即所谓"死者保护权"(Totensorgerecht)。① 但"死者保护权"的法律性质为何,不无争议。有学者认为此为近亲属本身对死者的追慕之情;若如此,其属性归为生者(近亲属)的利益而非死者人格权的残留,似乎更合适。也有学者认为是死者本人生前与近亲属之间在亲属法上保持关系的继续。②

2. "物权说"

德国"物权说"认为,人死后就失去了权利能力,人格权就不复存在,所以必须将尸体视为物。现代社会面对医疗科技的飞速发展,尤其是器官移植引发对尸体利用可能的问题,尸体为所有权对象的观点越来越受到关注。但对尸体为何种物,看法分歧主要分为两说:(1)埋葬权说——尸体虽然为物,但非系属所有权之客体,而是绝对专属于近亲属的"死者保护权"的客体,其处分仅限于以埋葬为主的范围内;(2)所有权对象说——人的尸体是物,可为所有权的对象。所有权对象说,在关于尸体所有权的取得原因上,又区分为"继承说"与"先占说"。但不论是通过继承还是先占取得尸体的所有权,对于尸体的处分自由上都承认仍受到很多限制。譬如,继承人或先占者对于尸体的处分违反死者生前的意思时,则继承人或先占者的法律行为会因为违反习俗(可参照德国民法典第138条)而无效,因此对尸体的处分必须以死者本人生前的意思为优先。目前,所有权对象说是尸体法律地位界定的主流思想。但需注意的是,即使尸体上的权利性质采用"物权说"中的所有权对象说,此说仍不否认尸体使用、处分、收益权能等内容受到特别限制,绝对与一般物的所有权内容不同。

---

① BGH, Urt. v. 26. 2. 1992 - Ⅻ ZR 58/91, NJW - RR 1992, 834 ff.; Jochen Taupitz, Privatrechtliche Rechtspositionen um die Genomanalyse: Eigentum, Persönlichkeit, Leistung, JZ 1094 (1992). 转引自邱玫惠《人体、人体组织及其衍生物民法上权利之结构》,台湾东吴大学,2009年,第50页。

② 岩志和一郎:《脏器移植与民法》,《ジュリスト》,828号,第47页。转引自邱玫惠《人体、人体组织及其衍生物民法上权利之结构》,台湾东吴大学,2009年。

(二) 关于尸体上权利结构学说的评析

质言之,"人格权残存说"和"物权说",一方面努力避免尸体被物化交易的道德风险而给予尸体以尊严的保护;另一方面又不得不承认尸体除了自古以来祭祀、埋葬、宗教的固有信念以及任其腐烂的自然现象外,还表现为器官移植、修复病体、解剖教学、遗传学研究以及其他生物科技上的时代价值。结合国内学界和实务界的类似观点和做法,我们可对人格权残存说和物权说做如下评析。

1. 对"人格权残存说"的评析

"人格权残存说"认为,尸体并非物,而是死者生前人格权之残存,其目的无非在于给予尸体如同活人般的人格尊重,借以避免尸体被物化交易之危险。此说认为,人格权主体活人死亡后,其人格权并未完全消灭,而将残存于尸体上。我国有学者也提出了类似的"人格权延伸保护理论"[1],即法律在依法保护民事主体人格权的同时,对于其在诞生前或消灭后所依法享有的人格利益,给予延伸至其诞生前和消灭后的民法保护。根据该理论,对于死者遗体的保护,就是死者生前身体权保护的延伸。另有学者提出的"死者法益保护说"[2]在实质上类似于"人格权延伸保护理论",即认为自然人死亡后,民事权利终止,不再享有人格权,但是死者某些人格利益继续存在,法律应予保护。但不论是人格权残存说还是人格权延伸保护理论,除与法律逻辑、法律体系相冲突外,恐怕还不能不面对死者权利或利益何在的追问。民事权利与法律关系,无论是主体与客体之间的关系,抑或是主体与主体之间的关系,都必须肯定其是以主体的存在为依归的,没有权利主体,就无所谓权利,更无所谓利益关系。死者既逝,终究是没有什么人格权益可以脱离主体而存续的。在实务中,法律给予死者遗体的充分保护,所保护的仍是生者的权利或利益。最有力的例证就是我国最高人民法院2001年的《精神损害赔偿司法解释》第3条之规定。最高人民法院有关人士在阐释该条时明确指出,对死者人格的侵害,其实质是对其活着的近亲属的精神利益和人格尊严的直接侵害,而对于死

---

[1] 杨立新:《人格权法》,法律出版社2011年版,第175—205页。
[2] 王利明:《人格权法新论》,吉林人民出版社1994年版,第444—445页。

者人格的保护，是生者精神利益的重要内容。①

2. 对"物权说"的评析

"物权说"认为，尸体为物，但物权人的权利行使应受到公序良俗及法律的限制。此种限制的目的仍在于避免尸体被完全物化后而产生的商业交易的道德风险。此说的优势在于能够合理解释现今器官移植等社会活动，并顺应了不断发展的有关尸体利用的现实需要。例如，在日本的司法实务中，晚近法院已经跳出了尸体仅以埋葬、祭祀为内容的窠臼，开始认为尸体为赠与契约的客体。② 但此说似乎无法解释：尸体上的物权如何发生？死者生前为人格权之主体，纵然人格权因死亡而消灭，但原来的人格权如何转化为物权的客体？对此，笔者认为，死者生前处分其尸体的意思表示，是其身体权的行使，即身体权人行使对自己身体进行支配的自我决定权。自然人死亡后，身体变成了尸体，成为物，就发生了所有权。一般而言，应按照死者生前的意思表示确定尸体的权利归属，例如，死者生前遗嘱将尸体捐献给医学研究机构的，尸体的所有权直接归属于医学研究机构；若死者生前无处分其尸体的意思表示，死者近亲属依据死者死亡这一事件取得尸体的所有权。死者近亲属对尸体行使所有权，不得与本人遗嘱相冲突，死者本人的意思优先。至于死者的哪些近亲属是所有权主体，应按照近亲属的范围和顺序确定。③ 当然，尸体是一种特殊类型的物，其上包含了对人类尊严和死者近亲属精神利益的尊重。所以，即使尸体为无主物，但若对尸体的侵害可能损及社会公共利益和善良风俗，法律也应对死者的遗体进行保护。例如，我国《刑法》第302条中的"侮辱尸体罪"，就是公法出于社会的公序良俗的维护，以国家权力介入，对损害死者遗体行为予以处理。

一言以蔽之，死者不属于身体权的主体，尸体上的权利性质为物权，该物权的行使应受法律及公序良俗的限制。

第二节 身体权的客体

人格权的客体是"人格利益"还是"人格要素"，学界尚存争议。同

---

① 陈现杰：《〈关于确定民事侵权精神损害赔偿责任若干问题的解释〉的理解与适用》，《人民司法》2001年第4期。

② 邱玟惠：《人体、人体组织及其衍生物民法上权利之结构》，台湾东吴大学，2009年。

③ 杨立新：《人体变异物的性质及其物权规则》，《学海》2013年第1期。

理，身体权的客体是"身体利益"还是"身体要素"，学者们的观点也不一致。笔者赞同"人格要素"说，即人格权的客体应为人格要素。"人格利益说"混淆了权利的客体与权利的内容之别。权利乃享受特定利益的法律之力，特定利益是权利的内容，是权利作用于其标的所达到的效果，而不是其标的即客体本身。权利的内容和其客体，两者含义相去甚远，不可将两者相互混淆。再者，所谓"对人之重要性而为主体所必不可少的"不应是人格利益，而应是组成人格的诸多要素。所以，作为具体人格权的身体权，其客体应为身体这一具体的人格要素。然而，法学意义上的身体应如何界定？从身体分离的某个器官或组织，以及其上可能承载的基因信息是身体权的客体吗？以下笔者将就这些问题进行探讨。

一　身体概念的界定

中国古代观念中的身体有广义和狭义之分。狭义即指形躯结构之身，如《孝经》所说的"身体发肤，受之父母，不敢毁伤"；广义则统摄形、气、心而为生命整体，如《礼记·乐记》所载"惰慢邪辟之气不设于身体，使耳目鼻口心知百体，皆由顺正以行其义"。而近代以来，随着西方科学的输入和普及，身体的一切被置于物质观念之下，一切神秘的非物质因素被"祛魅"了，甚至身体还存在被克隆复制的极大可能性。身体在科学的推动下成为人们观念中的当然的物质身体。所以，"现代意义上的'身体'乃局限在其具体形貌，可以通过透视、扫描来关照的血肉之躯"。[①]

法律意义上的身体，专指自然人的身体，是指自然人的生理组织的整体，即躯体。身体包括两部分：一是主体部分，二是附属部分。主体部分是人的头颅、躯干、肢体的总体构成，包括肢体、器官和其他组织，是身体的基本内容。附属部分，如毛发、指（趾）甲等附着于身体的其他人体组织。身体虽然由头颅、肢体、器官、其他组织以及附属部分所构成，但它是一个完整的整体。身体具有完整性和完全性的基本特征。[②] 身体是

[①] 蔡璧名、林丽真：《身体与自然——以〈黄帝内经素问〉为中心论古代思想传统中的身体观》，台湾大学出版委员会，1997年。转引自方潇《中国传统礼法规制下的身体归属及其在近代的法律转向》，《环球法律评论》2009年第6期。

[②] 杨立新：《人格权法》，法律出版社2011年版，第390页。

承载自然人人格的物质要素，也是自然人人格权的基础，身体的完整性是主体存在的前提。身体的完整性不仅表现为身体主体部分的完整，还包括肢体、器官等身体各个组成部分的完整。

综上所述，身体权的客体是身体，即自然人的头颅、躯干、肢体、器官、其他组织以及附属部分所构成的一个完整的、有机的整体。身体的基本特征是身体的完整性，即身体的主要部分和附属部分的完整结合。任何破坏身体完整性的行为均可能构成对身体权的侵害。然而，现代生物技术的进步使得身体的整体概念变得更为流动。[1] 一方面，随着现代医学科学的发展，一些人工假体，如假肢、假牙、义眼、人工心脏瓣膜等被镶装、配置到人体中，构成身体的组成部分。另一方面，人的器官或组织成为人体的可分离部分，能够进行自体移植或捐赠给他人，甚至进入研究和商业领域。进而，我们必须面对这样的疑问：植入人体的人工假体能否成为身体权的客体？与人体相分离的器官组织（以下简称"离体器官组织"）还是身体权的保护对象吗？

二 植入身体内的器官或组织的法律地位

植入人体内的器官或其他组织是否可成为受移植人身体权的客体呢？现代医学科技条件下，可以做多种器官和其他人体组织的移植手术。最简单的如输血、植皮，复杂的如肾脏移植、心脏移植、角膜移植等。人体移植已经成为现代社会人类自我保护、自我完善和自我发展的一项重要技术。不仅如此，某些和人体不发生排异反应的动物器官、组织也可以移植到人体。基于身体完整性的基本特征，笔者认为，不论是同种移植还是异种移植，只要移植以后的器官或其他组织与受移植人成为一体即成功移植的，就成为受移植人身体的组成部分，即可以成为法律所保护的身体权的客体。

镶装、配置在人体中的假眼、假牙、假肢、人工心脏瓣膜等人造的身体残缺部分的替代品以及助听器、固定的身体引流管、心脏起搏器等人工装置，能否构成身体的组成部分呢？学者们对此主要有两种观点，即"自由装卸说"和"专业人士装卸说"。"自由装卸说"认为，假牙、假肢等

---

[1] Donna L. Dickson, *Property in the Body: Feminist Perspectives*, Cambridge University Press, 2007, p.5.

已经构成身体不可分离的一部分的，亦应属于身体，但可以自由装卸的则不属于身体。① "专业人士装卸说"则认为，尽管"自由装卸说"是一个比较准确的标准，但还不够，还应对自由装卸加以限制，即虽然可以自由装卸，但需专业医学人员依照严格的医学操作规程进行。那些可造成健康损坏或生命丧失的人工装置，亦应视为身体的组成部分，如固定的身体引流管、种植牙等。因而自由装卸是指普通人可以自由装卸，而非专业人员的自由装卸。② 对于以上两种观点，笔者认为，区分是否能自由装卸甚或是否能由专业人员装卸，并无必要。因为，成功植入或镶装在人体中的人造器官、组织或人工装置，已经成为人体不可分离的一部分，其遭受破坏，在性质上同人体本身原有器官或组织是一样的，构成对自然人的身体完整性的破坏。更为重要的是，将植入或镶装在人体的人造器官、组织或人工装置视作身体进行保护，更有利于人的尊严的保护，比如在针对身体的恶意侵权时，以身体受损为理由显然要比财产受损获得更多的保护。我国最高人民法院等部门颁布的最新《人体损伤程度鉴定标准》中规定，人工假体和人体结合在一起，视为人体的组成部分，造成损伤的，构成身体伤害；此处所称的假体是指植入体内替代组织器官功能的装置，但可摘式义眼、义齿等除外。但依据文义解释的方法，此处的"身体伤害"主要是指因对与人体结合在一起的人工假体的侵害进而导致他人的身体、健康受损甚至危及生命的严重后果。"身体伤害"不同于"身体损害"。"身体损害"是指侵害身体完整这一物质性人格权益造成的非财产损害。"身体损害"包括"身体伤害"。例如，非法剪人长发，致他人身体损害，而非身体伤害。所以，侵害那些与人体结合在一起但属于可摘式的义眼、义齿甚至假肢、假发等行为，造成他人身体完整性受损，仍构成对身体权的侵害。亦即，与人体结合在一起但属于可摘式的义眼、义齿乃至假肢、假发是身体权的客体，属于身体权的保护范畴。

三 离体器官组织的法律地位

人体器官或组织作为身体的组成部分，在其没有与人体分离时，属于身体权的客体，殊无疑义。若其已经与人体发生分离，该分离出来的器官

---

① 梁慧星：《民法总论》，法律出版社 2017 年版，第 93 页。
② 杨立新：《人格权法》，法律出版社 2011 年版，第 390 页。

或组织，即所谓"离体器官组织"。离体器官组织不仅包括捐献执行后的离体器官组织，还包括为了自体移植而暂时脱离身体的离体器官组织以及作为医疗来源的离体器官组织。医疗来源的离体器官组织通常被分为两类：一是医疗废弃物，也可称为"病患的离体器官组织"，如患癌病的肝、患肌瘤的子宫等；二是非患病的离体器官组织，如妇女产后的胎盘、脐带中的脐带血等。① 离体器官组织能否作为身体权的客体以及离体器官组织在法律上如何定性，国内外学界观点不一。综合起来，主要有"人格权说""物权说""物权与人格权重叠说"以及"修正物权说"四说。

（一）人格权说

在立法例上，利用人格权保护离体器官组织的典型立法非法国莫属。《法国民法典》1994年的修正案第16-1条第3款规定："人体、人体各组成部分及人体所生之物，不得作为财产权利之标的。"第16-5条规定："任何赋予人体、人体各部分以及人体所生之物以财产性价值的协议，均无效。"这些规定是对日益混乱的国际器官买卖市场的及时而正确的反应，从根本上保证了人是作为目的而存在的，而不是作为手段而存在的。值得质疑的是，这种遵循人格权规则将离体器官组织排除于财产权之外的做法，未免矫枉过正，比如乳汁、头发等与人体分离之后，按照一般的社会观念已经将其作为一般的物对待。再者，这种一刀切处理问题的办法，是对生物技术与医疗技术进步的回避而非面对。②

在学说上，人格权说以德国"人格权继续存在说"的讨论最为深入。持"人格权继续存在说"的学者认为，人体器官组织从人体分离的过程并未改变其上原先存在的人格权结构，自然人的人格要素依然存在于与其分离的人体器官组织上。③ 此说以该离体器官组织与"原承载该器官组织的人"之间具有密切关系为理由，即从人体分离的器官组织在未分离之前，还是身体的一部分；此种与特定客体之间具有密切联系的特别人格关系，原则上应属于人格权范畴，类似于文学作品、个人的画作或日记、影像等客体上存在著作人格权；因而，离体器官组织上存在的权利，应属于

---

① 吴文珍：《论人体组成部分的法律地位及其归属》，《河北法学》2011年第5期。
② 马特、袁雪石：《人格权法教程》，中国人民大学出版社2007年版，第81—82、222页。
③ 转引自邱玟惠《人体、人体组织及其衍生物民法上权利之结构》，台湾东吴大学，2009年。

人格权性质。① "人格权继续存在说"似乎排他性地否认了离体器官组织存在财产权或物权，但尽管如此，持此说的学者仍不否认在特定情形下，可能存在必须将离体器官组织视为物而赋予财产权的性质，即所谓"法律上瞬间（eine juristische Sekunda）的例外"。在此种情形下，当离体器官组织上具有"原承载该器官组织的人"的个人或私人目的时，譬如，愿意将其人体器官或组织捐献给某一特定人作为移植之用时，该离体器官组织应存在着"原承载该器官组织的人"的人格权，以便贯彻其捐献于特定人的人格意志，直到移植入他人体内为止；若"原承载该器官组织的人"只是捐献其人体器官组织给特定的机构，例如将自己的角膜捐献给眼库或捐献自己的精子给精子库供作冷冻保存等，而不再存在任何个人利益或意志时，则必须短暂适用物权理论，即有必要认为"原承载该器官组织的人"于该离体器官组织捐献给特定机构时，具有放弃该器官组织上人格权的意思，此时即可例外地认为，此种情形下，"原承载该器官组织的人"于"法律上瞬间"拥有该离体器官组织的财产权，才能将该离体器官组织转让于他人。② 概言之，"人格权继续存在说"，在法律层面上将离体器官组织视同为人体，理论上较具一贯性；就权利保护而言，人格权对离体器官组织的保护程度，不会劣于物权。然而，此说的论证缺点在于："原承载该器官组织的人"非基于个人利益或特定意志而捐献人体器官组织给特定机构时，虽未指定特定受赠人，但并非全面批准该特定机构就该离体器官组织做任何形式的利用；尤其是，现代医学与基因研究可从细胞（包括体细胞与生殖细胞）中的基因信息中识别"原承载该器官组织的人"的个人特征，因而在捐献人体器官组织后也可能发生损害"原承载该器官组织的人"的情形，即在此种场合下，所谓瞬间放弃人格权保护，其处理方法显得粗糙。可见，排他性的人格权观点不足以兼顾离体器官组织上"原承载该器官组织的人"的财产权及其他利益保护。

尽管，关于离体器官组织上的权利属性存在人格权继续存在说、物权说、重叠说、修正物权说等诸多学说争议，但是德国联邦法院于捐赠器官或异体间血液捐赠议题上，自人格权与物权交错切入，一直倾向于支持离体器官组织归物权分类的见解，即一旦人的身体组成部分与身体相分离，

---

① 邱玫惠：《人体、人体组织及其衍生物民法上权利之结构》，台湾东吴大学，2009年。
② 同上。

则这些组成部分已不再属于德国民法典第 823（1）条所规定的"生命、身体、健康、自由"的范畴。① 但是，德国联邦法院在 20 世纪 90 年代以后通过一系列案例将对"身体"的保护扩大至包括与身体分离且将再为结合部分，以"冷存精子销毁案"（Vernichtung von Sperma）为典型。在该案中，原告为了避免手术造成自己丧失生育能力而将精子存储在医院的精子库中。术后，该男子丧失了生育能力，而其冷存的精子也因医院的过失被毁坏。原告乃向被告医院请求精神损害赔偿。Marburg 地方法院及 Frankfurt/M 高等法院皆判决原告败诉，联邦法院则改判原告胜诉。联邦法院认为：人体的组成部分一旦与人体相分离，在侵权法中就应被作为"物"加以对待；但是，如果它们是为了重新植入体内或者履行人体的某种典型功能，则侵害这些组成部分就应被视为《德国民法典》第 823（1）条中对身体的侵害，就侵犯的是身体权而非所有权。"精子的储存旨在生育繁殖，一方面与身体终局分离，另一方面又将用于实现权利主体者生育的身体机能"，因为"精子的存储实乃已丧失生育能力的代替，对于权利主体身体的完整性及其所涉及之人的自主决定与自我实现，就其分量和内容而言，实不亚于妇女的身体"。医院过失毁损与身体分离的精子，构成对身体的侵害，受害人有权获得精神损害赔偿。依据此项判例，我国有学者认为，脱离人体的器官以及与人体分离的血液不应理解为"人身之外"的物，因为其本身就是人身体的一部分，脱离或分离出人体也是来自人体；进而，离体器官组织应属人格权范畴。② 事实上，德国联邦法院的此项判决并非一概认为身体权持续存在于那些与人的身体相分离的部分之上，如剪掉的头发、拔除的牙齿、捐献的血液、精子或其他人体器官，而是仍将身体作为人格的基础加以保护；其强调的是，如果某些与身体分离的部分，只是短暂地分离，将来还要再被植入身体，或者这种分离恰恰是为了保持被取出者的某种生理机能时，则该部分依然受身体权之保护。因为，依权利主体者的意思，将身体部分先为分离，再为结合，旨在维护或实现身体的功能，仍应属于权利主体者的自主决定权；从法律规范目的而言，该离体器官组织在其与身体分离期间，仍与身体构成功能上的一体

---

① *International Personal Injury Compensation Year Book*, 1996, Sweet & Maxwell, pp. 58-59.
② 郏立军：《论脱离人体的器官的法律属性——对"二元区分说"的商榷及对"人身之外"的理解》，《法学论坛》2011 年第 5 期。

性，对此等分离部分的毁损灭失，显然属于对身体完整性的侵害。①

无独有偶，在普通法系中，美国"赫希特诉高等法院案（或称凯恩案）"[Hecht v. Superior Court（Kane）]也体现了类似的司法解释。该案中，威廉·凯恩（William Kane）将他存放在加利福尼亚冷库（California Cryobank）中的15瓶精液遗赠给其女友黛波拉·赫希特（Deborah Hecht）。赫希特认为，这些精液不论是作为遗嘱中规定的财产还是作为她的宪法上的私生活权的一部分，都属于她。但凯恩的两位成年子女也基于财产和私生活权提出依据，反对就依据该遗嘱将这些精液给赫希特做出任何判决。在财产的框架内，他们主张：基于分配遗产中的所有剩余资产的协议，至少80%的精液属于他们。作为替代方案，他们建议为保护他们家庭的私生活销毁他们死去的父亲的精液，并指出，销毁此等精液将"'防止现有的家庭因后出生子女瓦解'，并……'防止对现有家庭成员产生感情、心理和经济上的压力'"②。在第一判决中，加利福尼亚州上诉法院选择在财产而非私生活的名目下提出问题。法院指出："在他死时，死者享有性质为所有权的利益，在他有将精液用于生殖的决策权的范围内如此"，结论是"此等利益足以构成《遗嘱检验法典》中的'财产'"。因而，法院主张精液是死者遗产的一部分，并且受制于遗嘱检验法院的管辖权。③但三年后，加利福尼亚州上诉法院推翻了自己的先例，拒绝了精液是财产的观点，说明它不是能以违背死者明示意图的任何方式在遗嘱的受益人之间分配的遗产中的"资产"④。法院宣称："在精液是财产的范围内，它也仅是为……一个人的'财产'。"法院观察到赫希特独自占有使用精液的权利而没有给予、出卖或以其他方式让他人使用它们的权利。因

---

① 王泽鉴：《人格权法——法释义学、比较法、案例研究》，北京大学出版社2013年版，第103页。

② Radhika Rao, *Property*, "Privacy and the Human Body", *Boston University Law Review*, 2000.

③ Hecht, 20 Cal. Rptr. 2d at 283. 基于还押令，遗嘱法院仅发还20%的储存精液——共3瓶——赫希特，根据是"和解协议中的一个一揽子条款规定：'死者有支配权、控制权或所有权的全部财产的余额，不管是否由赫希特小姐占有，子女或任何第三人均应服从对死者遗产的管理'（此等剩余财产的20%分配给赫希特，40%分配给凯恩的每个子女）"。Hecht, 20 Cal. Rptr. 2d at 580。

④ Hecht v. Superior Court（Kane），59 Cal. Rptr. 2d 222, 226（Cal. Dist. App. Ct. 1996）（意见未正式公开，其确认："此案涉及的基因物质是'财产'的一种独一无二的形式……不得根据死者的潜在受益人之间的协议进行分配，如果此等分配与死者对其处分的明示意图不一致的话"）。

而法院不顾凯恩的女友和他的成年子女之间的财产解决方案，论证道："法律不允许任何人……将死者在生殖方面的'根本利益'当作一个物件在死者遗产的主张者之间进行谈判和交易。"相反，法院裁决立即将剩余的 12 瓶精液给赫希特，结论是：宪法上的私生活权要求按捐赠人的意思控制其精液的最终处分。① 此案中，凯恩以遗嘱方式将其生前冷冻存储之精液赠与其女友赫希特，允其使用该精液受孕，因而该冷冻存储之精液对于凯恩而言具有在生殖方面的"根本利益"。加州上诉法院的最终判决之所以拒绝按照财产原则对死者精液进行分配，是对死者生前处分其身体组成部分以实现其身体功能的意思表示的尊重。但是，此项判决并不能证明一般的离体器官组织均应属于人格权范畴；其所证明的是，在一定条件下，人格的自我决定及其保护可以延伸到与身体分离的部分，其目的在于对权利主体者的自我决定权的尊重。

（二）物权说

物权说是从离体器官组织可作为交易客体的观点，进而认定离体器官组织即为德国民法典第 90 条所定义的"物"，亦即，离体器官组织由"原承载该器官组织的人"取得其财产权。此说已经成为德国现时之通说。德国学者梅迪库斯指出，现在必须承认献出的血以及取出的、可用于移植的器官为物。这些东西可以成为所有权的客体，而且必须是首先提供这些东西的活人的所有物。对于这些东西的所有权移转，只能适用有关动产移转的规则（《德国民法典》第 929 条及以下条款）。当然，一旦这些东西被移植到他人的身体中去，它们就重新丧失了物的性质。② 日本通说也认为，已经分离出来的人体组成部分构成物权法上的"物"，其所有权归属于第一次分离前所属的人，因而对该离体器官组织的让渡及其他处分是可能的。③

对于离体器官组织是否可作为财产权客体的探讨，美国的司法实务积累了不少标志性的案例。在佩尔穆特诉大卫之家医院（Perlmutter v. Beth David Hospital）一案中，法院主张，尽管病人为自己接受的输血单独支付

---

① Radhika Rao, "Property, Privacy and the Human Body", *Boston University Law Review*, 2000.
② ［德］迪特尔·梅迪库斯：《德国民法总论》，邵建东译，法律出版社 2001 年版，第 876 页。
③ 岩志和一郎：《器官移植的比较法研究——民事法的视点·1》，《比较法研究》2004 年第 46 期。

了 60 美元，但医院在医疗过程中实施的输血是医院提供服务的一部分，而不是法律意义上的血液买卖。但在后来的格林诉委员（Green v. Commissioner）一案①中，玛格丽特（Margaret Green）通过不断出卖其稀缺的阴性 AB 型血液为生，此等血液被税务法院确立为类似于鸡蛋、牛奶和蜂蜜的"有机产品"，这就意味着在此案中血液被法院认为是十足的财产。在"摩尔诉加州大学董事会"（Moore v. Regents of University of California）一案中，原告 Moore 因患血癌到加州大学（UCLA）接受治疗，主治医师 Golde 建议原告进行脾脏切除手术以保证生命安全。原告同意并签署了《脾脏切除手术同意书》。Golde 采取了原告的部分脾脏组织从事与治疗原告疾病无关的研究工作，并未将此事告知原告。此后，Golde 用原告的 T 淋巴细胞培养出了一个细胞系，UCLA 并据此取得了专利，进而开发产品作为商业用途。Moore 在知悉此事后，以 Golde 医师、UCLA 大学董事会等为被告，提起诉讼。Moore 主张对自己的细胞拥有所有权，且该所有权不因细胞切除、与人体分离而消灭，因此有权决定切除后的细胞用途。被告未征得其同意，擅自取用其细胞从事有经济利益的医学研究，已构成强占。② 加利福尼亚州最高法院在该案中得出了一个特别的结论：支持 Moore 就违反信义义务和切除其脾脏未履行知情同意义务提出的侵权行为请求，但驳回 Moore 就侵占其个人财产提出的主张。这就意味着，法院授予 Moore 向在手术中不当切除其病变脾脏而没有透露他们对此等手术享有的经济利益的医生主张弥补损害的债权，而否定了 Moore 据以要求赔偿从他自己的脾脏产生的有价值的细胞获得的利益份额的物权。③ 该案中，法官并没有明确回答人们是否可以对那些与身体相分离的器官或组织享有财产权，但指出 Moore 不能指望在抛弃了细胞的物质载体以后还能控制细胞，对他并未意图控制的细胞不再享有财产权。这种抛弃理论的思考方式与财产理论作为前提的存在具有密切关系，如果一个人抛弃了某物的所有权，但并未抛弃该物成分的所有权，似乎是不可想象的。美国学者劳笛

---

① See Radhika Rao, "Property, Privacy and the Human Body", *Boston University Law Review*. 2000.

② See 51 Cal. 3d 120, 793 P. 2d 479, 271 Cal. Rptr. 146（1990）, cert. denied, 499U. S. 936（1991）.

③ See Radhika Rao, "Property, Privacy and the Human Body", *Boston University Law Review*. 2000.

卡·劳也认为，对 Moore 案的一种可能的解读是：即使脾脏起初是 Moore 的财产，此等器官因为病变价值甚微，已被其"所有人"实质性地抛弃，由此变得他人可以据为己有。①

物权说也是我国学界的主流学说。持此说学者一般采用二元区分的方法对离体器官组织的法律属性进行定位，即存在于自然人身体内的器官组织，是其身体的一部分，属人格权法调整；已经从活体摘除的器官组织，在尚未移植入受体之前，因丧失对捐赠人身体的原有功能，不再是捐赠人身体的有机组成部分，并取得了独立存在的性质，是民法上一种特殊的物，是一种动产，应该受到物权法的调整。其理由是，人体器官组织一旦脱离人格的物质载体，那么也就与民事主体的人格脱离了关系，不再是人格的载体，具有了物的属性。当然，离体器官组织毕竟不同于一般的物，其处分要受法律和公序良俗的限制。② 在此说基础上，我国还有部分学者提出"器官权说"。持该说学者认为，自然人对其身体组成部分拥有一类特殊的权利，即器官权。器官权为身体权的类权利，跨越人身权与物权两大领域，兼有完整的人格权与绝对的所有权双重属性。未与躯体分离的器官权在活体是人身权，在尸体是物权；已与躯体分离的器官权在活体、尸体均为物权。③ 但事实上，"物权说"和"器官权说"并无实质区别，二说均视自然人的身体为人格权所保护，而离体器官组织为物。因而，本书不再将该说单列论述，而归于"物权说"范围内。

---

① 在维纳诉马里兰州（Venner v. Maryland）一案中法院采用了类似方法，裁定警察为了获得犯罪活动的证据从一名住院病人处重新得到大便是合法的。54A. 2d483，493 - 99（Md. Ct. Spec. App. 1976）。审理维纳案的法院认为，人们对自己的身体废物和其他物质享有财产权：不能说一个人对曾经是其身体的一部分或包含于其身体内的废物或其他物质不享有财产权，但一旦与身体分离即通常被抛弃的除外。因为一个人基于正当理由或不需要理由地对诸如大便、废液、分泌物、毛发、手指甲、趾甲、血液、器官或身体的其他部分主张继续性的所有、支配或控制，是可以理解的，不管它们从身体分离是故意的、意外的，或仅仅是身体正常运行的结果。Venner v. Maryland at 498。但法院主张："当一个人不以任何行为和任何言词表明其对此等物质主张所有、占有或控制的意图时"，此等身体财产可以被抛弃或放弃。Venner v. Maryland at 499。在此等情形下，警察可以占用这些放弃的"财产"，并用它证明犯罪行为。See Radhika Rao, "Property, Privacy and the Human Body", *Boston University Law Review*, 2000。

② 杨立新、曹艳春：《脱离人体的器官或组织的法律属性及其支配规则》，《中国法学》2006 年第 1 期。

③ 曹玲玲：《论器官权利》，吉林大学，2009 年。

较诸人格权说，物权说因其分类清楚，似乎更具可取之处。尤其是随着科学技术的发展以及民法上物的范围的扩展，越来越多的学者支持离体器官组织为法律上的物，身体以及包含在活人体内的器官组织仍属人格权范畴。这种二元区分的方法，即活体内的器官组织属于人格权范畴，脱离人体的器官组织属于物权范畴，对于物权和人格权的范围和界限的划分相当清晰。再者，基于实用的理由，物权说也为生物技术背景下离体器官组织的利用所产生的法律问题，提供了一个简单而又容易理解的解决办法。如孙宪忠教授所言，权利人对被捐赠、移植的器官享有临时性的物权是解决被捐赠、移植器官的权利属性问题的可能答案。① 然而，物权说必须面对的质疑是：考虑到离体器官组织对于"原承载该器官组织的人"所具有的特别意义，此说仅以一种纯粹物权的保护方式立论，是否妥当？换言之，物权的保护方式对于"原承载该器官组织的人"其人体器官组织上可能发生的再利用过程中所潜在的威胁与危险，是否足够？特别是我们正处于一个基因科技与医学技术迅猛发展的时代，人体器官组织在科学与商业上被赋予更高价值与意义的同时却隐藏着更大的被掠夺的危险。鉴于此，有学者指出，对于"原承载该器官组织的人"的利益，有必要提供更高的保护水准；此等高度的保护需求，但靠财产权保护上的请求，当然无从达成；必须再加上人格权的保护，始足当之。②

（三）人格权与物权重叠说（以下简称重叠说）

不同于前述"人格权说"还是"物权说"二选一式的理论见解，德国学者许迺曼（Schünemann）在人格权和物权交替存在的基础上提出了人格权与物权的重叠说。此说承认离体器官组织具有"物"的性质，但关于如何认定离体器官组织上的权利属性，其理论基础不同于"人格权说"和"物权说"互相排斥的分类学说，而认为人体同时为人格权与物权所包裹，只不过物权又完全为人格权所覆盖，只要除去人格权的覆盖，即可只存留下物权；但仅凭人体器官组织分离的物理过程，尚不足以除去人格权的包裹而使覆盖着的物权发生作用，而必须"原承载该器官组织的人"于器官组织分离之际，表示舍弃自其分离的器官组织上的人格权，才足以除去该离体器官组织上人格权的包裹，即在客观的分离过程中加入了

---

① 孙宪忠：《中国物权法总论》，法律出版社2003年版，第128页。
② 邱玟惠：《人体、人体组织及其衍生物民法上权利之结构》，台湾东吴大学，2009年。

主观要素。① 持此说的学者一般以德国联邦法院"冷存精子销毁案"（BGHZ124，52）的判决意见作为佐证。德国学者鲍尔和施蒂纳尔就认为，在"冷存精子销毁案"中，这些被取出的部分，仅仅是在为了保持被取出人的身体运动功能或是为了将来再植入其身体内时，才被继续视为受保护的"身体"，所以不是物。② 这就意味着，离体器官组织是受人格权法保护还是物权法保护，取决于权利人的"意思表示"。在这一问题上，德国学者沃尔夫的分析更为深入全面。他指出，与人体分离出来已经独立化的人体部分（头发、拔掉的牙齿等），可以是所有权客体的物，这与人身权是重叠的，而且人身权优先适用。也就是说，只要人不将源于自身的物拿来进行交易，那么它们仍然受人身权的保护。如丢失某人为了避免失去生育能力而在手术前存放的精子，德国联邦法院认为这属于侵犯人身权，而不是所有权。相反，如果某人将人的身体部分投入交易当中，则人体部分就成了物权的客体，所有权规则就优先适用。③

人格权与物权重叠说似乎以权利人的意思表示为前提解决了离体器官组织从人格权到物权转换的必要说理问题，但事实上其局限性也是明显的。第一，活人体上既存在人格权又还存在物权，若活人体适用物权规则，有违人性尊严；但优先适用人格权，物权则几乎没有作用。第二，重叠说主张，在人体器官组织与人体分离之际，以对人格权保护的全然抛弃作为唯一解释，以便适用物权法规。然而，此结论无异于在离体器官组织上导入了一种优于人格权的物权结构，有违法理。

（四）修正物权说

修正物权说继承了上述重叠说的人格权、物权二者并存的概念，但仍是以物权说为其核心，只是加入了人格权要素对物权的性质做修正，以保护离体器官组织的所有人的人格利益，其核心概念在于人体器官组织上的遗传相关物质赋予了人体器官组织上的人格权性质。修正物权说的理论基础是："原承载该器官组织的人"与已从其身体分离的人体器官组织之间的人格关系，应是来自个人与其身体部分的紧密关系，即所谓的"人格权

---

① 邱玟惠：《人体、人体组织及其衍生物民法上权利之结构》，台湾东吴大学，2009年。
② ［德］鲍尔、施蒂纳尔：《德国物权法》，张双根译，法律出版社2004年版，第22页。
③ ［德］沃尔夫：《物权法》，吴越、李大雪译，法律出版社2004年版，第7—8页。

内在联系"（persönlichkeitsrechtlichen Beziehung）。① 此种人格权内在联系的理由，一部分是由于该离体器官组织事实上曾经是建构个人"身体"的部分，因而个人与其身体部分之间具有一种"精神上"的联系，但仅此部分理由似乎尚不足以成为在离体器官组织上建构人格权的理由；更确切地说，此种人格权的内在联系是源于离体器官组织上所携带的遗传相关物质。离体器官组织上可能载有"原承载该器官组织的人"的健康状态的最敏感信息，且随着基因科技与医学的进步，由离体器官组织成功撷取信息的可能性日益增大，此等信息均属于"原承载该器官组织的人"的机密与隐私等人格利益的范畴。为此，修正物权说主张，所有对离体器官组织的利用，不论其人体器官组织的具体样态为何，均须检验"原承载该器官组织的人"其人格发生侵害的可能性，以表彰德国基本法第1条第1项对人性尊严保护的强调。②

　　修正物权说的优势是明显的。首先，相对于重叠说，当人体器官组织与人体分离之际，修正物权说认为，人格权要素并不受到抑制或排除，而是与财产权同时存在于该离体器官组织上。其次，相对于物权说，修正物权说具有能够说明权利分类的优点，以及导入人格权说对"原承载该器官组织的人"利益完善保护的优点。再者，修正物权说的保护考量上还涵盖了现代基因技术、基因诊断以及医疗进步所造成的对人格权保护法益的潜在危险。然而，修正物权说主张，因为离体器官组织上的遗传物质可能会泄露关于个人的私密信息，故以遗传物质的有无作为"人格权内在联系"是否存在的判断标准。这一结论有论证上的根本错误。若依照修正物权说中"人格权内在联系"的理解，阅读了私人信件将侵犯他人的私密信息，我们就可认为该信件的内容即可作为该信件与特定人之间具有"人格权内在联系"的判断标准，进而我们是否就可以认定该信件上具有特定人的人格权呢？遗传物质之所以可能泄露个人的私密信息，进而侵犯个人的人格权利（隐私权等），关键并不在于该遗传物质，而是在于我们将该遗传信息"指向"某特定人所致。所以，将遗传物质的有无作为该离体器官组织与特定人之间是否有"人格权内在联系"的判断标准，在逻辑上无法

---

① 转引自邱玟惠《人体、人体组织及其衍生物民法上权利之结构》，台湾东吴大学，2009年。

② 邱玟惠：《人体、人体组织及其衍生物民法上权利之结构》，台湾东吴大学，2009年。

自足。

（五）作者的观点

人格权说、重叠说和修正物权说均认为离体器官组织上，可存在"原承载该器官组织的人"的人格权，且均以著作人格权可存在于物上作为论证理由。但著作人格权是一项发展中的权利[①]，并不等同于民法中的人格权。因为，在权利的产生上，著作人格权以权利主体创作行为的完成为依据，其权利的取得、享有及其保护都与作品紧密联系在一起，仅为创作作品的作者所享有，并非人人生而有之；人格权则以权利主体出生的法律事实为依据，以人的生命存续为前提，每个自然人生而有之。除此以外，两者在保护客体、消灭原因、可转让程度、权利救济等方面均存在差异。然而，上述三种学说就离体器官组织上所承认的人格权内容却与权利主体的人格权内容完全一致，换言之，就单一权利主体而言，却有与人格权内容相同的另一组人格存在，显然为论证上的矛盾。较诸以上学说，物权说更具可取之处，但似乎依旧无法消弭人体被物化之疑虑。对此，笔者的观点如下。

第一，一般而言，离体器官组织构成物权法上的物，其所有权属于"原承载该器官组织的人"。因为，人体器官组织一旦离开人体，就离开了人格的物质载体，也就与民事主体的人格脱离了关系，不再是人格的载体，具有了物的属性。至于如何解释由"与人体分离前的人格权"到"分离后的物权"的转换，可以由类推适用《德国民法典》第953条——自物分离的部分由原物（Muttersache）所有人取得其所有权——的旨意，将身体视为所谓"原物"，而离体器官组织即"自物分离之部分"，由该"原物"所有人取得其所有权。[②] 此处需要辨明的是，身体权人做出捐献器官或组织的意思表示似乎是行使身体权的行为，但实际上，身体权行使的结果是将器官或组织脱离自己的身体，而捐赠的是物，这是其所有权行使的结果。"物权说"尽管认为离体器官组织是物，但非一概认为所有的离体器官组织都可成为商业交易的客体。因为离体器官组织毕竟不同于一

[①] 一般而言，著作人格权主要有四项内容，即发表权、署名权、保护作品完整权和收回作品权。由于在学理上还存在诸多争议，其权利属性尚处于不确定的状态，属于一项发展中的权利。

[②] Julius v. Staudinger, Kommentar zum Bürgerlichen Gesetzbuch, § 90 Rn. 16. 转引自邱玟惠《人体、人体组织及其衍生物民法上权利之结构》，台湾东吴大学，2009年。

般的物，其由人体衍变、异化而来，是包含着人格利益特殊的物。各国法律也均对离体器官组织的支配和处分有不同程度的限制，其终极目的都是希冀能调和社会公益和私权。

第二，如果将某种人体器官组织先为分离，再为结合，依照权利主体的意思，是在维护或实现其身体功能的，此等离体器官组织应被视为身体权的客体。其理由如下。（1）身体权是一种物质性人格权，凡未经权利主体同意而破坏其身体完整状态的，均构成对身体权的侵害，其保护的客体是实体化于人体的人格存在及决定范围，即将身体作为一种人格的基础加以保护，尤其是对于尊重权利主体者的自主决定权。（2）由于医学科技的进步，可以从人的身体取出其部分，其后再将此部分纳入身体，重为结合，例如自我移植皮肤或骨骼部分，为受胎而取出卵子再移入母体，以及自我捐血。此种情形下，权利人并无处分该离体器官组织的意思表示，而是希冀其暂时离开身体后，能够再与身体结合，继续发挥功能。这就意味着，此类离体器官组织仍与主体人格保持密切的联系，没有阻断，尽管脱离人体，也不能作为物来对待。认定此部分在其与身体分离期间，仍与身体构成功能上的一体性，对此等分离部分的毁损灭失，是对身体的侵害，符合身体权的规范目的。（3）若依权利主体的意思，其身体部分的分离，不再与其身体结合，而使该分离部分与主体的人格脱离了关系，则该离体器官组织就成为法律意义上的物。例如向他人捐血或捐献器官。如前所述，离体器官组织毕竟不是一般的物，它来源于人体，其上仍附着人格利益或人格尊严。在此情形下，当对捐献器官的使用违反了捐献者明示或默示的意思，或对该器官不当使用，或加以毁损时，应认为侵害了权利人的人格利益，有重大情事时，可以请求精神损害赔偿。[①]

第三，离体器官组织的法律属性应与其上所包含的基因（信息）的法律属性区别开来。"修正物权说"认为，只要离体器官组织存在遗传相关物质，该离体器官组织就产生与"原承载该器官组织的人"的联结，进而有依据人格权保护之必要；不具有遗传物质的离体器官组织，则属于物权保护的范畴。所谓"遗传物质"即基因（Gene），是记录一个人的生命遗传信息的 DNA 序列，它不仅可以通过复制把遗传信息传递给下一代，

[①] 王泽鉴：《人格权法——法释义学、比较法、案例研究》，北京大学出版社 2013 年版，第 102—104 页。

还可以使遗传信息得到表达。即使基因脱离了人体，人们仍能通过这些脱离人体的基因了解或掌握一个人的生命信息。相对于物权说，修正物权说似乎较好地解决了离体器官组织所包含的基因的法律地位以及人格权保护问题，但我们却又不能不面对其本身具有论证方法上的根本错误。鉴于此，笔者认为，离体器官组织上所包含的基因与其说是物，不如说是信息。①《法国民法典》第16-8条规定："可以鉴别捐赠其身体之一部分或身体所生之物的人的任何信息，以及可以鉴别接受此种捐赠的人的任何信息，均不得扩散之。"这表明基因是作为区别于器官、组织而加以保护的。台湾学者颜厥安也认为，"我们所抛弃的身体的部分，不论是器官、组织还是毛发，他人只要不干预到基因的层次，就不会触及来源者的人格权。但是一旦以研究或科技的方式，触及到基因层次，那么就涉及对该来源者人格权的侵害"。② 尽管物权说主张，离体器官组织作为物权的客体，只要不违反法律与公序良俗，其所有权人可以做出捐赠、抛弃等处分行为。但是，一个人愿意捐赠或抛弃其器官组织并不意味着其愿意捐赠或抛弃该离体器官组织所包含的基因。我们应将离体器官组织与其所含的基因信息的法律属性区别开来，"离体器官组织"一般适用物权说。如果涉及"离体器官组织所包含的基因"，则应归于人格权的保护范畴。基因信息是隐私权中个人信息的一部分，隐私权是基本的人格权之一。③

第三节　身体权的内容

现代意义上的身体权在内涵上既包括排除对身体侵害的权利（消极层面）又包括决定有关身体处分的权利（积极层面）。身体权的内容也相应表现为，权利人所享有的维护其身体完整性的权利以及在一定限度内对其

---

① 参见张莉《论人类个体基因的人格权属性》，《政法论坛》2012年第4期。

② 颜厥安：《财产、人格，还是资讯？——论人类基因的法律地位》，《鼠肝与虫臂的管制——法理学与生命伦理论文集》，台湾元照出版有限公司2004年版。

③ 我国《民法总则》第110条规定了"隐私权"，第111条规定了"个人信息受法律保护"。笔者认为，隐私权主要是一种消极的、排他的权利，而个人信息的权利主体享有的主要是一种对个人信息的支配和自主决定的权益。本书此处关注的是生物技术发展背景下对权利主体人格侵害可能性的防范，因而，笔者将基因信息归于隐私权项下，至于隐私权与个人信息保护的联系与区别则不做深究。

身体完整性进行处分的权利，即所谓身体维护权和身体支配权。

一 身体维护权

"身体维护权"是指自然人对自己身体的完整性，享有保持的权利，禁止任何人侵害或妨害其身体的完整性。关于"身体完整性"（bodily integrity）的含义，国内外学者们的界定宽狭不一。基于对身体权的物质性人格权的属性以及大陆法系对权利的保护模式的考量，身体的完整性应仅指身体的物理性完整，即身体有机构成的完整性。这就意味着，对身体权的侵害必须是对身体构成的完整性的损害，必须是对自然人的肢体、器官和其他身体组织造成了破坏。殴打、强制献血、非法剪人长发、强制文身、非法切除他人的身体器官、不当手术致他人身体部位受损、未尽安全保障义务致他人身体受到伤害等，即为著例。德国、荷兰、丹麦、奥地利等国的司法实务中，还普遍承认在医疗过程中违背妇女意愿使其怀孕也构成对身体权的侵害。例如，在对妇女或其丈夫施行绝育手术后，因未告知继续怀孕的可能性致使该妇女违反自己的意志怀孕；未经事先告知而对当事人进行人工授精等。此种情形下，虽然违背当事人意志受孕的子女健康分娩，受害人仍有权就该子女的抚养费请求赔偿。我国也有学者建议应当允许此种损害赔偿。[①]

当身体权有遭受侵害或有被侵害之虞时，一方面，权利人有权采取正当防御措施，包括自助或自卫行为，维护其身体完整，排除他人侵害；另一方面，权利人也有权主张停止侵害、排除妨害、消除危险。若某种行为侵害他人身体权，致使他人的身体完整性受到损害，受害人有权依法请求侵权人承担相应的侵权损害赔偿责任。

二 身体支配权

"身体支配权"是指对身体权的法律支配，即自然人对自己身体的组成部分在法律准许的情况下，可以予以处置的权利。须强调的是，不同于惯常意义上的身体支配行为（人体模特、卖淫等），身体支配权的内容应被限定于权利人在法定范围内对其"身体完整性"所享有的处分权。

首先，为了治疗的目的，自然人有权决定是否接受医疗或外科的检查

---

① 张红：《人格权法总论》，北京大学出版社2012年版，第272—320页。

和治疗。例如，抽血化验、针刺麻醉、切除阑尾或进行截肢手术等。事实上，医疗活动是对身体的侵袭，以患者的同意为阻却违法事由。未经患者同意的医疗活动，或超出患者同意范围的医疗活动即是对患者"身体支配权"的侵犯。

其次，为了非医疗目的，自然人有权决定是否对身体的组成部分加以改变。例如，进行整容、抽取脂肪进行减肥等。有学者就指出，现代社会对身体的困惑是因为"劳动的身体"已经转变为"欲望的身体"。封建社会和工业化社会的身体是与财产、所有制和控制联系在一起的。但在后工业化时代，身体与社会的经济和政治结构相分离。① 当代消费主义把身体看作是快乐、欲望和欢娱的载体，为了健美和幸福，整容、植假体、染发和吸脂也成为必需。自然人有权按照自己的追求对身体形态进行适当的改变，这被认为是权利人的正当的自我决定，即身体支配权。

再次，为了利他的目的，自然人有权决定是否捐献其人体器官组织，既包括活体器官组织捐献，也包括尸体及其上的器官组织捐献。主要表现在以下三方面。（1）自然人对自己血液、体液、毛发等附属部分的支配权。例如，捐献血液、捐献骨髓，以救助他人；将自己的精液献给精子库，为人工授精提供资源等。（2）自然人对自己的器官，也可以有限度地捐献给他人，这也是行使身体支配权的行为。例如，将自己的单个肾脏捐献给他人进行器官移植②，为他人带来健康，是高尚的行为，也是正当行使身体支配权的行为。（3）自然人生前留下遗嘱，死后将自己的遗体或角膜捐献给医疗机构、医疗教学机构或眼库，进行医学研究教学或为他人救治疾病，也是合法的行使身体支配权的行为。

应当注意的是，自然人行使自己的身体支配权，应当合法并符合社会善良风俗。自然人自愿将其器官组织捐献给他人的行为，是值得赞赏的，但应在社会伦理和法律的框架下进行。出于盈利目的，进行器官买卖、血液交易的行为，为法律所禁止，也超出了身体支配权的范畴，不是正当行使身体支配权的行为。

---

① [英]肖恩·斯威尼、伊恩·霍德：《身体》，贾俐译，华夏出版社2011年版，第2页。
② 可从活体摘取的器官组织仅限于血液、骨髓等再生组织以及单肾、半个胰脏等不影响捐献者生命的器官。另外，眼角膜虽然不是维持生命不可或缺的器官，但摘取后将造成失明的重大伤害，因此不能从活体上摘取。参见黄丁全《医疗法律与生命伦理》，法律出版社2007年版，第268页。

三 身体权的行使与限制

所谓权利的行使，是指权利人实现其权利内容的正当行为。权利的行使，应依权利人的自由意思，原则上不受干涉，即权利行使的自由原则。然而，自19世纪以来，随着民法思想的变迁，所谓社会的权利思想渐成主流，认为权利是社会的制度，其行使应有一定范围，如果权利的行使完全无视他人及社会利益，违反了权利存在的理由，就应加以限制。权利的行使并非绝对，应受一定的限制，已为现代民法的基本原则。

半个世纪以来，由于生命科学在器官移植、生殖技术、基因技术以及变性手术等方面的诸多突破，许多人文学者如德国哲学家哈贝马斯等纷纷向科学界提出了所谓合法性的问题，也就是说，在考虑生命科技"能不能"造福人类的同时，还应考虑新科技的"该"或"不该"做的伦理及法规范问题。具体而言，在生物技术发展的背景下，人对于自己身体（完整性）的支配方式，将会更加多样，哪种支配合乎道德伦理的要求，哪种不合乎，法律应如何对其加以把握呢？鉴于此，笔者选择以下几种较具有代表性、争议性的行为加以探讨，以期明确一些有关人体的医疗行为或科研活动应否被允许及其原因。

（一）关于捐献人体器官或组织的行为

不同于传统民法，随着科学技术的发展和现代法律伦理的进化，现代民法开始承认自然人可以处分身体的某些组成部分，即出于治病救人和发展医学的需要，许可自然人捐献某些身体器官或者组织成分以及死后遗体。所谓人体器官或组织的捐献行为，即是指自然人自愿、无偿捐献自己的器官、血液、骨髓、角膜等身体的组成部分甚至捐献自己的遗体的行为。这种捐献行为，正是自然人行使其身体支配权的结果。但人体器官组织的捐献行为毕竟不同于为了挽救某一病人的生命而从其自身摘除器官或进行截肢手术的医疗行为。一方面，一个人捐出自己的器官组织，尽管失去了身体的完整性，却是一种高尚的情操，从伦理上讲，是一种利他的行为、慈善的行为，是法律和道德所倡导和鼓励的。另一方面，自活体摘取器官组织，与捐赠人的健康乃至生命息息相关，绝大多数人并不愿轻易捐献自己的人体器官组织；即使是死后，受传统的"全尸"观念的影响，死者家属一般也不愿捐献死者的遗体及其上的器官组织。随着器官移植技术的发达，人体器官组织成为稀缺资源，出现"供需失衡"的困境，这也给一些不法之徒提供了可乘之机，他们非法买卖人体器官组织，甚至戕害生命以获取人体器官。

为了保障和促进人体器官移植和组织利用的有序进行，世界各国普遍重视人体器官移植的立法。日本于1958年制定了《关于角膜移植的法律》，适用于角膜移植，后因肾脏移植日益盛行，又于1979年将其修改为《关于角膜及肾脏移植的法律》，适用范围限于角膜及肾脏移植，不及于其他器官，器官来源只限于尸体；1997年日本国会通过《器官移植法》，原来的《关于角膜及肾脏移植的法律》废止，并统合到新法中。丹麦于1967年制定了《关于人体组织摘取法》，不仅规定了尸体器官的摘取，也一并规定了活体器官的摘取。美国于1968年制定了《统一尸体提供法》（Uniform Anatomical Gift Act），其适用范围不仅限于移植，还包括治疗、教学研究的目的。法国于1976年制定了《关于器官摘取的法律》，规定了活体器官移植与尸体器官移植。尤其是，1960年的《埃塞俄比亚民法典》首次在民法典中规定了处分人身行为的可撤回性（第19条），同时平衡了相关人的利益，其规定："（1）自然人可随时撤回处分其身体之全部或一部分的行为，该行为的执行在处分人生前或死后进行，在所不论。""（2）为其利益做出该处分行为者，有权就其因信赖该诺言引起的费用要求赔偿。"1994年加拿大的《魁北克省民法典》关于维护"人身的完整"的部分中，排除了人体器官摘除的有偿性（第25条），规定了切除器官的主体要件（第17—20条）、程序要件（第21—24条）；在其第一编第四章专门规定了"死者遗体的保护"（第42—49条），这些规则主要是对人体死者遗体器官的处理规则，其强调了当事人的意思自治，规定了严格的执行程序（包括执行主体为两个以上医生、遗嘱形式等）。2005年修改的《越南民法典》增加了新的人身权，如第33条规定了"捐献身体器官权"，第34条规定了"死后捐献遗体、身体器官权"，第35条规定了"接受他人身体器官权"（严禁买卖人体器官）。结合各国先进的立法经验，我国内地也制定了一系列关于人体器官组织移植的法律、法规、规章。如1997年全国人大通过了《献血法》，2001年卫生部通过了《人类精子库管理办法》《人类辅助生殖技术管理办法》，2007年国务院通过了《人体器官移植条例》。综合国内外立法经验，笔者认为，合法的人体器官或组织的捐献行为，应遵循如下原则。

第一，必须出于捐献者的真实意愿。我国《人体器官移植条例》第7

条规定，人体器官捐献应当遵循自愿原则。捐献行为可以是生前行为，也可以是死因行为。就捐献者的生前行为而言，人体器官或组织，在脱离人体之前，是身体的组成部分，关乎人的生命、健康或尊严，与其承载者的自身利益密切相关。因此，是否愿意将器官、组织与其身体相分离，以及是否同意把它们捐献出来，应当由承载该人体器官或组织的民事主体决定，即由身体权人享有分离、捐献人体器官或组织的支配权。这一支配权属于身体权的权能。在进行器官移植或组织分离时，只有权利人可以做出处分决定，医疗部门必须尊重身体权人的权利，不得强制进行。[①] 就侵权法而言，凡造成对身体的完整性的破坏的行为，均属对身体权的侵害，但以身体权人的同意为免责事由；就刑法而言，人体器官组织的摘取客观上是与故意伤害罪的构成要件相符的，对于捐献者，不属于治疗行为，但对于接受者即患者，却具有伦理性、社会正当性，因此在得到捐赠者的真心同意的情形下，阻却其违法性，摘取器官并不构成犯罪。可见，不论是对于身体的自我决定理念，还是对于身体安全的个人法益保护，捐献者的同意都是至关重要的。[②] 另外，关于捐献者的死因行为，死者生前处分自己尸体的权利是身体权，权利人依据自己的身体权，做出处分自己死后尸体的决定，应当按照其意思表示确定身体变异为尸体时的权利归属。例如，死者生前的遗嘱确定将其尸体交给医学研究机构的，尸体产生的所有权直接归属于医学研究机构。这种行为就是死因行为，在权利人死亡后发生效力。[③]

如何保证器官捐献是出于捐献者的真实意愿呢？主要可从以下四方面实现。（1）"知情同意"（informed consent）被认为是保护个人自主、不受医务人员和需要移植器官的人的压力的基本道德准则。知情同意制度要求在器官摘取前，必须由专业的医务人员对捐献者进行器官移植相关信息的充分说明，使之在信息对等的基础上，根据自己的真实意愿做出拒绝或同意进行器官移植的意思表示。《人体器官移植条例》第19条规定："从事人体器官移植的医疗机构及其医务人员摘取活体器官前，应当向活体器

[①] 杨立新、曹艳春：《脱离人体的器官或组织的法律属性及其支配规则》，《中国法学》2006年第1期。

[②] 黄丁全：《医疗法律与生命伦理》，法律出版社2007年版，第265页。

[③] 杨立新、陶盈：《人体变异物的性质及其物权规则》，《学海》2013年第1期。

官捐献人说明器官摘取手术的风险、术后注意事项、可能发生的并发症及其预防措施等,并与活体器官捐献人签署知情同意书。即使是提取死者的器官组织,也必须有死者生前的授权或死后征得近亲属的同意,而不可擅自提取死者的器官组织。"(2)从事器官捐献行为,必须具有完全民事行为能力。《人体器官移植条例》第 8 条规定:"捐献人体器官的公民应当具有完全民事行为能力",若民事行为能力欠缺,其意思表达能力必然受限,为了避免他人受到非法侵害,原则上应禁止不具有完全民事行为能力者成为活体器官捐献人。尤其是,未成年人的身体正处于发育阶段,因此法律禁止未成年人捐献器官。其他不具有完全民事行为能力的人如精神病人或心神丧失之成年人,应与未成年人同样对待。从不具有完全民事行为能力之成年人身体摘取器官与从未成年人身上摘取器官一样,是不被允许的。(3)应当允许捐献人对捐献行为反悔。《人体器官移植条例》第 8 条规定:"公民捐献其人体器官应当有书面形式的捐献意愿,对已经表示捐献其人体器官的意愿,有权予以撤销。"为了充分尊重捐献者的意愿,在实际做出捐献行为之前,法律上应当允许捐献人对捐献行为反悔,即可以随时撤销捐献的意思表示。(4)捐献者因受欺诈、胁迫等做出的捐献表示无效。《人体器官移植条例》第 7 条第 2 款规定:"公民享有捐献或者不捐献其人体器官的权利;任何组织或者个人不得强迫、欺骗或者利诱他人捐献人体器官。"

第二,必须无偿捐献。《人体器官移植条例》第 7 条规定:"人体器官捐献应遵循无偿原则。"我国《献血法》第 2 条也规定:"国家实行无偿献血制度。"这里所说的"无偿"主要是强调两者之间不存在对价关系,亦即,权利人不能通过捐献行为获取经济利益,从而使捐献行为成为实质上的买卖行为。至于捐献人捐献之后,接受人给予一定的生活补助等,法律并不禁止。

随着移植医学越来越普及,器官成为医疗资源的趋势也愈益明显,同时器官"供需失衡"的现象日益严重。因此,国外有不少学者主张建立器官市场,允许器官转让,其必要性在于以下方面。一是可以解决器官短缺的问题,有利于救死扶伤,促进医疗进步。现代人信奉市场供需法则,会在供与求之间找到一个平衡点,这也许是解决目前处于进退维谷的器官交易问题的办法。二是可以通过市场机制使得转让人的损失得到公平的补偿,以防止非法的交易。面对器官自愿捐献无法满足巨大需求的现实,若依正当渠道无法获得可移植的器官,病人为了生存,就只能转而求助于黑市交易。三是通过达成转让协议,可以确保器官的正常用途。① 反对者则认为以下方面。其一,将器官作为商品,基本上是对人类尊严的挑战,不仅会使得传统意义上的生命的神圣光环消失,更是人类生命的尊严毁灭、道德沦丧的开始。其二,或有人认为,血液或精子一般皆可因身体上自然的过程获得补充,以之作为出售的对象较无问题,但经验证明,市场上的血液、精子的出卖者常常隐瞒自己的病史、性行为,甚至将疾病传染给接受者,例如艾滋病病原携带者将血液传染给输血者,危险性甚高。而其他器官买卖,违背医学人道主义,容易引发犯罪行为,例如盗取他人器官、强迫他人提供脏器、非法贩卖儿童等。其三,器官买卖必然造成两极分化,富人有钱购买器官以供移植,穷人则只能为了生存而出售器官,不符合自愿原则。比较上述正反两种观点后,我们不难发现,将人体器官组织作为商品交易的客体虽然可以解决面临的器官组织短缺的问题,但这必然导致其向不良方向发展。② 所以,一般而言,许多国家在立法上禁止器官买卖。我国法律亦持此态度。例如《人体器官移植条例》第3条规定:"任何组织或个人不得以任何形式买卖人体器官,不得从事与买卖人体器官有关的活动。"当然,与人体分离后的组织如毛发、指甲、人乳、胎盘等,在对身体不会造成损害,也不违反公序良俗的情况下,可以由权利人进行转让。此外,自然人捐献其身体器官,必然会导致其身体生理机能的下降或部分丧失,并由此产生一定的医疗费用或造成一定的误工损失。所以,自然人因器官捐赠行为而得到应有的、适当的经济补偿,这与法律公平正义的内在价值要求是相符的。当然,这种经济补偿并非按照等价有偿原则对自然人出让其身体器官所支付的价款,而是对自然人因其器官捐赠行为所遭受的身体伤害以及其他损失的补偿。这种经济补偿不具有等价有偿的性质,更不具有盈利的特点。

第三,捐献行为不能以造成捐献者身体的重大损害为代价。捐献器官的行为实质上是对身体(完整)的处分行为,也是对身体(完整)维护权的自愿限制,这种限制不得以造成捐献者身体的重大损害为前提,否

---

① See Lloyd R. Cohen, "Increasing the supply of transplant organs: The virtues of future market", 58 Qeo. Wash. L. Rev. 1989–1990.

② 黄丁全:《医疗法律与生命伦理》,法律出版社2007年版,第319页。

则，有悖于捐献制度的本质。从尸体上摘取器官不会产生从活体摘取器官所伴生的捐献者身体损害问题。所以，移植应用器官一般以从尸体摘取为原则，从活体摘取为例外。然而，由于尸体器官来源不足，不敷所需，而亲属捐献器官可以缓解器官来源之不足，且从技术层面，取自活体的器官移植后存活率较高。如今，活体器官的使用在医学及医疗科技发达的今日，已变得十分普遍。当然，从活体摘取器官，与捐献者的健康生命息息相关，应属不得已而为之，而且活体捐献器官并非治疗行为，因而在活体自愿捐献中，最终要考量的是捐献者的同意有无违背相当性原则，即摘出器官不得造成捐献人身体残障、精神障碍或失去生殖能力，不得因摘出器官而改变捐赠人的性格、特性。目前，可以从活体摘取的仅限于血液、精子、骨髓等再生组织以及单肾、半个胰脏等不影响捐献者生命的器官组织。另外，眼角膜虽然不是维持生命不可或缺的人体组织，但摘取后将造成失明的重大伤害，因此不能从活体上摘取。① 总而言之，人体器官组织的捐献制度是立法者经过利益权衡，在不损害捐献者的身体，或捐献人（供体）所受损害远小于接受人（受体）因器官移植所可能获得的利益的前提下，给病人带来了生的希望，并弘扬了捐献者"舍身为人"的良好品德，具有积极的法价值和社会价值。② 否则，任何可能造成捐献者身体的重大损害的捐献行为在法律上都是无效的。

第四，捐献行为不得违反公序良俗。人体器官组织不同于一般的物，其包含着一定的人格利益因素，对其处分必须符合公序良俗。为了保证器官捐献不违反公序良俗，法律规定了活体器官捐献接受人的范围。《人体器官移植条例》第10条规定："活体器官的接受人限于活体器官捐献人的配偶、直系血亲或者三代以内旁系血亲，或者有证据证明与活体器官捐献人存在因帮扶等形成亲情关系的人员。"这一规定是符合多数国家在活体器官移植方面的立法原则的。因为，在具有血缘关系或在家族之间进行活体器官移植，一方面，这种方式的器官移植比较不会产生排斥，移植成功的概率较大；另一方面，可以有效地防范活体器官的买卖。但这并非排斥没有血缘关系或家族关系的人之间具有符合器官移植条件的可能。2006年我国首例夫妻交叉肾脏移植手术的成功施行，就很好地证明了这一点。

---

① 黄丁全：《医疗法律与生命伦理》，法律出版社2007年版，第268、272页。
② 余能斌、涂文：《论人体器官移植的民法理论基础》，《中国法学》2003年第6期。

在这个案例中，某甲的妻子因身患绝症而导致肾坏死亟须换肾，但是某甲的血型与妻子不相符合，某乙的丈夫由于慢性肾衰竭病危，也急需一个与自己血型匹配的肾脏进行移植，然而某乙夫妻的情况与某甲夫妻的情况类似。幸而某甲和某乙丈夫的血型匹配，某乙和某甲妻子的血型匹配，可以相互交叉进行移植，于是双方便进行了交叉捐赠肾脏。该手术也最终获得了成功。① 我国《人体器官移植条例》第10条中，活体器官的接受人就不仅限于活体器官捐献人的配偶、直系血亲或者三代以内旁系血亲，还包括与活体器官捐献者之间"有证据证明存在因帮扶等形成亲情关系的人员"。需要指出的是，该条规定的目的是防止出现器官买卖的现象，但如何界定活体器官捐献的受体和供体之间是否存在因帮扶等形成亲情关系，应适用目的解释的方法。

（二）关于代孕行为

所谓代孕行为，是指妇女代人妊娠的行为，或用自己的卵子人工受精后妊娠，分娩后交给别人抚养，或利用他人的受精卵植入自己的子宫妊娠，分娩后交该人抚养。代人妊娠的妇女被称为代孕母亲（Surrogate Mother）。② 代孕行为的出现是人类辅助生殖技术发达的结果。自然的人类生殖过程由性交、输卵管受精、植入子宫、宫内妊娠等步骤组成。人类辅助生殖技术是指代替上述自然过程某一步骤或全部步骤的手段。人类辅助生殖技术可以使用第三者（供体）的卵子或精子，也可以将胚胎植入第三者的子宫内，即使用代孕母亲。自然人享有身体权，既包括身体维护权又包括身体支配权。所谓身体支配权，是指权利人在法定范围内对身体完整性所享有的处分权能。女性怀孕后，必然会产生一系列对其身体完整性有损害的情形。怀孕女性需要承受怀孕带来的各种身体不适（如身体器官的移位）乃至分娩所带来的痛楚和不便（如骨盆底肌肉的撕裂与延伸）等等。代孕母亲自愿为他人代孕的行为无疑是对其身体完整性的处分行为，是行使其身体支配权的体现。

但代孕是否在身体支配权的合理范围呢？换言之，代孕行为在道德和法律上应否被容许呢？如果从不孕妇女的角度来看，代孕行为无疑是合乎道德的，它可以满足那些不能怀孕的妇女抚养一个自己孩子的愿望，尤其是满足

---

① 吴劲夫：《活体器官移植的若干民法问题研究》，西南政法大学，2009年。
② 邱仁宗：《生命伦理学》，中国人民大学出版社2010年版，第38页。

其抚养一个具有夫妇一方基因的孩子的愿望。之所以会有这种需求，往往可能是由于妻子患有染色体显性或伴性遗传病，如血友病；更多的是由于妻子有不育症，但夫妇迫切需要孩子。母亲的子宫迄今仍是孕育胎儿的最佳场所。在这种情况下，对于某些不能孕育孩子的妇女来说，代孕提供了唯一的解决办法。但代孕极有可能致使代孕母亲的子宫和身体工具化或商品化，而且从子女、家庭、社会等方面综合考虑，学者们多认为代孕行为不道德。其不利情形至少表现在以下几个方面[①]。（1）代孕行为使人类生育动机发生根本改变。虽然代孕不一定涉及金钱，但许多代孕母亲是为了报酬，如此无异于将婴儿变相地作为商品进行买卖。此外，"子宫工具化"，等于是将女性的子宫作为工具，同时忽视了母亲在孕育过程中产生的天赋情愫，根本违反了人类尊严。（2）代孕行为有可能破坏家庭结构。单身男子如果使用代孕技术生育后代，必然会与单身女子以异源人工授精（AID）[②]方式生育子女一样，使得作为现代社会结构单位的一夫一妻制家庭机构解体。对于养育代孕母亲所生的孩子的家庭，由于孩子与养育母亲没有生物学关系，而与养育父亲则有生物学关系，一旦他们离婚了，收养母亲和生物学父亲之间关于孩子的监护权的争议则无法解决。另外，代孕母亲在代孕过程中对代生孩子产生的母爱，将驱使她可能会不断要求对代生孩子进行监护、抚养或探视，这无疑会干扰取得孩子监护权的委托方所组建家庭的稳定性。（3）代孕行为不利于子女利益。当代生的孩子有身体缺陷时，在代孕母亲和委托方之间就可能出现互推责任，不利于对子女利益的切实保护。（4）代孕行为可能导致亲属关系和伦理观念的混乱。如母亲替女儿代孕、姐姐替妹妹代孕、祖母替孙女代孕，这种情况下出生的子女在家庭中的地位具有不确定性，将严重扰乱家庭伦理关系。

鉴于代孕行为的诸多弊端，世界各国纷纷在立法上加以全面禁止。如德国1991年《胚胎保护法》规定，人工授精的卵子只能由亲生母亲的子宫来孕育，如植入其他妇女的子宫，丈夫和代理机构将受到处罚，最高罚款可达5万马克。其他国家也有类似的法令，如法国、澳大利亚也均将代孕视为一种犯罪行为。但面对代孕技术的日臻成熟和代孕的旺盛需求，一些国家和地

[①] 黄丁全：《医疗法律与生命伦理》，法律出版社2007年版，第467—468页。

[②] 人工授精分两类：同源人工授精和异源人工授精。前者使用丈夫的精液（AIH），后者则使用供体的精液（AID）。

区已经由过去的全面禁止的态度转而趋向于有限开放的态度。1985年，英国制定《代孕协议法》，明确禁止商业性的代孕行为，但该法对非商业的代孕持放纵态度。1990年，英国制定了《人类授精与胚胎法》，明确规定了人类授精与胚胎研究管理局是代孕的主管机关，规定需经其许可方可进行代孕；代孕合同不具有强制执行力；委托夫妇可以支付必要、合理的费用，但不得对代孕母亲支付超过一定限额的金钱。由此可见，英国对商业性的代孕是禁止的，但允许在法律规制条件下的非商业代孕。[1] 我国台湾地区，于1999年4月28日颁布的《人工协助生殖技术管理办法》中明确禁止代孕行为。但近年来，由于岛内民众有限开放代孕的呼声日高，台湾地区相继出台了《人工生殖法》《代孕人工生殖法》等草案，拟有条件开放代孕。2000年6月22日，我国香港地区通过《人类生殖科技条例》，允许非商业的代孕存在。通过以上各国和我国台湾、香港地区对代孕的立法的比较，我们可以得到两点启示：（1）禁止商业性代孕行为是现代文明国家普遍的立法选择；（2）有限开放代孕逐渐成为一种立法趋势。

总而言之，笔者认为，尽管代孕行为有诸多伦理上的弊端，但它毕竟是现代科技发展的成果，我们绝不能因噎废食，而应通过法律规制手段，规范和指导代孕所衍生的法律伦理问题，让代孕技术为人类造福。综合法律发达国家或地区对代孕行为的立法经验，代孕行为的法律规制应遵循如下原则。

第一，全面禁止商业性代孕行为。无论不孕妇女希望借助人工生殖的正当性为何，商业性代孕都不可避免地将代孕母亲的子宫和身体工具化或商品化。怀孕过程对于怀孕女性身心两方面都是极大的压力，若是所怀为自身所期待欲求的子女，自然较有足够承受身心压力的支持力量。反之若所怀为他人子女，而"怀胎十月"成为一种商品形态，或是以获得高价为目的的工具理性行为，如此无异于出租子宫，妇女身体因而成为追求利润的工具，尤其当今体制下，也容易造成有钱妇女剥削穷人的结果，为法律所不许。如前所述，禁止商业性代孕行为是现代文明国家普遍的立法选择。但需要指出的是，非法的商业酬金应与合理补偿的费用相区别。在英美国家，由委托方对代孕母亲予以合理补偿，例如怀孕、生产的医疗费，

---

[1] 谢菲菲：《论代孕行为的法律规制》，暨南大学，2011年。

怀孕和产后修养期间的营养费及休养期间的工作损失，是合法的。①

第二，有限度地开放非商业性代孕行为。开放非商业代孕行为的限度，主要体现在以下三方面。(1) 禁止"局部代孕"。为了防止代孕母亲成为遗传母亲从而产生亲子关系认定上的法律纠纷，在立法上应禁止使用代孕母亲的卵子进行代孕，即所谓的"局部代孕"，只允许与委托夫妇有血缘关系的胚胎代孕，即所谓的"完全代孕"，其包括委托代孕的胚胎是该夫妻的精卵细胞结合而成；委托代孕的胚胎是妻子的卵细胞与精子库中的精细胞结合而成；委托代孕的胚胎是由丈夫的精细胞与捐赠的卵细胞结合而成。② (2) 委托方和代孕母亲的资格限制。有学者指出，对于单身男女或可以怀孕而不愿怀孕的已婚妇女使用代孕，或出于获利的动机而去做代孕母亲，在道德上是不容许的；在妻子不能怀孕的条件下而代孕母亲又非出于获利的动机，则在道德上是容许的。代孕委托同其他民事委托最大的不同就在于：委托事项是代孕母亲将胚胎孕育成新生儿；委托者所要承担的最重要的法律后果是获得新生儿的监护权。因而，在现行法律和伦理框架下，委托方的资格应限定为：须为合法夫妻；采取代孕方式系因妻子在现代医学条件下不能生育，且至少有一方提供配子。代孕母亲的资格应限定为：具有完全的民事行为能力，自愿代孕，若代理母亲为已婚妇女的，代孕须征得丈夫的书面同意；在生理上适合代孕。(3) 代孕生殖后亲子关系的认定原则。代孕生殖后的亲子关系如何确定，尤其是代孕母亲与被代孕出生的孩子之间的关系状态如何认定？③ 笔者认为，不孕夫妇之所以要以代孕的方式而非收养等其他方式养育子女，应是基于血缘关系的考虑。因而，从代孕委托行为的法律意义（委托行为的目的）、生物学意义（基因遗传）和社会意义（养育孩子）而言，委托方夫妇应作为代孕所生子女的法律意义上的父母。而代孕母亲不是新生儿生物学意义上的母亲，代孕本身是工具性辅助，而不形成社会学意义上的亲子关系，所以法律不应认定代孕母亲与新生儿之间存在亲子关系。

第三，公权力介入原则。一般而言，用自然方式生育子女而成为父母，是不需要任何资格的，但用人工生殖方式成为父母，是否应被要求具备一定

---

① 黄丁全：《医疗法律与生命伦理》，法律出版社2007年版，第448—449页。

② 任汝平、唐华琳：《代孕的法律困境及其破解》，《福建论坛（人文社会科学版）》2009年第7期。

③ 黄丁全：《医疗法律与生命伦理》，法律出版社2007年版，第466页。

的资格？这个资格由谁来判断？如何判断？在亲属法领域中，亲子关系比婚姻关系受更多公权力的监督，从而父母对子女亲权的行使，由传统的完全私领域移至公领域，子女的利益也成为社会公益。代孕这种经由现代科技引起的法律问题，虽然本质上是私人最隐私的生殖事项，但也应由公权力介入并加以管制。对代孕行为的限定，管制方式可采用事前管制，即对代孕协议的核准，此种审核主要考虑委托方夫妻、代孕母亲以及将来出生的婴儿的利益，最重要的是必须确保将来所生孩子的健康，因此要求对精卵提供者的条件进行审查，并进行遗传障碍筛检、遗传病以及传染病的检查。英国1990年制定的《人类授精与胚胎法》设定人类授精与胚胎研究管理局为代孕主管机关，规定必须经其许可才可进行代孕。

（三）关于变性手术

性别，指人体上区分"男"与"女"，在身体结构、器官、功能以及兴趣等方面所呈现的差别的总称，也是一个人之所以为男性或为女性之所在。法律上只将人分为两个性别即男性和女性，一般不承认有"中性"或"无性"。但有一些人无法认同自己原有的生理性别，强烈希望通过变性手术实现自己心理上认同的另一性别。这一类人通常被称为"易性癖者"或"变性欲者"。易性癖者一般具有如下特征。(1) 易性癖者固然不否认自身解剖学、生理学上的特征，但在心理上确信自己存在不同于原有性别的另一性别，其智能是正常的。(2) 易性癖者自小即表现变性的欲望，且一贯存在，并随着年龄的增长逐渐强烈。(3) 易性癖者对于同性恋者表现出强烈的排斥感，有与"完全异性"的人交际的愿望。因为同性恋者一般不存在对于自己的性器官彻底的厌恶感，但易性癖者此种感觉尤为强烈。(4) 易性癖者已经无法通过精神疗法加以挽救，只能依赖变性手术使其身体与心理达成一致。

所谓变性手术，是指通过整形外科手段（组织移植和器官再造）使易性癖病患者的生理性别与其心理性别相符，即切除其原有的性器官并重建新性别的体表性器官和第二性征。[①] 但是，即使以现在的医学技术而

---

① 2009年11月13日卫生部发布的《变性手术技术管理规范（试行）》。广义的变性手术事实上还包括使性别特征不明确的中性体质（Intersex）之人，亦即阴阳人或半阴阳人的性别明确的手术。2005年修订的《越南民法典》第36条就增加了"性别重新确认权"，即自然人若因先天生理缺陷或性别特征不定型，通过手术改变了性别，法律承认其重新确认性别的权利。性别不明的阴阳人实施变性手术，使其性别分明，该手术属于医疗范畴并无疑问。但易性癖者为阴阳人以外的人，此种变性手术是否违法，颇多争议，本文仅讨论此种变性手术。

言，变性手术也只能是改变身体外观，而无法改变染色体，也不能使变性者在变性后仍具有生育能力，且手术后长期注射荷尔蒙药物也容易出现副作用。换言之，变性手术会给身体带来巨大的伤害，它是一种创伤性且不可逆的手术，且手术后的患者也不可能是真正的异性，难以获得社会认同。同时，变性手术与身体完整的观念相违背，与刑法上的伤害罪的规定也相当。那么，这种具有违背自然和社会发展规律的行为，法律能否予以许可呢？笔者认为，易性癖者有权通过变性手术改变其性别，是有其医学、伦理和法理基础的。首先，从医学角度而言，易性癖者苦于精神与身体不一致，在性格上常常表现出冷漠、情绪不稳定、封闭，不愿与外界接触，甚至由于疲劳与意识危机，濒临精神崩溃，有时甚至将自己的性器官割除或自杀。对于易性癖者的精神疗法根本无法收到效果，因此，经由变性手术改变肉体，使易性癖者近似本人所希望的性别，进而减少精神上的折磨，身心因此得到均衡，此种情形下，变性手术无疑是针对易性癖者的严重精神疾患的一种治疗手段。正如国际性焦虑协会所提出的："在任何意义上，性别重塑手术都不是一个'实验性、研究性、选择性、美容性'的手术。它对易性症和严重的性身份障碍是一项非常有效和适当的治疗方法。"① 其次，自主和宽容是一个社会最大的伦理。易性癖者强烈要求通过变性手术改变其原有性别以达到灵肉一致是和尊重当事人的尊严和自由人格的发展密切相关的。在与传统医学和社会伦理的冲撞中，对易性癖者持宽容的态度，尊重他们在性别上的自主权，是对这一群体的真正的关怀，也符合现代多元社会的发展需求。最后，变性手术的合法性可通过自然人的健康权和身体权进行阐释。健康权是自然人维护其生理健康和心理健康的具体人格权。变性手术是治疗易性癖者的严重心理疾患的医疗手段，是保护其健康权的应有之义。身体权是自然人维护其身体完整并支配其肢体、器官以及其他身体组织的具体人格权。变性手术是通过改变易性癖者的性器官以及身体构造而达到改变其性别外观的目的，实际上是对身体支配权的行使。身体权是变性手术合法性的权利基础，当然，权利的行使也应受法律和公序良俗的制约。借鉴国外关于变性手术的立法规范，并结合我国现行的法律法规，对于变性手术的法律规制应注意以下两方面的问题。

---

① 朱辉：《变性手术及相关问题》，《中国美容医学》2004年第6期。

第一，实施变性手术必须符合一定的医学条件。（1）易性癖者须具有强烈渴望转化为异性的意志，且这种意志一贯存在。例如，1989年，德国联邦议会通过《特殊情况下，关于姓名及性别变更法》（变性法）规定了改变性别的前提条件是：由于变性欲者性格上的原因，意识到自己心理上的性别与出生登记簿上的性别不同，且至少3年以上处于一种压迫感中，强烈要求与心理上的性别一致。我国卫生部公布的《变性手术技术管理规范（试行）》规定，变性手术前患者必须满足的条件包括"对变性的要求至少持续5年以上，且无反复过程"。（2）对易性癖者，需在确认药物及心理治疗已无效用的情况下，方可实施变性手术。我国《变性手术技术管理规范（试行）》规定，变性手术前，患者应满足"术前接受心理、精神治疗1年以上且无效"的条件。（3）实施变性手术前，需告知变性手术的内容及其危险性，获得易性癖者自由意志下的同意，此为变性手术得以成为适当的治疗行为而阻却违法的理由。我国《变性手术技术管理规范（试行）》规定，"实施变性手术前，应当由手术者向患者充分告知手术目的、手术风险、手术后的后续治疗、注意事项、可能发生的并发症及预防措施、变性手术的后果，并签署知情同意书"。

第二，易性癖者接受变性手术需满足的主体资格条件。（1）易性癖者对是否接受变性手术有自我决定权。易性癖者要求变性的欲望，确属心理疾患，但其智能往往是正常的，具有完全行为能力，因而对其身体支配权的行使具有自我决定权，并且变性手术的后果亦由易性癖者自己承担，这也是其意思自治的体现。我国《变性手术技术管理规范（试行）》规定，手术前患者必须提交的材料中既包括"有精神科医师开具的易性癖病诊断证明，同时证明未见其他精神状态异常；经心理学专家测试，证明其心理上性取向的指向为异性，无其他心理变态"，又包括"患者本人要求手术的书面报告并进行公证"。（2）应禁止将未成年人作为变性手术的对象。这是因为未成年人作为限制行为能力人或无行为能力人，不能完全了解变性手术的实质意义和后果，其同意不能认为有效。并且，青少年具有可塑性强的特点，对于其变性的心理疾患，应尽可能在症状固定前，经过心理治疗获得矫正。德国《变性法》规定，要求改变性别的患者须年满25岁。我国《变性手术技术管理规范（试行）》规定，手术前患者必须满足的条件中包括"年龄大于20岁，是完全民事行为能力人"。（3）应禁止婚姻存续期间的患者作为变性手术的对象。对于要求变性的已婚男女，只要其婚姻状态继续存在，变性将会对现有的婚姻家庭秩序造成冲击，引起社会角色混乱，使婚姻和家庭处于不安定状态；无论任何一方变性，都会损害配偶的利益以及子女的利益。因此，在婚姻关系存续期间，对于变性手术法律应加以禁止。如确有变性必要，应于婚姻关系解除或消灭后始得为之。意大利的法律虽然允许已婚公民接受变性手术，但同时规定术后婚姻关系解除。前联邦德国的法律则明确规定变性手术只适用于未婚的公民。我国《变性手术技术管理规范（试行）》规定术前患者必须"未在婚姻状态"。

第四章

身体权的侵权法保护

对身体权的侵权法保护,主要是研究在什么情况下,加害人的行为构成侵害身体权的行为,是否应承担相应的侵权责任,以及责任承担的方式,这就涉及侵害身体权的责任构成和责任承担问题。

第一节 侵害身体权的责任构成

比较法上,对一般侵权责任构成要件的规定有三种立法模式:一是英国法模式,也称为"类型化的构成要件模式",即针对每一类侵权行为分别确定其构成要件;二是法国法模式,也称"一般化的构成要件模式",即规定任何人都有义务赔偿自己不法、过错地给他人造成的损害;三是德国法模式,即依据受保护客体的不同,将一般侵权责任分为权利侵害型、利益侵害型以及违反保护法律型,分别规定了其构成要件。[①] 我国《侵权责任法》第 6 条第 1 款规定:"行为人因过错侵害他人民事权益,应当承担侵权责任。"《民法通则》第 106 条第 2 款规定:"公民、法人由于过错侵害了国家的、集体的财产,侵害他人财产、人身的,应当承担民事责任。"可见,我国法对一般侵权责任构成要件的规定属于法国法模式。据此,侵害身体权的一般责任要符合以下构成要件。

一 违法行为

首先,违法行为包括行为和违法两个要素,构成违法行为要件的完整结构。这一结构表明,侵权行为必须由行为来构成,而非由事件或思想等

---

① 程啸:《侵权责任法》,法律出版社 2011 年版,第 160—161 页。

行为以外的事实构成；构成侵权民事责任的前提是，必须有一定的行为。其次，这种行为必须在客观上违反法律，具有违法性特征。此处的行为是指一种由意识所控制的、由意愿所引导的、可以控制的人的行动。被强制而做出的身体的动作或者因外力影响而产生的不自觉的反应不是此处所称的行为。[①] 若非受人的意志所支配，即所谓无意识行为（如梦游中致人身体损害）或者无行为意思之行为（如身体受外力强制做出的反应），即使致人身体损害也不属于侵权行为。但如果因酗酒、吸毒等行为过失导致自己后来处于无意识状态，则不属于无意识行为。

行为和责任的产生之间可能有两个连接点，即行为可能存在于积极的作为或不作为当中。但是，只有当存在一项做出某种行为的法律义务时，不作为才能产生责任。侵害身体权的行为方式主要以行为的方式构成，如殴打、断人长发、强抽他人血液等，均为作为的方式。当行为人对他人负有法律要求的具体作为义务时，不作为也可以构成。例如，医师施行手术后，于适当时间怠于除去绷带，因而使伤口化脓，是不作为的侵害身体权行为。

构成侵害身体权的行为，还须具有违法性。在大多数情况下，只要行为符合身体权侵权的事实要件即指示出其非法性，也就是说，只要没有特殊的排除违法性的理由，对身体权的损害总是违法的，即所谓结果违法学说的内容。当然，对于不作为的情况还要考察是否违反了法定的一项义务。如果加害人可以援引一条排除一项违法性的理由，则应否定其行为的违法性，特别是正当防卫、受害人对行为的同意以及代表正当利益，往往可以成为排除违法性的理由。比如，为治疗疾病而实施的手术也是对身体的侵袭行为，但这种行为通常是免责的。

二 损害事实

没有损害，就没有赔偿。"损害"（Schaden）是侵权赔偿责任的必备构成要件。客观上的损害（natuerlich Schadensbegriff）[②] 是指任何物质利益

---

① [德] 马克西米利安·福克斯：《侵权行为法》，齐晓琨译，法律出版社2004年版，第78—79页。

② Looschelders, Schuldrecht Allgemeiner Teil, S. 282. 转引自程啸《侵权责任法》，法律出版社2011年版，第170页。

或精神利益的非自愿的丧失。① 但并非所有的客观上的损害都能获得法律上的救济。只有那些具有可赔偿性（ersatzfaehiger）的损害，才属"法律上的损害"（normativ Schadensbegriff）。② 侵害身体权所造成的可赔偿性损害，主要表现在以下三方面。

第一，自然人的身体完整性受到破坏。首先，此种损害是一种现实的损害。有学者将损害扩大性理解为"不仅包括现实的已经存在的不利后果，还包括构成现实威胁的不利后果"③，此种理解值得商榷。因为，权益被侵害并不等于损害。倘若对两者不加区分，就无法正确区分侵权赔偿责任与其他救济方式（如除去侵害、防止侵害等），进而导致侵权责任承担方式适用上的混乱。只有损害赔偿责任才以损害之存在为必备的要件，归责原则也仅适用于损害赔偿责任。至于除去侵害、防止侵害等救济方式，是基于绝对权而产生的保护性请求权，其构成要件虽包括权益被侵害，却不要求有损害，更不考虑加害人的过错。其次，在确认侵害身体权的损害事实时，面对其与侵害健康权的损害事实难以区分的问题，如何解决呢？学者有谓"唯身体系肉体之构造，健康则系生理之技能"，这一区分标准是简洁而准确的。但是健康一般是通过身体构造的完整性而实现的，当人体的肉体构造遭到损害，进而损害健康时，应认定为身体损害抑或认定为健康损害。其实，什么是身体或健康损害，不是一个医学鉴定问题而是一个法律问题。我们真正重要的是要弄清楚，什么情况下既不构成身体损害也不构成健康损害。如果既不存在前者也不存在后者，原则上也就不会导致侵害物质性人格权的法律责任。所以，我们没有必要知道如何区别身体损害和健康损害，因为只要行为的结果能被界定为其中任何一项都会导致法律责任。事实上，在绝大多数案件中确认身体或健康损害的存在没什么难度。如果某一侵权行为同时侵害了受害人的身体权和健康权，例如，砍断他人手臂的行为，既破坏了身体的完整，又损害了健康，此种情形下，法律发达国家的成熟经验可资借鉴，即将对身体完整性和健康的损害作为一种独立的诉因，给予侵权法的保护。

---

① Schwarz/Wandt, Gesetzliche Schuldverhaeltnisse, S.434; Brox/Walker, Allegmeines Schuldrecht, S.326. 转引自程啸《侵权责任法》，法律出版社2011年版，第170页。
② 程啸：《侵权责任法》，法律出版社2011年版，第170页。
③ 王胜明：《中华人民共和国侵权责任法释义》，法律出版社2010年版，第43页。

第二,受害人的直接财产损害和间接财产损害。直接的财产损害指的是受害人因身体完整性受到侵害而支出的必要的医疗费用、护理费用等。例如,在"马立涛诉鞍山铁东区服务公司梦真美容院损害赔偿纠纷案"① 中,被告因美容技术不过关,造成原告面部出现麻斑,构成侵害原告身体权的损害事实。原告因美容失败造成的麻斑需要继续修复治疗所产生的费用,属于受害人的直接财产损害。间接的财产损害指的是受害人因身体完整性受到侵害而丧失的增加财产性权益的机会;在通常情况下,如果受害人没有遭遇此侵害,这一财产上的权益是必然或极有可能获得的。现实生活中,因治疗期间误工造成的工资损失以及受害人未来可能的挣钱能力的丧失或降低,均属于必然或极有可能获得的财产利益。例如,某空姐在乘坐出租车时遭遇车祸,脸部被划伤,形成疤痕,她因此无法继续原来的职业,导致收入减少,即属于受害人的间接财产损害。

第三,侵害身体权所造成的损害事实还表现为受害人的精神损害。有学者认为,当受害人遭受严重的身体和健康损害时,他所遭受的无形损害(亦称精神损害)可大致分为三种:肉体痛苦、精神痛苦、参加社会活动的能力的丧失。② 还有学者认为,在人身伤害事故中,受害人所遭受的非财产损害,不仅表现为因人身遭受侵害所带来的肉体疼痛和精神痛苦,即"疼痛和痛苦"(pain and suffering),还表现为受害人丧失了享受生活、品味生活乐趣的各种能力,即"安乐生活的丧失"(loss of amenity)。③ 对此,笔者认为,不论是"参加社会活动能力的丧失"还是"安乐生活的丧失",仍可归属于精神痛苦的范畴。因丧失肢体而扰乱生活的痛苦,因容貌损伤以致将来婚姻、就业困难的痛苦;由于失业、废业或不得不转业的痛苦,因后遗症而对将来所生的痛苦,因婚约或婚姻破裂所生的感情上痛苦或失望、不满、怨恨等情绪上的痛苦等等,即为著例。

侵害身体权所造成的精神损害主要表现为肉体上的疼痛和精神上的痛苦。受害人精神上的痛苦、肉体上的疼痛等自身感受为哀伤、懊恼、悔恨、羞愧、愤怒、胆怯等;在外在表现方面,受害人会出现异常的精神状

---

① 最高人民法院中国应用法学研究所:《人民法院案例选(总第 7 辑)》,人民法院出版社 1994 年版,第 89 页。

② 张民安、龚赛红:《因侵犯他人的人身完整权而承担的侵权责任》,《中外法学》2002 年第 6 期。

③ 刘春梅:《论人身伤害中的非财产损害赔偿》,对外经济贸易大学,2010 年。

况，如失眠、消沉、冷漠、易怒、狂躁、迟钝等，严重的会出现精神病学上的临床症状。① 例如，在"金贞淑、金雪薇侮辱金明锦、朴杏梅案"②中，被告采用暴力手段，强行剪去原告的大部分头发，手段恶劣，所余头发参差不齐，形成"鬼头"，使受害人形象丑陋、羞于见人，遭受严重的精神损害。

需要指出的是，身体权必须以身体完整为对象。如果行为人实施某种侵权行为，例如非法搜身、性骚扰（主要表现为非法触碰他人身体）等，这些行为虽然构成了对其他人格利益的损害，也给受害人造成了精神损害（人格屈辱、精神痛苦等），但因未侵害身体完整性，并不构成对身体权的侵害。这与英美法的殴打侵权制度对冒犯性接触的救济是不同的。冒犯身体的接触行为，损害了原告的人格尊严利益，其所造成的精神损害后果，等同于大陆法系中侵犯一般人格权的精神损害后果。

三 因果关系

在侵权责任法中，因果关系是指人的行为与损害后果之间的因果关联。一般而言，如果在侵害身体权的违法行为与损害事实二者之间，具有引起与被引起的逻辑关系，就构成了身体权侵权责任的因果关系要件。通常情况下，身体权的行为与损害事实之间，因果关系明显、直观、容易判断。例如，殴打致受害人身体组织青肿、瘀血，同时造成受害人肉体疼痛和精神痛苦，行为与损害事实之间具有直接因果关系。但在有些情况下，因果关系则比较复杂，需要认真判断、证明。

如何判断行为与损害后果之间是否存在侵权法上的因果关系，主要有"条件说""相当性理论"和"法规目的说"三种理论学说。依据"条件说"，所有对于权益被侵害的结果出现不可或缺的条件都是原因，具有同等的效力，即"等值理论"。这就意味着，只要行为人的行为是损害的必要条件之一，就要承担侵权责任。这势必使那些完全不真实的因果关系以及过于遥远的原因都被涵盖进来，因果关系链条被无限制延伸。所以，有必要对条件说加以限制，在造成权益被侵害的原因中区分重要原因与不重

---

① 张新宝：《侵权责任构成要件研究》，法律出版社2007年版，第240页。
② "金贞淑、金雪薇侮辱金明锦、朴杏梅案"，最高人民法院中国应用法学研究所：《人民法院案例选（总第19辑）》，人民法院出版社1997年版，第27页。

要原因，以便恰当控制侵权人的赔偿范围。由此就产生了判断"责任范围因果关系"①的重要标准。相当因果关系理论的关键在于：作为原因被考察的事件是否通常会增加损害后果出现的客观可能性。根据相当性原理，只有一项事实在一般情况下会导致某损害结果的发生时，它才会被视为结果的原因；如果该项事实在极其特殊的、可能性极小的情况下导致了损害结果的发生，并且该事实是一种事物在一般进程中可以忽略不计的情况，则这种事实不属于导致结果发生的原因。② 如果一个人的行为导致权益侵害的危险增加，损害后果的出现并无异常独立因素的介入，则可以判断该行为与损害后果之间具有相当性因果关系。③ 然而，现实生活中，某个事实有时不会按照事物发展过程顺理成章地发展下去，中间可能会介入另外的事实而导致损害后果的发生。此时的因果关系判断比较复杂。例如，医生因过错摘除了一名女孩仅有的一个肾，女孩的母亲不得不为了女孩捐出了自己的一个肾。医生的行为和母亲的身体损害有因果关系吗？笔者认为，如果加害人做出了应受谴责的行为，该行为引发了他人危及自己的行为，而他人采取这种行为的自主决定具有应予肯定的意图，加害人的行为导致了这种风险的增加，则应认为有因果关系，亦即，医生的行为与母亲的身体损害有因果关系。④ 总之，根据相当性关系理论，有无因果关系，主要取决于被告的行为是否增加了受害人损害发生的客观可能性，我们要将那些客观上出乎寻常的原因所造成的损害加以排除。但相当性的判断，有时还要考虑受保护利益的价值，几乎所有的法律制度都承认"蛋壳脑袋规则"（egg shell skull rule）⑤。例如，原告因被告的楼梯有油而滑倒，仅受了擦伤，但由于原告的特殊体质，在随后的破伤风针剂注射时出现了严

---

① 在德国法系，侵权法上的因果关系被划分为"责任成立的因果关系"和"责任范围的因果关系"两个层次。由于权益受侵害会引发各种损害，从法律政策角度出发，侵权人并非对所有的损害都要赔偿，因而通过责任范围的因果关系可以过滤掉不合理的损害赔偿请求权，以控制赔偿责任的范围。参见程啸《侵权责任法》，法律出版社2011年版，第177页。
② ［德］马克西米利安·福克斯：《侵权行为法》，齐晓琨译，法律出版社2004年版，第80页。
③ 杨震：《侵权责任法》，法律出版社2010年版，第83页。
④ ［德］马克西米利安·福克斯：《侵权行为法》，齐晓琨译，法律出版社2004年版，第84页。
⑤ 欧洲侵权法小组：《欧洲侵权法原则文本与评注》，于敏、谢鸿飞译，法律出版社2009年版，第101页。

重的反应。① 按照相当性因果关系规则，判断条件关系是否存在，一般适用"若无则不"的等值公式。因而，原告所遭受的损害事实与被告的侵权行为（未尽安全保障义务）之间存在条件关系。但两者之间的条件关系是否具有相当性，则需要进行价值判断。尽管，被告对于原告的特殊体质这种偶然介入的因素无法预见，但为了保护生命健康这种具有重大价值的利益，根据"蛋壳脑袋规则"，两者之间应被认为存在相当性因果关系。尽管相当性理论在司法实践中占据主导地位，但应该说不足以完全合理地限制侵权责任的成立与范围。法官往往会因损害已发生而同情受害人，从而过于宽泛地认定相当因果关系的存在。为此，"法规目的说"被生发出来。法规目的说实质主张，舍弃任何特定的标准，而径直依据法规的内容及目的决定因果关系的有无。目前通说认为，在判断责任成立与责任范围的因果关系时，首先要确定有无相当因果关系，然后再考虑是否符合法规目的。②

四 过错

侵权构成要件中的最后一个层面就是过错。"过错意味着主观责任，只有在客观上有应当负责的情况时，才可能提出主观责任的问题。"③ 在身体权侵权责任构成要件中，只有先存在侵害身体权的行为、损害事实和因果关系等客观的构成要件后，方有讨论过错的必要性。过错是对行为人主观心理状态的评价，分为故意和过失。

（一）故意（intent）

故意，是指行为人明知其行为会发生侵害他人民事权益的后果，仍有意为之的一种主观心理状态。身体权侵权行为人的过错通常体现为故意的心理状态，即行为人预见到侵害身体权的后果，并希望或放任这种结果的发生。依据行为人是主动地追求还是放任该后果的发生，可将故意分为直接故意（purpose）和间接故意（knowledge）。《美国侵权法重述》中§8

---

① ［澳］彼得·凯恩：《阿蒂亚论事故、赔偿及法律》，王仰光译，中国人民大学出版社2008年版，第137页。

② Deutsch/Ahrens, Deliktsrecht, §5, Rn.56. 转引自程啸《侵权责任法》，法律出版社2011年版，第181页。

③ Medicus/Lorenz, Schuldrecht I Allgemeiner Teil, S.301. 转引自程啸《侵权责任法》，法律出版社2011年版，第188页。

注释 A 就描述了行为直接故意的特征："只有当一个行为是为了造成行为人所希望达到的后果而做出的，并且该行为人十分确信其行为会造成这样的后果，这个行为才被认为是该行为人故意做出的。"而其在§8 注释 B 中对间接故意则进行了这样的描述："如果行为人在行为前能十分确信自己的行为将产生一种后果，但仍率意为之，则应当认为该后果是行为人所希望造成的；但如果行为人在事前对自己的行为后果并不十分确信，即使行为本身是行为人有意识做出的，也不能说行为人具有侵权的故意。这种对于行为后果可能性的认识只能证明行为人的行为是一种过失（negligence）或是莽撞（reckless）。"可见，当行为人对其行为后果的认识超越了可能性而达到十分确信的程度时，才能说行为人具有故意侵权的故意。倘若行为人完全没有认识到其从事的行为会给他人权益造成损害，即存在"错误"时，不构成故意。例如，甲看见自家门前有一个废弃的玻璃瓶，便用脚踢开，结果玻璃瓶砸伤行人乙。因甲并未认识到其行为会对乙造成损害，故其主观上不具有故意。当然，这并不妨害对其过失的认定。① 英美侵权法中还有所谓"转移的故意"（transferred intent），即侵害者试图攻击一个人，但结果却打到另一个人身上。例如，汤姆看见女友凯特和彼得一块散步，心起愤意，决定教训一下彼得，于是捡起一块石头朝彼得扔去，但事与愿违，砸伤的不是彼得而是女友凯特。依照"转移故意"的理论，即使受害方不是侵害方意图加害的对象，也并不影响其故意侵权行为的认定。

　　故意应与行为的动机相区别。一般而言，行为人的动机如何——良好动机抑或正当的动机——对其过错的判断不发生影响，更不影响侵权责任的承担。英美侵权法中，针对行为人主观上的恶意（malice），适用惩罚性赔偿。所谓"恶意"通常有两种含义：一是无正当理由故意从事某种违法行为；二是具有不正当动机，如恶毒仇恨、发泄私愤等。② 现实生活中，恶意侵害他人身体权的行为，如殴打他人，对受害人的身心以及社会风气造成恶劣影响，同时行为也具有较强的反社会性，在道德上具有严重可非难性。因而，在身体权侵权责任构成中，行为人主观上的"恶意"

---

① 程啸：《侵权责任法》，法律出版社 2011 年版，第 198 页。
② 张民安：《过错侵权责任制度研究》，中国政法大学出版社 2002 年版，第 234 页。

虽不能作为构成要件，但在确定精神损害赔偿数额时，可作为参考标准之一。①

（二）过失（negligence）

过失，是指行为人对侵害他人民事权益之结果的发生，应注意、能注意却未注意的一种心理状态。身体权侵权行为人的过错有时也体现为过失，即行为人应当预见或能够预见自己的行为后果而没有预见，或者虽然预见到了其行为后果但轻信能够避免该结果的心理状态。如果行为人应当预见或能够预见而没有预见，为疏忽；已经预见而轻信能够避免，为懈怠。② 例如，违反法定作为义务的不作为所造成的身体损害或不当外科手术所致身体损害，以及由此所产生的精神损害，侵权人的过错往往由过失构成。

在判断行为人的过失时，近代侵权法将过失看成主观心理状态的欠缺并依据行为人的个体差异分别判断过失有无，即所谓"主观标准"。进入现代社会后，主观的过失判断已经不适应人与人关系密切的时代背景。在人与人密切联系的社会中，法律不能因个体差异而提出不同的注意要求，而应有一个共同的行为标准。鉴于此，各国在过失判断的标准上逐渐趋向于采取一种客观化的注意标准。这就意味着，在认定行为人是否具有过失时，不去考虑特定行为人的个体差异，不因行为人的知识、经验的不同而提出不同的标准，而是依据行为人的职业类型、社会交往形态、行为的危险性、年龄类别等客观因素提出的要求。③ 这个相对客观的标准，在德国法上被称为"善良管理人"的标准，在普通法上则被称为合理谨慎之人（The reasonable prudent person）的标准。此外，在认定行为人是否构成过失侵害的个案中，还应考察以下若干具体的判断因素。（1）将违法视为过失，即在成文法明确规定了被告对原告负有的注意义务时，被告违反了该注意义务，当然具有过失。例如，违章驾驶造成他人人身伤害的，可以直接认定驾驶人员具有过失。（2）特定职业、职责之人（The professional）的更高的注意义务。（3）预防、控制危险的成本与收益。根

---

① 潘诗韵：《英美侵权法殴打制度研究》；梁慧星：《民商法论丛（第43卷）》，法律出版社2009年版，第441页。

② 马特、袁雪石：《人格权法教程》，中国人民大学出版社2007年版，第179页。

③ 程啸：《侵权责任法》，法律出版社2011年版，第205页。

据著名的汉德公式,判断加害人是否具有过失时,法官要考虑预防损害的成本（B）是否大于损害乘以损害发生的概率（P * L）。如果预期损害 P * L 超过了预防成本 B,而被告又未采取预防措施,则被告就具有过失。例如,Palsgraf v. Long Island Railroad Co. 案［162 N. E. 99（N. Y. 1928）］的判决观点认为,行为人的义务仅及于可以合理地察觉或预见的危险范围之内的人,而非对所有人都负有不对他人造成不合理危险的义务。即使是在对在可以合理察觉或预见的范围内的人造成了身体损害,在认定行为人是否构成过失侵害时还需要进行权衡分析,如 Nussbaum v. Lacopo 案（265 N. E. 2d 762（N. Y. 1970））中的损害发生可能性的分析,Gulf Refining Co. v. Williams 案［185 So. 234（Miss. 1938）］中的危险严重性和发生是否可避免的分析,B&W. R. R. Co. v. Krayenbuhl 案（91 N. W. 880（Neb. 1902）中的行为人行为的效益和可替代性分析以及 United States v. Carroll Towing Co. 案［159 F. 2d 169（2d Cir. 1947）］中行为人采取预防措施的可能性及其负担的分析等。①

第二节 侵害身体权行为的主要类型

如果仅依赖于身体权这一抽象概念,尚不足以清晰理解其意义脉络以及相对具体地把握其作用形态,而"类型或者以此种方式,或者以彼种方式,或者同时以此种或彼种方式,较概念更为具体"②。借助于社会生活的观念,我们可将身体权侵权行为划分为医疗损害行为以及非医疗损害行为两大类,以便于相对清晰地把握身体权侵权行为的具体形态,从而也可在很大程度上减少我们规避侵权的成本。

一 侵害身体权的医疗损害行为

（一）不当手术致他人身体部位受损

在医疗、整容等活动中,因为不正当手术致他人身体部位受损,构成

---

① ［美］文森特·R. 约翰逊:《美国侵权法》,赵秀文译,中国人民大学出版社 2004 年版,第 72—76 页。

② ［德］卡尔·拉伦茨:《法学方法论》,陈爱娥译,台湾五南图书出版公司 1996 年版,第 388 页。

对身体权的侵害。"手术系为保全生命或身体之重要部分而为较小之牺牲，其目的正当，故欠缺违法性。从而不合于手术之方法或治疗之目的及过度施行者，仍属侵害身体，而为损害赔偿之原因。"① 例如，在"马立涛诉鞍山铁东区服务公司梦真美容院损害赔偿纠纷案"② 中，被告由于美容手术技术不过关，造成原告面部麻斑，构成身体权侵权责任。又如，在一起由于医疗过失造成患者处女膜破裂的案件③中，体检中心在明知被检查者为未婚女性的前提下，未就妇科检查的内容及后果进行说明，违反了医疗机构的特定告知义务，存在主观过错，并影响被检查者行使是否进行妇科检查的选择权。体检中心未尽告知义务与被检查者处女膜裂伤之间有一定的因果关系，应当承担相应的损害赔偿责任。比较法上，德国联邦最高法院在其1997年12月3日的判决中将技术上毫无瑕疵但在医学上却没有必要性的X光照射认定为对身体的伤害。④

需要说明的是，在医疗损害责任中，我们可将医疗技术损害责任和医疗伦理侵害责任相区分。前者的法律特征是：以存在医疗过失为前提；所具备的过失，是以违反当时的医疗水平所确定的医疗机构及医务人员所应当承担的诊疗义务为标准，是违反医学上或技术上应尽的高度注意义务。

---

① 龙显铭：《私法上人格权之保护》，中华书局1949年版，第60页。
② 1992年1月，被告铁东区服务公司梦真美容院为原告马立涛做了激光扫斑美容手术。术后，原告发现其面部出现褐色坑斑（医学上称为麻斑），即找到被告，要求赔偿今后的治疗费，并退还治疗费100元。被告同意退给原告治疗费100元，不同意赔偿今后的治疗费。为此，原告诉至鞍山市铁东区人民法院，要求被告赔偿今后治疗费、退还原治疗费总计1万元。被告辩称：本院为原告做激光扫斑美容术，是按操作规范去做的，出现的后果属正常现象，不同意赔偿。铁东区人民法院审理后认为：原告在被告处做激光扫斑美容后，致面部形成麻斑，是被告方美容手术技术不过关造成的，现已经过半年之久，脸部麻斑尚未恢复，给原告精神上带来不可弥补的损失，故原告要求被告赔偿其损失，理由正当，应予支持。但原告要求赔偿数额过高，对过高部分不予支持。为此，法院判决：被告鞍山市铁东区服务公司梦真美容院在判决生效十日内退还原告激光扫斑费100元，赔偿今后治疗费1080.57元，一次性给付原告精神损害经济补偿费2000元，合计3180.57元。参见"马立涛诉鞍山铁东区服务公司梦真美容院损害赔偿纠纷案"，最高人民法院中国应用法学研究所：《人民法院案例选（总第7辑）》，人民法院出版1994年版，第89页。
③ "未尽告知义务致未婚女青年处女膜破裂 体检中心被判赔偿1万元"，载中国法院网，http://old.chinacourt.org/html/article/200712/07/277449.shtml。
④ [德] 克雷斯蒂安·冯·巴尔：《欧洲比较侵权行为法》，焦美华译，法律出版社2004年版，第77页。

损害的事实只包括患者的人身损害。我国《侵权责任法》第 54 条、第 57 条、第 58 条规定的是医疗技术损害责任。医疗技术损害责任主要包括以下类型：诊断过失损害责任（误诊）；治疗过失责任；护理过失责任；感染传染损害责任；孕检生产损害责任①；组织过失损害责任。② 而医疗伦理损害责任的法律特征是：以具有医疗过失为前提，不同于医疗产品损害责任；所要具备的过失是医疗伦理过失，不同于医疗技术损害责任。其违反的是医疗良知和医疗伦理，未尽告知义务③、保密义务等伦理性义务。构成医疗伦理损害责任不仅包括患者的人身损害而且包括其他民事权益损害，并且更主要的不是人身损害而是其他民事权益的损害，例如知情权、自我决定权、隐私权等的损害是医疗伦理损害责任损害事实的常态。也就是说，医疗伦理损害责任主要应属于精神性人格权的侵权责任范畴，若未造成患者的身体损害事实，并不构成侵害身体权的侵权责任。④ 例如，在

---

① 在妇产科医疗机构中，由于孕检未能检出胎儿畸形，请求"错误出生"（wrongful birth）的医疗损害责任不断出现。这种医疗技术损害责任是指在妇产科医院中，对胎儿状况的检查存在医疗疏忽或懈怠，应当发现胎儿畸形而未发现，直至胎儿出生后才发现畸形从而造成损害的医疗技术损害责任。需要说明的是，错误出生与后文要谈到的"错误怀孕"（wrongful pregency/conception）不同。在错误出生案件中，父母并非不愿意生育小孩，而是不愿意生育不健康的小孩。怀孕与分娩一个健康婴儿与残障婴儿，对于母亲的身体、健康而言，并无本质区别，且由于其是基于自愿而怀孕，因而在错误出生案件中，母亲的身体权、健康权难谓遭受损害。此类案件中，被损害的权益应是父母的优生优育的选择权。参见张红《人格权总论》，北京大学出版社 2012 年版，第 321—356 页。

② 杨立新：《〈中华人民共和国侵权责任法〉精解》，知识产权出版社 2010 年版，第 230—231 页。

③ 《侵权责任法》第 55 条规定了医务人员告知义务的三种形式：一般告知义务、特殊告知义务、不宜告知的须向患者近亲属告知。第 1 款："医务人员在诊疗活动中应当向患者说明病情和医疗措施。需要实施手术、特殊检查、特殊治疗的，医务人员应当及时向患者说明医疗风险、替代医疗方案等情况，并取得其书面同意；不宜向患者说明的，应当向患者的近亲属说明，并取得其书面同意。"第 2 款规定，"医务人员未尽到前款义务，造成患者损害的，医疗机构应当承担赔偿责任。"所谓的"损害"应包括人身损害和精神损害。杨立新教授认为，违反告知义务的类型是：第一，未履行告知义务。第二，未履行充分告知义务。第三，错误告知。第四，迟延履行告知义务。第五，履行了告知义务，但未经同意而实施医疗行为。参见杨立新《〈中华人民共和国侵权责任法〉精解》，知识产权出版社 2010 年版，第 236 页。

④ 王利明教授则认为，患者的知情同意权大都涉及对身体利益的处分，属于身体权的内容未尝不可。参见王利明《人格权法研究》，中国人民大学出版社 2012 年版，第 307 页。

"Moore v. Regents of the University of California"案①中，加州最高法院支持了约翰·摩尔就违反信义义务和就切除其脾脏未履行知情同意义务提出的侵权行为请求。也就是说，受害人被侵犯的是知情同意权，并未遭受身体损害，所以并不构成身体权侵权责任。

（二）"错误怀孕"与"错误出生"

在德国、荷兰、丹麦、奥地利等国家的司法实务中，普遍承认医疗行为违背妇女意愿使其怀孕的也构成对身体权的侵害。例如，在1995年的Walkin v. South Manchester Health Authority一案中，英国法院判决，因为不成功的绝育手术而导致的非自愿怀孕构成了英国《1980年时效》第38条第1款意义上的人身伤害。此类案例大多涉及医生做节育手术中的失误，或没有查出胎儿可能具有先天性疾病，而对孕妇做出了错误的诊断或咨询意见。有学者还进一步将此类案件所可能产生之损害赔偿，分为两种类型：错误怀孕（wrongful pregnancy/conception）的损害赔偿；错误出生（wrongful birth）的损害赔偿。错误怀孕的损害赔偿，是指由于医院或药商之过错，导致本没有计划或根本不愿意怀孕的夫妇怀孕；或由于医院之过错导致引产失败而使孩子出生。此类案件的特点是，假如医生尽到职责或药商的药物无误，则怀孕不会发生。错误出生的损害赔偿，是指希望产下健康婴儿的父母，由于医院孕前体检失误（如不能怀孕而被建议怀孕）或医院引产失败，而使残障婴儿诞生；或由于医院过错，未检查出胎儿患有疾病或天生缺陷，而如果检查出来胎儿患有疾病或缺陷的话，父母将决定堕胎；或由于医院或药商之过错，如错误输血或错误用药导致胎儿患上严重疾病以致出生后为残障婴儿，因而在医患双方之间引发的损害赔偿责任。比较以上两种类型，错误怀孕和错误出生的共同点是损害赔偿请求权的主体是父母；两者区别在于，前者产下的是健康婴儿，后者产下的是残障婴儿。②

第一，错误怀孕。侵权责任的构成须以违法为必要。在错误怀孕案件中，被告的医疗过失行为导致了"非自愿怀孕"或"非自愿生育"而侵害了母亲的身体权和健康权，即她需要承受怀孕带来的各种身体不适、流

---

① Radhika Rao, "Property, Privacy and the Human Body", *Boston University Law Review*, 2000, pp. 373-374.

② 张红：《人格权总论》，北京大学出版社2012年版，第272、279页。

产对身体造成的侵害乃至分娩所带来的痛楚和不便;同时,还侵害了父母双方的生育自主权(Right of Recreational Autonomy)。对母亲的身体权和健康权的损害表现为,因怀孕、分娩而造成的财产损害和精神损害。为了从整体上理解"错误怀孕"与身体完整的关联性,我们有必要了解女性怀孕后实际上的身体变化,也有必要考虑女性遭遇意外妊娠的感受。事实上,怀孕所引起的身体和功能上的变化涉及整个身体系统,如身体器官的移位、身体要素的消耗以及身体化学平衡的改变等。[1] 当然,总的来说,希望要小孩的女性会认为各种风险和疼痛都是值得的。但是,如 Donald Regon 所言,"问题不在于它是否是值得的或是否是一种至高无上的体验。问题在于,它对于一个不想要孩子的女性而言,是多么地难以承受"[2]。对于此,几乎所有的立法例都认可针对母亲的这一损害做出赔偿,承认母亲因生产或堕胎所受之身心痛苦、医疗费用,以及因此而减少的薪水的损害而请求赔偿。[3] 但对于侵害父母双方之生育权的损害后果,应如何认定?易言之,关于错误怀孕中的抚养费(子女自其降生至成年的抚养费,以及为照顾小孩的误工费)能否请求损害赔偿?各国司法实务见解不尽一

---

[1] 在怀孕过程中,随着身体中腹腔的子宫的扩大、移位和压缩了腹腔的其他器官组织,包括心脏、肺以及胃肠道,体内产生的压力会对血液循环和静脉血压的升高有直接影响,有时会导致不可逆的静脉曲张和痔疮。由于可预见的反复性,甚至会导致令人致残的血栓性静脉炎。胃肠道经历了功能性的干扰,结果会引起便秘和尿路移位,因而孕妇中百分之六七十都会有尿路感染,相应地,这些感染还会造成肾感染……在分娩过程中,骨盆底肌肉撕裂与延伸会经常发生,这会引起盆腔内器官及其支撑性连接的大范围的不可修复的损伤,外科手术经常被要求使这些器官复位;膀胱可能会永久性失控。子宫中的内容物会引起骶骨间紧张,同时伴随着疼痛和背痛,这种压力的作用能从身体的最外端感受到。子宫的内容物也会引起对颈椎的压力,造成麻木、刺痛以及手部敏感度的降低。另外,在怀孕过程中,女性的雌激素急剧上升,这种现象可以解释为什么孕妇一半以上都会有恶心和呕吐的症状。如果子宫的内容物被移出,这些症状就会立刻明显缓解。甚至在一些极端的个案中,女性的血蛋白可能会被破坏。许多死于该症状的女性的身体都有饥饿、酸毒症、脱水、多种维生素缺乏等特征。由胎盘所产生的过量的孕激素还会引起液体潴留、血压升高、体重增加、失眠等,至少百分之四十的孕妇有浮肿,手、脸、踝、足扭曲等症状。尽管并非每一个怀孕女性都会遭受这些症状,但她们大多会有遭受这些症状的风险。See Christyne L. Neff, "Woman, Womb, and Bodily Integrity", *Yale Journal of Law & Feminism*, 1991 (3): 327。

[2] See Christyne L. Neff, "Woman, Womb, and Bodily Integrity", *Yale Journal of Law & Feminism*, 1991 (3): 327.

[3] 龚赛红:《医疗损害赔偿研究》,中国社会科学院研究生院,2000 年。

致,其所涉及的不仅是法律逻辑或概念,更多涉及的是深层次的法律政策和社会价值的考量。①

第二,错误出生。错误出生案件的特点是非出于父母意愿,因产下不健康婴儿而引发的损害赔偿。与错误怀孕案件不同的是,此类案件中,父母并非不愿意生育小孩,而是不愿意生育不健康的小孩。因而,在此种情形下,父母的生育权并未受侵害。又因为,怀孕与分娩一个健康婴儿与残障婴儿,对于母亲的身体、健康而言,并无本质区别,且由于其是基于自愿而怀孕,故而在错误出生案件中,母亲的身体权、健康权亦难说受到损害。事实上,此类案件中,父母被侵害的是一种"欲产下健康婴儿的愿望"或"防止残障婴儿出生的愿望",亦即,人的优生选择(la sélection eugémoqie des personnes)的权利。② 从比较法上看,承认在错误出生案件中,父母基于其优生选择权被侵害,而产生因抚养残障婴儿的额外支出的赔偿请求权,已经成为主流趋势。③

二 侵害身体权的非医疗损害行为

(一) 殴打

"无法律根据对他人使用暴力就是非法殴打他人。"④ 殴打既是侵害身体权的行为,也是侵害健康权的行为。在殴打他人尤其是身体受到暴力侵害的情况下,受害人一般会遭受肉体疼痛和精神痛苦。但不管这种痛苦持续时间多长,也不管受害人是否能够举证其遭受了身体损害(青肿、瘀血等),或者是否具有医疗费用的支出,只要他能够证明其遭受殴打的事实,就应当认为受害人实际遭受了损害,据此可以认定行为人的行为已经构成了侵权。英美法中殴打侵权就属于由被告行为直接推定损害存在的侵

---

① 关于此问题的详细探讨,请参考张红《人格权总论》,北京大学出版社2012年版,第287—320页;[德]马克西米利安·福克斯《侵权行为法》,法律出版社2004年版,第15—20页。

② 对这一权利的含义我们必须做一定程度的限缩理解。父母的优生选择权只能是是否产下残障婴儿的选择权,而绝非对于健康婴儿是否继续妊娠或最终生产的选择权。

③ 此类案件遇到的最大障碍是对损害的认定。早期法院就常常以损害赔偿难以计算为由驳回了原告的请求。但这一理由是没有说服力的。参见张红《人格权总论》,北京大学出版社2012年版,第334—356页。

④ 转引自杨立新《人格权法》,法律出版社2011年版,第402页。

权类型，即行为自身可诉侵权。① 至于双方的互殴行为，则应当属于分别的侵害对方身体权或健康权的行为，而不能作为一个侵权行为适用过失相抵。

如何区分侵害身体权的殴打和侵害健康权的殴打呢？杨立新教授主张依据后果加以区分，其标准是是否破坏身体组织功能的完善。殴打所造成的损害后果，影响健康的，即致使受害人的身体组织功能不能完善发挥的，是侵害健康权，否则，是侵害身体权。在司法实务中，则以是否造成伤害为标准。重伤、轻伤的鉴定标准，主要适用于刑事法律领域。构成轻微伤的，作为侵害健康权处理；不构成轻微伤的，作为侵害身体权处理。② 可见，该学者是以侵害后果的严重程度来区分两种行为的，并认为身体权被侵犯遭受的后果要轻于健康权的后果。然而，在学理上，侵害身体权的损害事实是身体构成的完整性、完全性受到损害，而侵害健康权的损害事实是生理健康和心理健康受到损害；对身体权的侵害所导致的后果包括肢体、器官的丧失或部分丧失，某些生理功能的丧失以及由此产生的精神痛苦，而对健康权的侵害所导致的损害后果包括健康水平的下降、健康状况的恶化以及由此产生的精神痛苦。在事实判断上，侵害身体完整致人残疾的后果显然比侵害健康更严重，这一判断可在《德国民法典》第1896条中得到印证。③ 因而，依据侵害后果的严重程度来作为区分标准值得商榷。笔者认为，两种行为的区分标准仍是损害事实的不同。当人体的肉体构造遭到损害，进而损害了健康者时，依据身体权和健康权的规范竞合则发生请求权竞合的问题。对此，一般情况下，应尊重当事人的自主意愿，适用受害人诉讼请求权中要求选择适用的民事规范来确定保护权利的性质。若受害人在诉讼请求权，未明确适用何种规范而仅要求赔偿时，法院可将对身体完整性和健康的损害作为一种独立的诉因，来给予侵权法的保护。④

在目前的社会生活中，殴打他人的现象时有发生，而我国现行法律对此种行为的遏制，却表现得相当软弱。例如，学生遭殴打勒索的事件在社

---

① 胡雪梅：《英美侵权法行为"自身可诉"侵权制度及其合理借鉴：以我国〈侵权责任法〉的完善为中心》，《现代法学》2011年第1期。

② 杨立新：《人格权法》，法律出版社2011年版，第401页。

③ 顾长河：《身体权与健康权的区分困局与概念重构》，《商业研究》2013年第5期。

④ 刘春梅：《论身体权的保护》，《暨南学报（哲学社会科学版）》2011年第2期。

会报道中并不鲜见①；校园暴力事件也大量存在②，这类案件在社会上发生频率高，但大部分案件没有通过司法途径解决，即使通过司法途径，也不一定获得救济。究其原因，除了我国传统上缺乏身体权保护意识外，现行法律和司法实践对身体权保护的不重视是主要原因。③ 在我国，身体权一直是司法解释的权利，并非法定。直至 2017 年 3 月 15 日，我国《民法总则》才明确规定身体权的概念，但仅是一个宣示性的规定，其意义脉络和作用形态亟待具体化。在司法实践中，身体权受到侵害而主张精神损害赔偿的，只有达到严重后果才能被支持，而司法实务中常将精神损害的严重性与身体的伤残等级简单挂钩，这在实际上阻却了许多受害人请求身体权的精神损害赔偿的权利。因为殴打是一种特殊的侵权行为，其对身体造成的损害，不限于表面的生理机能的损害，还包括内在的难以检测的生理机能的损害，这些损害并不是都能以人身伤害的严重程度来证明的。尤其是，身体遭受暴力侵害时，受害人一般会遭受肉体疼痛和精神痛苦。在身体权范围内，受害人只需证明遭受殴打的事实，就可认定其实际遭受了损害。据此，就可认定殴打行为人的行为构成侵权。否则，许多殴打行为就不能得到制裁，特别是一些未造成受害人健康损害的殴打行为。这样的法律结果，不仅不符合常理，而且会使得侵权行为人的行为得不到有效的遏制。

（二）仅侵害身体而不损及健康的违法行为

法律保护自然人身体不受破坏，不受侵害。任何人侵害他人身体使其身体组织遭受破坏，都是违法行为。一般情形下，侵害身体亦同时侵害健康，但也有只侵害身体而不损及健康的违法行为，例如，针对人体的附属部分（头发、眉毛、体毛、指甲、趾甲等）实施的破坏行为。眉毛是人面部的重要组织，强行剃除他人眉毛尽管不会影响健康，但对一个人的身体外观所造成的影响是十分严重的。一头秀发、漂亮的指甲，都是自然人

---

① 14 岁的初中生马某连续三个月被同学强行勒索钱财，给钱稍晚一点，就会遭到对方的非打即骂，如打耳光、用脚踹等。"富家子被同学勒索 20 次不报案，自认花钱可买平安。" http：//news.qq.com/a/20070928/002808.htm。

② 网上曾流传一段校园暴力事件的视频，一个中学女生被一群女同学在女厕殴打，有些扇她巴掌，有些扯她头发。

③ 潘诗韵：《英美侵权法殴打制度研究》，梁慧星：《民商法论丛（第 43 卷）》，法律出版社 2009 年版，第 432—435 页。

尤其是女性精心修饰的对象,对这些身体组织的破坏都构成侵害身体权。在"金贞淑、金雪薇侮辱金明锦、朴杏梅案"①中,被告人采用暴力手段剪掉原告的大部分头发,所余头发参差不齐,形成"鬼头",使得原告形象丑陋,羞于见人②,精神受到压抑,属于典型的侵害他人身体权的行为。在"外派渔工被迫割阑尾案"③中,渔工被以不退还保证金的方式强迫切除阑尾,尽管单纯的阑尾切除可能并不会损害自然人的健康权,但是此切除行为并非出于主体本身自愿,也非出于医疗目的,致使自然人的身体组织器官缺失,所以侵犯了权利人的身体权。还有曾引起全国关注的甘肃武威"强迫未成年人卖血案"④,犯罪团伙强迫一些中小学生卖血,即未经本人同意强制进行卖血,就属于侵害身体权的表现。同理,强制他人出让体液、骨髓、器官等身体组成部分,均可能构成严重的身体权侵权行为。此外,强行为他人文身的情形,亦构成侵害他人身体完整性的行为。⑤

对固定于身体成为人体组成部分的人工装置部分,如假牙、假肢造成损害的,是否应一概属于侵害身体权行为,学者们意见不一致。如笔者在前文所述,成功植入或镶装在人体中的人造器官、组织或人工装置,已经成为人体不可分离的一部分,其遭受破坏,在性质上同人体本身原有器官或组织受损是一样的,构成对自然人的身体完整性的破坏。更为重要的是,将植入或镶装在人体中的人造器官、组织或人工装置视作身体进行保护,更有利于人的尊严的保护。

---

① "金贞淑、金雪薇侮辱金明锦、朴杏梅案",最高人民法院中国应用法学研究所:《人民法院案例选(总第19辑)》,人民法院出版社1997年版,第27页。

② 本案中,原被告均为朝鲜族人。朝鲜族有个习惯,女人被剪去头发,证明她与其他男人有不正当性关系,是不正经的女人。

③ 王利明:《人身损害赔偿疑难问题》,中国社会科学出版社2004年版,第17页。

④ 中小学生因为体质弱小,而并不被建议献血,然而在本案中,甘肃省武威市城区,有十多名中小学生却被逼卖血,这些中小学生在半年的时间内,先后被犯罪团伙组织十余次卖血,平均每个月两次,而这些中小学生如果拒绝卖血,则会遭到这帮人的辱骂与殴打,甚至强行拉至采血室抽取其血浆。http://www.cnhuadong.net/system/2014-8-15/content_ 1162131.shtml,2014年8月27日访问。

⑤ 刘雁斌、彭荣:《论故意伤害罪的几个争议问题》,《云南大学学报(法学版)》2013年第1期。

（三）"不作为"身体权侵权行为

身体权侵权行为的形态既包括作为也包括不作为。其具体形态的形成根源，在于法律赋予行为人法定义务的性质。在普通社会关系中，行为人负有不侵害他人权益的消极不作为义务，不存在保护他人权益不被侵害的积极作为义务，因此，单纯的不作为一般只是受到道德责难，而无须承担侵权责任。但这种状况随着先前危险行为中逐渐发展起来的交往安全理论而发生了改变。这一理论的形成与德国原帝国最高法院的1902年和1903年的两个判例相关。在帝国最高法院民事判例集52第373页（RGZ52，373）一个案例中，原告起诉被告（国库）要求赔偿损失的原因是，生长在属于被告的一公共道路旁的一棵树枯死而折断，原告被砸伤。另一个帝国最高法院民事判例集54第53页（RGZ 54, 53）的案例中，原告起诉某市一个区的政府，要求赔偿损失，原因是，由于被告没有对积雪的路面喷洒除雪剂和进行清扫，使得原告在用于公共交通的石阶上跌倒。在这两个案件中，帝国最高法院采取了《德国民法典》第863条（土地占有人对土地上的建筑物或其他设施致人损害时的责任）所表达的观点，认为"如果某人的物品可能造成他人损害，而该人应该对他人的利益尽到合理的注意义务以防止这种损害发生时，那么他就要为这种损害的发生承担责任"①。据此，帝国最高法院特别在公共的道路、广场、港口、建筑物或者其他公共空间方面等"对他人开放的交通"方面肯定所有者负有保证其物品符合交往安全的责任。后来，德国的审判实践将交往安全义务从最初的技术意义上的交通领域扩展到其他领域。违反交往安全义务的责任核心功能在于避免和防止危险，每个人都应在自己掌控的范围内采取一切措施来防止给他人造成损害。例如，道路管理人怠于修缮，因而使人负伤；电灯公司就现代技术上系属可能之防止漏电，怠于为设施，因而发火，使人负伤等，均属于侵害身体权的行为。②

构成不作为侵权必须存在作为义务违反的事实，反之，作为侵权必须存在不作为义务违反的事实。从罗马法"不作为责任仅存在于在先作为义

---

① ［德］马克西米利安·福克斯：《侵权行为法》，齐晓琨译，法律出版社2004年版，第100—101页。

② 龙显铭：《私法上人格权之保护》，中华书局1949年版，第60页。

务"至今,不作为责任的领域逐渐得到拓宽。① 根据《欧洲侵权法原则》第4:103条"保护他人免受损害的义务"的规定,具有下列情形之一的,产生保护他人免受损害的积极作为义务:法律有规定;行为人制造或控制了某种危险情势;当事人之间存在特殊关系;损害严重而避免损害容易。② 概括而言,积极作为义务的发生原因主要有以下几类。(1)法律有规定。在对社会生活的调整中,法律会出于保护特定利益的目的,直接规定积极作为的义务。例如,我国《侵权责任法》第37条规定了公共场所的管理者或群众性活动的组织者的安全保障义务。(2)行为人制造了或控制了某种危险情势。如果行为人的在先行为诱发、开启了某种危险状态或导致危险的增加,从而使其负有消除该危险状态或救助因此而受害之人的义务。例如,某人驾车不慎将运送的大石块散落在公路上,因石块对过往车辆会产生很大的危险,因此该人负有移除大石块的作为义务。如果危险情势处于行为人所掌控的范围内,则其负有危险控制的积极作为义务。例如,在工地上挖井尚未完工,故负有设置防护栏杆的义务。(3)当事人之间存在特殊关系。这种关系既可以是法律关系,如合同关系、监护关系、婚姻关系等,也可以是单纯的事实关系或社会关系,如宴请喝酒、好意同乘、无偿服务等情谊行为产生的事实关系。对于合同约定是否为不作为侵权行为的作为义务的来源,有学者持否定态度③,事实上,当事人通过合同约定的义务主要是作为的义务。违反此种作为义务,不仅产生违约责任,还会产生侵权责任,构成不作为的侵权行为。例如,甲雇用乙为保姆,负责照顾自己的儿子丙,如果乙看见丙在用手触摸电器,却不予阻止,导致丙受到伤害,乙不仅违反了合同约定,其行为也构成不作为侵权。(4)损害严重而避免损害容易。若某种情形下,当事人能够很容易采取措施避免危险,而且该危险所造成的严重后果也具有可预见性,即符合"避免损害的便易性",便可以产生一个针对行为人甚至旁观者的作为义务。例如,甲乙相约爬山,乙失足于悬崖边,甲伸手即可救助而对自己没有多大危险,此种情形下,甲负有积极作为义务;若甲撒手不管,则可

---

① Markesinis and Unberath, *The German Law of Torts*, p.86,转引自李昊《交易安全义务论——德国侵权行为法结构变迁的一种解读》,北京大学出版社2008年版,第244页。

② 欧洲侵权法小组:《欧洲侵权法原则文本与评注》,于敏、谢鸿飞译,法律出版社2009年版,第7页。

③ 蔡唱:《不作为侵权行为研究》,法律出版社2009年版,第149页。

构成不作为侵权。① 法律是道德的底线，此项作为义务即从道德底线中产生。

第三节 侵害身体权的损害赔偿责任

一 侵害身体权的财产损害赔偿

（一）财产损害赔偿的范围

侵害身体权所产生的财产损害，是指因破坏他人身体完整性而导致受害人所支出的各种费用或所减少的收入等经济上的损失。在法国，直接受害人在此种情况下所遭受的财产损害包括两大部分，即所遭受的损失和所丧失的职业上的收入。在英美，原告在遭受他人伤害时，有权要求侵害人所予赔偿的经济上的损失包括：劳动能力减少所导致的损失、医疗费、护理费以及其他经济上的损失。事实上，英美侵权法学家所谓的劳动能力减少所导致的损失相当于法国学者所谓的所丧失的职业上的收入，而英美学者所谓的医疗费、护理费和其他费用相当于法国学者所谓的遭受的损失。② 我国台湾学者也认为，因侵害身体而支出的治疗费，如医师、看护、药品、义足、义齿、义眼、赴温泉等一切费用，皆是以侵害身体权为原因而产生的损害，可向加害人求偿。但被害人超出治疗目的，或超过生活习惯而实施的治疗方法，其费用不应向加害人求偿。③ 综上所述，并结合我国的法律实践，侵害身体权的财产损害赔偿应包括以下方面。

1. 所受损害

所受损害，也称"积极损失"，即被侵权人因身体完整性的被破坏而支出的各种合理费用，包括"医疗费、护理费、交通费等为治疗和康复支出的合理费用"以及残疾辅助器具费等。其中，（1）医疗费，是指被侵权人遭受身体损害后接受医学上的检查、治疗与康复而已经支出和将来必须支出的费用。它既包括过去的医疗费用，如已支出的医药费、治疗费

---

① 杨震：《侵权责任法》，法律出版社 2010 年版，第 65 页。

② 张民安、龚赛红：《因侵犯他人人身完整权而承担的侵权责任》，《中外法学》2002 年第 6 期。

③ 龙显铭：《私法上人格权之保护》，中华书局 1949 年版，第 61 页。

等,也包括将来必须支出的医疗费用,如康复费、整容费以及其他后续治疗费。(2)护理费,是指被侵权人在遭受身体损害期间,生活无法自理需要他人帮助而付出的费用。由此产生的护理费用,侵权人应予赔偿。(3)交通费,是指为治疗和康复而支出的用于交通方面的合理费用。但被侵权人的近亲属因参加侵权损害事故的处理而支出的交通费,不属于"为治疗和康复支出"的费用。(4)其他为治疗和康复支出的合理费用。这些费用主要是营养费、住院伙食补助费。(5)残疾生活辅助器具费,是指因受害人残疾而造成身体功能全部或部分丧失后需要配置补偿功能的残疾辅助器具的费用。[①]

2. 所失利益

所失利益,也称"消极损害",即被侵权人因身体损害而丧失的预期收入,包括因误工减少的收入、残疾赔偿金等。具体而言如下。

(1)因误工减少的收入,简称"误工费"。它是指被侵权人所遭受的财产损失中的所失利益部分,即如果没有侵权行为时被侵权人本应获得的收入。侵权人赔偿被侵权人的"因误工减少的收入"意味着,其需要向被侵权人支付误工期间(即从遭受伤害到完全治愈这一期间)内,由于被侵权人无法工作或劳动而丧失的那部分收入。

(2)残疾赔偿金。残疾赔偿金是用来赔偿因残疾致劳动能力丧失或减少而遭受的财产损失。我国最高人民法院《关于确定民事侵权精神损害赔偿责任若干问题的解释》第9条明确承认,致人残疾的抚慰金,即为残疾赔偿金,从而在性质上属于精神损害赔偿的范畴。然而最高人民法院《关于审理人身损害赔偿案件适用法律若干问题的解释》第25条则将残疾赔偿金界定为,对受害人因身体或健康受到侵害后以致全部或部分丧失劳动能力的损害赔偿,其性质上属于对受害人财产上损害的赔偿。笔者认为,将残疾赔偿金界定为财产损害赔偿,最有利于维护受害人的合法权益。因为,对于残疾的损害后果的赔偿,应当是综合性的,既包括财产损失(未来挣钱能力)的赔偿,也包括精神损害赔偿。残疾赔偿的目的是救济受害人的财产损失和精神损害。适用残疾赔偿和精神损害赔偿两种救济方式救济受害人是适当的。[②] 关于残疾赔偿金的计算标准,存在收入丧

---

① 程啸:《侵权责任法》,法律出版社2011年版,第552—553页。
② 张新宝:《侵权责任构成要件研究》,法律出版社2007年版,第205页。

失说、劳动能力丧失说和生活来源丧失说。依据"收入丧失说",只有实际取得收入的受害人才有收入损失;也只有实际减少收入的受害人才存在收入损失。如果在司法实践中贯彻该学说,则无业者,如家庭主妇、未成年人、失业者,由于在遭受伤害之前并没有现实的收入,因此即便因他人的不法行为而致残以致丧失或减少劳动能力,也无法请求加害人赔偿。这显然是不合理的。因为,失业者虽然在受伤之前没有现实收入,但是如果不遭受伤害,将来并非永远没有获得职业的机会。家庭主妇从事家庭事务的管理也起到了节省保姆费用的作用,如果因遭受他人侵害而致残,显然无法从事家庭事务的管理,从而不得不雇用保姆替代,即便由家庭成员中其他成员替代,也可以比照雇用保姆的费用评估损害。未成年人虽然现在没有收入,但是不能认为他将来永远没有收入。① 依据"生活来源丧失说",赔偿所救济的是受害人致残前后生活来源的差额。如果采用此说,受害人所能获得的赔偿数额将是极其微薄的。基于此说,最高人民法院《关于贯彻执行〈中华人民共和国民法通则〉若干问题的意见(试行)》第146条将残疾者生活补助费的标准定得非常低,即"一般应补足到不低于当地居民基本生活费的标准"。显然,采用此说没有充分考虑受害人的个体差异,极其不利于保护受害人的合法权益,有违侵权法的完全赔偿原则。"劳动能力丧失说"认为,劳动能力属于一种人力资本,依据个人能力而有一定程度的收益行情;受害人因身体或健康遭受侵害以致完全或部分丧失劳动能力本身就是一种损害,并不局限于现实收入的损失;个人实际收入不过是对劳动能力损害程度进行评价时的一种参考因素而已。因而,在未成人、失业人员以及家庭主妇遭受侵害以致部分或全部丧失劳动能力时,也有权要求加害人承担赔偿责任。笔者认为,三种学说中最为合理、科学的就是"劳动能力丧失说"。该说为英美法系侵权法所普遍采纳。日本侵权法中,现今的判例和学说多采纳此说。我国台湾地区采取的也是此说。其"民法典"第193条第1款规定:"不法侵害他人之身体或健康者,对于被害人因此丧失或减少劳动能力或增加生活上之需要时,应负损害赔偿责任。"我国《人身损害赔偿解释》实际上也采用的是劳动能力丧失说,学界亦采此说为通说。

(3)新职业的准备费。"因身体健康受侵害,而不得不变更职业时,

---

① 张新宝:《侵权责任构成要件研究》,法律出版社2007年版,第208页。

对于新职业之准备费（如学员费），得向加害人请求支付。如已恢复取得能力，则于其范围内丧失赔偿请求权。"①

综上，被侵权人因身体损害而丧失预期收入时，似乎应使加害人赔偿所失利益的全部。然而，营业主因遭受身体权侵害而丧失营业利益，能否使加害人赔偿所失利益之全部？如果结论是肯定的，那么，某富商受身体健康侵害而致残，加害人应赔偿该富商运用财产权每年可得千万元利益之丧失。为避免加害人承担此重大后果，现时学说判例将财产收益与劳动收益加以区分，而仅对后者的丧失予以赔偿。因为富商运用财产，是管理财产的劳动，其因身体健康遭受侵害而丧失的是劳动力，而非财产本身——财产本身依然存在。所以，加害人仅对管理劳动力的丧失进行赔偿，亦即，只需赔偿富商雇用与自己有同样财产运用能力之人所需之费用。②

（二）财产损害赔偿数额的计算方法

计算财产损害赔偿额的方法有两种：主观计算方法与客观计算方法。主观计算方法也称"具体计算方法"，是指在计算财产损害赔偿数额时必须考虑特定受害人的具体情形，如受害人的职业、教育背景、受侵害前的经济状况、身体的特质（如相貌）等。客观计算方法也称"抽象计算法"或"类型化计算法"。该计算方法排除了那些对损害产生影响的受害人的个性化因素，而是依据一个固定的标准计算损害赔偿的金额。例如，在计算利息损失时，只是以基准利率为标准。主观计算方法考虑了受害人的具体情况，有利于实现对受害人的完全赔偿。德国法中，主观计算方法是原则，例外情形才使用客观计算方法。我国的《侵权责任法》未明确规定究竟是采取主观还是客观计算方法。《人身损害赔偿解释》针对不同的赔偿项目采取了不同的计算方法。首先，对于医疗费、误工费、护理费、交通费、营养费、受害人到外地治疗时本人及陪护人员的住宿费与伙食费等采取了主观的计算方法，及根据受害人的实际支出予以赔偿（参见《人身损害赔偿解释》第19—24条）。其次，对于残疾赔偿金、残疾辅助器具费、住院伙食费等则采取了抽象的计算方法，即不考虑受害人的个体差异，而是根据统一赔偿标准（如受诉法院所在地上一年度城镇居民人均可支配收入或者农村居民人均纯收入等）和固定期限（如六十岁以下为二

---

① 龙显铭：《私法上人格权之保护》，中华书局1949年版，第62页。
② 同上书，第62—63页。

十年等）加以计算（参见《人身损害赔偿解释》第 23 条第 1 款，第 26—29 条）。

(三) 财产损害赔偿金的支付方式

损害赔偿金的支付方式有两种：一次性支付和分期支付。一次性支付，是指在确定损害赔偿金的数额后，侵权人一次性将全部的赔偿金支付给被侵权人。分期支付，也成为"定期金支付"，是指在确定损害赔偿金的总额后，由侵权人按照固定的期限分批分次将赔偿金支付给被侵权人。损害赔偿金的支付方式由当事人决定。当事人协商不成的，以一次性支付为原则，分期支付为例外（即仅适用于一次性支付有困难的情形）。司法实践中，允许分期支付的损害赔偿金主要是：残疾赔偿金（含被扶养人生活费）与残疾辅助器具费（参见《人身损害赔偿解释》第 33 条第 1 句）。由于分期支付的履行期限较长，可能出现侵权人财产状况恶化以致无法继续支付或者侵权人拖延或逃避支付赔偿金的义务的情形。因此，在采取分期支付方式时，侵权人应提供相应的担保（参见《人身损害赔偿解释》第 33 条）。担保既可以是物的担保（如抵押或质押），也可以是人的担保（保证）。此外，也可以采取其他具有一定的担保功能的方式，如由银行代管、代发赔偿金等。

二 侵害身体权的精神损害赔偿

(一) 侵害身体权的精神损害赔偿的范围及条件

1. 侵害身体权的精神损害赔偿的范围

精神损害是非财产损害（non-pecuniary harm）的一部分，是指权利人所遭受的肉体疼痛和精神痛苦。侵害身体权行为会导致受害人的肢体、器官等的完好性被破坏、功能丧失或者降低，甚至残疾、丧失劳动能力，同时也会导致受害人在精神、心理、情感方面的不利后果，包括肉体疼痛和精神痛苦（例如，恐惧、悲伤、愤怒、绝望、羞耻等）。身体权人所遭受的精神损害不以肉体疼痛为必要，一些针对人体没有痛觉神经的身体组织而实施的侵权行为，例如剪掉他人头发、眉毛、指甲等，并不会造成权利人的痛楚，而是导致权利人遭受人格屈辱和精神痛苦。

在现代各国，侵害身体权所造成的精神损害的种类各不相同。大陆法系中，根据德国法院的判例和学界的理解，人身伤害中涉及的非财产损害是指：所有对受害人的身体和精神状态不利的结果，如疼痛、不舒服、因外形损坏造成的压抑、性格的改变、生活乐趣的减低、因谋杀威胁而导致对死亡的持久恐惧并产生的精神负担。① 在法国，因侵害他人的身体完整性而导致的精神损害包括：受害人所遭受的肉体疼痛（pretium doloris）；因看到自己残疾会被毁容而遭受的纯心理痛苦即所谓的美感损失（préjudice esthétique）；因剥夺一个所期待的将会享有的消遣和娱乐的生活而使其遭受的损害即对消遣和娱乐的损害（pré‐judice functionnel d'agrément）。② 普通法系中，在英国，侵害身体权所造成的精神损害通常包括两大类："疼痛和痛苦"（pain and suffering）与"生活乐趣的丧失"（loss of amenity）或称之为"能力的丧失"（loss of faculty）。所谓"生活乐趣的丧失"包含了除"疼痛和痛苦"以及可能导致"生活乐趣的丧失"物质的或金钱的损失之外的所有其他损害。③ 在美国，对于人身伤害中"疼痛和痛苦"的承认与赔偿是毫无争议的。但在"疼痛和痛苦"之外，是否还应当承认另一种精神损害的类型——生活乐趣的丧失或被称为"享乐损害"（hedonic damage）？美国学界和司法界对此看法并不一致。比较而言，不论是大陆法系还是普通法系，肉体的疼痛（pain）和精神的痛苦（suffering）均被认为是侵害身体权的损害后果，也是精神损害的一种表现形式。至于受害人因身体权被侵害所遭受的"生活乐趣的丧失"的损害，笔者倾向于美国一些州的作法，即"生活乐趣的丧失"不能被诉求为一种独立的损害类型，但是可以作为判定伤害严重性和损害赔偿金的一个要素，或者是作为"疼痛和痛苦"裁决额的一个组成部分。④

2. 侵害身体权的精神损害赔偿的条件

侵害身体权的精神损害赔偿请求权是否以精神损害达到一定程度为条件呢？依据现行《德国民法典》第 253 条第 2 款，因侵害身体、健康、自由或性的自我决定而须赔偿损害的，也可以因非财产损害而请求公平的金钱赔偿。此处的非财产损害包括了对身体和精神状态不利的结

---

① 韩赤风：《非财产损害赔偿制度的一次历史性变革——论〈德国民法典〉抚慰金条款的新近调整及其意义》，《北京师范大学学报（社会科学版）》2007 年第 2 期。

② 张民安：《现代法国侵权责任法制度研究》，法律出版社 2003 年版，第 90—91 页。

③ David Kemp Q. C. *Damages for Personal Injury and Death*，7th ed, Sweet & Maxwell Limited, 1999.

④ 刘春梅：《论人身伤害中"疼痛与痛苦"的赔偿制度及其借鉴》，《河北法学》2010 年第 4 期。

果，如疼痛、不舒服、对死亡的持久恐惧等。但是，这并不意味着只要身体、健康和自由遭受了侵害，就可以提出精神损害赔偿请求。在德国的司法实践中，如果受害人的健康只是短时间而且微不足道地受到损害，比如，在不重要位置受到的创伤、轻微的创伤、黏膜发炎、轻微的瘀伤、不显著的血肿，则不能请求精神损害赔偿。这就是由德国判例发展出的一种对"微不足道"的损害的限制，并适用于身体和健康轻微损害的场合。在我国，依据精神损害程度的不同将精神损害区分为一般的精神损害和严重的精神损害，并以此确定侵权责任的承担方式。《侵权责任法》第 22 条明确规定，必须是在造成严重精神损害时才能要求赔偿精神损害。如果仅仅只是轻微的损害，不应当适用精神损害赔偿。对此，法经济学理论也认为，当非金钱损害足够地小，以至于让侵害人承担责任可获得的利益小于损失估算的行政成本时，应例外地否定精神损害赔偿。[1] 可见，侵害身体权的精神损害赔偿请求权应以精神损害达到严重程度为条件。

依据《精神损害赔偿的司法解释》第 8 条第 1—2 款[2]，精神损害的"严重性"还可被解释为后果的严重性。但是，"严重后果"一词仍然具有较大的模糊性，赋予了法官较大的解释权限，因而如何合理界定"严重后果"成为司法实践中的难题。有学者认为，由于精神损害通常具有无法用金钱加以计算的性质，因此精神损害程度的大小通常是依据加害人的过错程度、侵权行为的具体细节等因素加以判定的。[3] 也有学者主张，应当对"严重后果"进行扩大性的目的解释，综合考量侵权人的侵害情节、主观过错程度、精神痛苦程度、因果关系的紧密程度等因素，由法官在诉讼中运用自由裁量权对"严重后果"做出认定，并依之确定侵权人的民

---

[1] See Jennifer Arlen, Tort Damages, in: Bouckaert, Boudewijn and De Geest, Gerrit (eds.), Encyclopedia of Law and Economics, Volume II. Civil Law and Economics, Cheltenham: Edward Elgar, 2000, p. 713.

[2] 《精神损害赔偿的司法解释》第 1 款规定："因侵权致人精神损害，但未造成严重后果，受害人请求赔偿精神损害的，一般不予支持，人民法院可以根据情形判令侵权人停止侵害、恢复名誉、消除影响、赔礼道歉。"第 2 款规定："因侵权致人精神损害，造成严重后果的，人民法院除判令侵权人承担停止侵害、恢复名誉、消除影响、赔礼道歉等民事责任外，可以根据受害人一方的请求判令其赔偿相应的精神损害抚慰金。"

[3] 胡平：《精神损害赔偿制度研究》，中国政法大学出版社 2003 年版，第 79 页。

事责任和责任形式。① 还有学者认为，由精神刺激引起的精神损害赔偿是以正常精神功能与躯体正常生理功能出现障碍为依据的，通常有如下表现形式：（1）心理生理障碍（进食障碍、睡眠障碍、性功能障碍等）；（2）急性与迁延性应激障碍，反应性精神病；（3）首次癔症发作（分离性障碍、转换性障碍、躯体化障碍）；（4）自伤与自杀。此外，精神刺激作为诱发因素，可以引起情感性精神障碍、焦虑症、恐惧症、惊恐发作等神经症，甚至诱发精神分裂症与其他功能性精神病。② 对此，笔者认为，对于侵害身体权所造成的精神损害程度的判断，主要应当依据一些相关的客观因素。哪些因素应当作为判断的因素呢？我们可用一个客观但又是拟制的理性人（reasonable man）的感受和反应作为参照，即如果一个理性人在当时当地条件下受到侵害会产生的精神损害的后果。此外，心理学专家、临床精神病医生出具的诊断和检验报告，也可以作为判断精神损害严重程度的依据。但是受害人一方的某些特别因素对精神损害严重程度之判断也有补充或辅助作用。精神损害毕竟是受害人一方的一种心理感受或反应，这样的感受或反应对于不同的人来说可能是千差万别的，在判断精神损害的严重性时，我们还应将受害人一方的主观感受或反应纳入到考虑范畴。英美侵权责任法和大陆侵权责任法均接受的"蛋壳脑袋理论"，就其本质而言，就是受害人一方的主观因素之一。③

（二）侵害身体权的精神损害赔偿金的裁量因素

自然人的身体权遭受侵害，因肉体疼痛和精神痛苦而请求精神损害赔偿金时，如何计算其向法院请求的精神损害赔偿金的数额，且依据何种因素进行计算？法院应斟酌何种因素以决定精神赔偿金数额的相当性，以使当事人信服？

德国法上，对于痛苦抚慰金数额的确定，法官应考虑的因素包括损害的强度和规模、痛苦和身体外观变形、住院以及无劳动能力的时间长度、年龄、受害人和加害人双方（包括财产）的个人情况的对比以及赔偿义务保险。④ 日

---

① 张平华、于海防：《论精神损害的严重后果》；杨立新：《民商法争议问题——精神损害赔偿研究》，中国人民大学出版社 2004 年版，第 167 页。
② 杨德森：《精神损害与赔偿问题》，《临床精神医学杂志》2000 年第 5 期。
③ 张新宝：《侵权责任构成要件研究》，法律出版社 2007 年版，第 254—255 页。
④ ［德］马克西米利安·福克斯：《侵权行为法》，齐晓琨译，法律出版社 2004 年版，第 228 页。

本法上，法院在确定抚慰金赔偿数额时应斟酌被害人的负伤的程度、痛苦的程度、受伤的持续时间、加害人是否是基于故意、重过失、轻过失、当事人双方的财产状况、身份、社会地位、职业等各种情况之后来计算。① 我国《精神损害赔偿的司法解释》第 10 条规定的确定精神损害赔偿数额所需要考虑的因素包括：侵权人的过错程度；侵害的手段、场合、行为方式等具体情节；侵权行为造成的后果；侵权人的获利情况；侵权人承担责任的经济能力；受诉法院所在地的平均生活水平。然而，此种不区分要素背后支持点的方式，尽管不会带来很大问题，但其在逻辑上不大清晰，且在综合考量时容易在细节上出错。对此，有学者提出，精神损害赔偿金数额的确定，应首先考虑所涉及的三个基本问题，即事实上损害的确定、构成责任基础的价值体系的筛选、损害的金钱评价；确定精神损害赔偿数额的过程表现为：以确定损害事实为起点，通过以责任基础为取向的价值体系的过滤，得出应赔偿的精神损害，再通过对精神损害的金钱评价最终确定精神损害赔偿数额。② 笔者赞同此种观点，下面分别在上述三种基本问题的框架下，来讨论侵害身体权的精神损害赔偿金数额的裁量因素。

首先，在事实损害问题上，相关的因素有：身体损害的严重性程度、持续时间、加害方式、人身伤害后遗症的有无、受害人的性别与年龄等。在具体个案中，法官还要考虑当事人的身份、地位和财力等特殊因素对事实损害的影响。有争议的是加害人的主观状态的影响。在法国侵权法中，人身损害中的非经济损害不受被告行为的影响，即仅仅考虑受害人所遭受的损害的大小，而不考虑加害人的过错的程度（gratité）。因为立法者认为，精神损害赔偿金仅具补偿的功能，而不承担抚慰的功能，评定的唯一基础是受害人所遭受的精神损害的程度。③ 而在德国法上，1955 年德国联邦法院在痛苦金（Schmerzensgeld）所具有的补偿功能之外，提出了抚慰功能，即法官在计算痛苦金的数额时，应将加害人的故意或过失作为考量因素。④ 对此，笔者认为，行为人的过错可能影响精神损害的程度，在发生此种影响的情形下，对事实损害大小的判断，当然应考虑行为人的过错

---

① 罗丽：《日本的抚慰金赔偿制度》，《外国法译评》2000 年第 1 期。
② 叶金强：《精神损害赔偿制度的解释论框架》，《法学家》2011 年第 5 期。
③ 张民安：《现代法国侵权责任制度研究》，法律出版社 2003 年版，第 121—122 页。
④ 王泽鉴：《人格权法——法释义学、比较法、案例研究》，北京大学出版社 2013 年版，第 418 页。

程度。除行为时的主观状态外，比较法还强调行为人事后的主观状态对精神损害的影响。例如，在日本法上，由于损害赔偿时，加害人的真诚与否对受害人所遭受的精神痛苦具有重大影响，所以在计算抚慰金赔偿数额时，应斟酌该要素。[①]

其次，在作为事实损害过滤工具的价值体系问题上，需要考虑的因素主要有：行为人过错的程度以及其他归责性因素，因果关系的贡献度，被侵害利益的保护力度，行为的正当化程度等。[②]具体个案中，我们应保障各项要素发挥作用的空间，否则，必将陷入价值判断上的自相矛盾，导致价值实现的偏离。例如，1896年，《德国民法典》的立法者的价值取向是将损失理解为个人的命运。这其中蕴含着一项罗马法原则："所有权人自吞苦果。"其出发点在于，反对由法律来阻止偶然事件的发生，并反对由法律补偿由命运所造成的不平等。根据这种观念，只有当他人实施了不正当的行为时，才可能由该他人代替遭受损失的人承担责任，即过错原则。这一原则包含着这样一个可能产生各种各样后果的基本价值观：当维护法律地位和行为自由这两种利益发生冲突时，行为自由优先。这是符合《德国民法典》制定时的经济自由主义的精神的。但在一百多年后的今天，侵权法所强调的重点则由过错转移到补偿损失。因为法律不能回避公民对安全的要求以及由此产生的对社会安全的需求；人们期待侵权行为法和损失赔偿法能有助于保障个人的基本生存，并以此建立相应的社会化国家机制。这种发展变化，反映了我们所谈论的价值判断问题。[③]

最后，是金钱评价问题，这一领域同样需要确定相关的影响因素。当地的基本生活水准是非常重要的影响因素之一。此外，币值和通货膨胀因素同样应予以考虑，因为金钱评价最终是以一定数量货币来表达的。例如，在古罗马的侵辱之诉中，裁判官曾发布告示，不再采用原来的固定的罚金数额，而给予受害人侵辱估价之诉的保护，这一变化就和金钱的评价

---

① 罗丽：《日本的抚慰金赔偿制度》，《外国法译评》2000年第1期。

② Vgl. Hermann Lange/Gottfried Schiemann, Schadensersatz, 3. Auflage, J. C. B. Mohr (Paul Siebeck), Tübingen, 2003, S. 432. 转引自叶金强《精神损害赔偿制度的解释论框架》，《法学家》2011年第5期。

③ [德] 马克西米利安·福克斯：《侵权行为法》，齐晓琨译，法律出版社2004年版，第1—5页。

问题有关。根据《十二表法》，对他人的侵辱，应处以 25 阿斯的罚金。然而，在其后的 2 个世纪中，货币已经大幅贬值，如同盖尤斯所言，"谁穷到付不起 25 阿斯（ass），以至于不去羞辱别人呢？"① 甚至有人为了取乐而在大街上打人耳光而支付 25 阿斯的赔偿。这一现象恰恰说明了在考虑精神损害的金钱量化评价上，币值的变化应予以考虑。

概言之，在确定侵害身体权的精神损害赔偿金数额时，应综合权衡事实损害确定、价值体系判断、金钱评价三方面因素。其裁量的因素包括但不限于：身体损害的严重性程度、持续时间、加害方式、人身伤害后遗症的有无、受害人的性别与年龄、行为人过错的程度以及其他归责性因素、因果关系的贡献度、被侵害利益的保护力度、行为的正当化程度、当地生活水准、币值和通货膨胀等因素。②

（三）身体权侵权精神损害赔偿的几个特殊问题

1. 侵害植物人和精神病人身体权的精神损害赔偿问题

精神损害是行为人主观、精神上的感受。一般情形下，自然人遭受严重精神损害时即可主张精神损害赔偿。然而，无痛苦感觉的人自然没有主观感受的问题，譬如，植物人已经丧失对痛苦的感受能力，精神病人也不具有正常、健康的精神感受能力。此时是否适用精神损害赔偿制度呢？传统法律认为，如果受害人已经丧失了对痛苦的感知能力，那么他就无权获得精神损害赔偿。③ 但是，现代各国法理和实务上的主流观点均倾向于给予痛苦感知能力丧失的人以精神损害赔偿。德国司法判例就发展出"象征性的赎过功能"理论来支持此类精神损害赔偿。"不仅受害人作为身体伤害后果而感受到的痛苦是精神损害，而且与当事人是否感知损害不相关联的客观上的'人格质量的损失'便已构成精神损害。以人格遭受重大毁损体现出来的损失本身——在此不考虑主观感知的痛苦——应当得到补偿；因感知能力丧失而一般性地减少抚慰金是不合法的。"④ 法国的司法判例也在许多案例中适用《法国民法典》第 1382 条对处于植物人状态的

---

① 肖俊：《人格权保护的罗马法传统：侵辱之诉研究》，《比较法研究》2013 年第 1 期。
② 叶金强：《精神损害赔偿制度的解释论框架》，《法学家》2011 年第 5 期。
③ [英] 丹宁勋爵：《法律的未来》，刘庸安、张文镇译，法律出版社 1999 年版，第 178—179 页。
④ [德] 迪特尔·施瓦布：《民法导论》，郑冲译，法律出版社 2006 年版，第 260 页。

受害人提供精神损害赔偿的法律保护。① 我国《精神损害赔偿的司法解释》第1条规定，自然人因人格权益等遭受非法侵害的，可以向人民法院主张精神损害赔偿。该条并未要求自然人的行为能力，从而一切自然人遭受精神损害时均可主张精神损害赔偿。在此前提下，有学者进一步指出，"精神损害包括积极意义和消极意义两个方面，前者为积极感受的肉体痛苦和精神痛苦，即积极的精神损害；后者为因侵害行为导致受害人丧失生理、心理感受性的消极精神损害"。② 所谓"消极精神损害"即将精神病人和植物人等心神丧失或知觉丧失的无民事行为能力人纳入精神损害赔偿请求权人的范围。

笔者也倾向于支持植物人和精神病人可获得精神损害赔偿。据此，在身体权范畴中，不论受害人是因身体权侵害行为而成为植物人或精神病人的情形还是植物人或精神病人遭受身体权侵害行为的情形，受害人均有精神损害赔偿请求权。其原因如下。其一，"所谓精神上之损害，非仅指痛苦，乃包含因享乐被害之精神上的损害"③。若受害人因身体权侵权行为而成为植物人或精神病人，虽然其全然无感知痛苦的能力，但同时也失去了以后享受人生的精神上的利益。因而，受害人得请求精神损害赔偿。其二，从生理上讲，植物人或精神病人遭受身体权侵权时，可能全然无觉，然而在意识状态恢复后必然会感觉痛苦。此种精神痛苦，乃现在可得期待者，因而应予以赔偿。其三，精神损害赔偿除补偿、抚慰功能外，还有预防功能。德国联邦法院在判决"绅士骑手"案中之所以判决原告可获得精神损害赔偿，"最根本的问题在于，除非能使被告预见到他将受到某种与其行为及行为后果严重性相适应的处罚，否则司法对人格权的保护就是'不完整和不充分的'"。④ "外国判例及台湾地区的学者几乎偏向于否定以知觉之存在作为其前提，此一倾向无异于将痛苦感受之认定转向于客观

---

① 张民安、龚赛红：《因侵犯他人人身完整权而承担的侵权责任》，《中外法学》2002年第6期。

② 陈现杰：《〈最高人民法院关于审理人身损害赔偿案件适用法律若干问题的解释〉的若干理论与实务问题解析》，《法律适用》2004年第2期。

③ 龙显铭：《私法上人格权之保护》，中华书局1949年版，第65页。

④ ［德］罗伯特·霍恩等：《德国民商法导论》，楚建译，中国大百科全书出版社1996年版，第185页。

认定。"①

2. 身体权侵权的间接受害人精神损害赔偿问题

因侵权行为遭受损害者为直接受害人，因直接受害人所遭受损害而间接遭受损害者则是间接受害人。间接精神损害赔偿指的是间接受害人提出的精神损害赔偿。对身体权的侵害，也可能给间接受害人造成精神损害。例如，因医疗过失导致幼女子宫被切除，而给父母造成巨大的精神痛苦。②又如，在整容手术中，因医院的过失导致妻子面部的毁损，丈夫感受到的巨大的精神痛苦。再如，丈夫因车祸丧失性能力，给妻子造成的精神损害。③传统上，各国法律大都认为，此类案件中的间接受害人不能作为原告要求被告对自己所遭受的精神损害承担责任。其原因主要是，与生命权遭受侵害不同，在身体权遭受侵害的情况下，受害人自己完全可以请求赔偿精神损害，而没必要通过其他人请求。如果受害人已经提出了请求，要求赔偿精神损害，且侵权人也已经承担了精神损害赔偿责任，此种情形下，若还允许间接受害人再请求精神损害赔偿，一方面，就会形成双重的赔偿，加重了责任人的经济负担，打破了其对责任承担的可预见性；另一方面，则会使得受害人一方获得不当得利，诱发滥讼现象。现当代以来，关于间接精神损害赔偿，呈现从侵害生命权向侵害身体权、健康权等方面扩张的趋势。就像法国学者 Jean Carbonnier 所指出的那样："一旦受害人所遭受的有形损害得到赔偿，则受害人可以像没有受到损害时那样可以用此种赔偿应付家庭之需要。因此，此种损害不会涉及间接损害的问题。但是，如果将此种健康或身体的完整性的侵害看作是人们生活中所遭受的一种苦难的话，则此种苦难对于受害人的近亲属而言也是一种痛苦，因此，民事判例有时也承认受害人的近亲属所遭受的此种痛苦，允许他们以原告的身份就其间接的无形损害提起赔偿请求。"④ 一些国家或地区的立法和司法实践也对于人身伤害案件中间接受害人（受害人的近亲属）的精神损害赔偿请求权予以承认。例如，意大利热那亚的上诉法院在

---

① 曾世雄：《损害赔偿法原理》，中国政法大学出版社2001年版，第331页。

② "黄××诉龙岩市第一医院将其子宫作阑尾切除损害赔偿案"，参见杨洪连《侵权损害赔偿案例评析》，中国法制出版社2003年版，第53—61页。

③ "伤害行为造成性功能障碍配偶请求精神损害赔偿案"，参见杨立新《间接侵害婚姻关系是否侵权》，《人民法院报》2002年12月22日。

④ Jean Carbonnier, Droit civil, 4/Les Obligations, Presses Universitaires De France, p. 384.

1993 年 7 月 15 日判决的一个案子中，因为医生的过失，错误切除了一个妇女的卵巢，其丈夫就自己所遭受的精神损害获得损害赔偿金，因为其儿孙绕膝的愿望再也无法实现了。① 我国台湾地区"民法"第 195 条规定，不法侵害他人之身体、健康……而情节重大者，被害人虽非财产上之损害，亦得请求赔偿相当之金额。……前二项之规定，于不法侵害他人基于父、母、子、女及配偶关系之身份利益而情节重大者，准用之。《欧洲侵权行为法原则》第 10：301 条规定，"受害人死亡或遭受严重的人身损害时，与之关系密切者也有权请求非财产损害赔偿"。该条所规定的可以请求非财产损害赔偿的并不限于受害人的近亲属，如果与受害人关系密切但不具有血缘或法律关系的人（例如，事实同居关系），也可因受害人遭受严重的人身伤害而获得自己的财产损害赔偿请求权。日本法律对此问题并无明文规定，但在实践中已有突破性案例：10 岁女孩的颜面有严重伤害后的后遗症，终审法院支持了其母要求精神损害赔偿的请求。② 对侵害身体权、健康权的间接精神损害赔偿问题，我国在立法上虽仍未有明确规定，但在司法实践中呈现出上述的扩张趋势。例如，在上述"伤害行为造成性功能障碍配偶请求精神损害赔偿"案中，法院最终支持了间接受害人的精神损害赔偿请求。③

笔者赞同此观点，对于侵害身体权、健康权的间接精神损害，间接受害人有权获得精神损害赔偿。因为，在某种程度上，受害人遭受严重人身伤害，丧失全部或大部分劳动能力者给家人带来的精神上的痛苦并不次于死亡者给其家人造成的精神损害。这些间接受害人要么是直接受害人成为植物人、精神病人或因肢体残缺丧失基本生活自理能力等而需要长期照料，并与之共同生活的近亲属，或是因生理功能损害致夫妻间性生活权利无法实现的配偶一方，抑或是未成年人因生理功能损害而致精神失常的父母。④ 此种情形下，如果法律无视受害人近亲属所遭受的精神痛苦，不给予充分的救济，有悖于民法的公平原则。应当注意的是，在适用上应加以

---

① 刘春梅：《论人身伤害中的非财产损害赔偿》，对外经济贸易大学，2010 年。
② 宋涛、石振刚：《论受害人近亲属的精神损害赔偿》，《泰山学院学报》2002 年第 6 期。
③ 该案被认为是侵害身体权、健康权的间接受害人主张精神损害赔偿的第一例。参见杨立新《间接侵害婚姻关系是否侵权》，《人民法院报》2002 年 12 月 22 日；《丈夫受伤妻子有权索赔》，《检察日报》2003 年 12 月 22 日。
④ 倪斌鹭：《论间接精神损害赔偿的扩张与限制》，《人民司法》2005 年第 5 期。

严格限制，防止权利滥用。具体而言，身体权侵权的间接受害人精神损害赔偿的构成要件，除符合一般侵权行为的构成要件外，以下两方面应是考量重点①。（1）关于侵权客体及间接受害人范围。人的精神活动大多数是在与他人的各种社会关系或联系中进行的。其中，配偶、父母和子女之间客观存在的婚姻关系和血亲关系对精神活动的影响尤其明显。鉴于受害人所遭受的严重的身体伤害会对近亲属造成严重的精神痛苦和快乐的丧失，此种情形下，受害人近亲属的精神损害赔偿请求权是请求权人的固有权利。但对于主张精神损害赔偿的间接受害人范围，必须考虑到间接受害人与直接受害人的亲疏程度、扶养程度等因素。如有证据证明受害人的近亲属对受害人有虐待、遗弃、关系疏远等事实的，该近亲属不得请求精神损害赔偿。另外，幼儿、胎儿和精神病人等特殊情形人群的间接精神损害赔偿应有所限制。② 当然，人与人之间的感情纽带不仅限于近亲属关系，在很多情况下没有亲缘关系的人之间的关系反而更为密切，这也就具有了精神损害赔偿的社会基础。但是，除非在个案中结合极端的个案加以利益平衡外，若在立法和司法解释中盲目扩大间接受害人范围，绝不符合社会实际和法律基本理念，并会引发滥诉的失控局面。（2）损害程度。大陆法系和英美法系国家均要求受害人的近亲属所遭受的精神损害达到"严重"的程度。如前所述，关于精神损害严重性的认定是一个重要而复杂的问题。在这个问题的确定上，很多国家的做法是：在确定间接受害人受到精神损害的基础上，由法官根据个案情况并依据社会一般人的正常思维、观念、意识等尽可能客观公正地裁量。现代精神医学的成熟发展，在严重精神损害的评定上也做了很有意义的尝试。③ 不过，毫无疑问的是，在直接受害人遭受重伤的情况下，与其有密切感情联系的近亲属所遭受的精神痛苦和生活乐趣的丧失，不亚于直接受害人死亡的情形。特别是在直接受害人是婴幼儿或成为植物人时，直接受害人对于精神痛苦的感受并没有近亲属的感受那么强烈与持久。因而，在此类案件中，只要受害人的近亲属遭受了严重的精神损害，就有权请求精神损害赔偿。

---

① 姚辉：《人格权法论》，中国人民大学出版社2011年版，第322—329页。
② 倪斌鹭：《论间接精神损害赔偿的扩张与限制》，《人民司法》2005年第5期。
③ 张新宝、高燕竹：《英美法上"精神打击"损害赔偿制度及其借鉴》，《法商研究》2007年第5期。

三 免责事由

侵权责任的免责事由,是指被告针对原告的侵权诉讼请求而提出的证明原告的诉讼请求不成立或不完全成立的法律事实。在侵权法中,与免责事由最相似的是违法阻却事由。在我国台湾地区,由于学说继受德国理论,强调违法性,因此将免责事由作为阻却违法事由。本书采我国理论界的通说,即免责事由的称谓。

我国《侵权责任法》第26条至第31条,分别规定了过失相抵、受害人的故意、第三人的原因、不可抗力、正当防卫、紧急避险六种免责事由。在比较法上,侵权责任的免责事由还包括自助行为、行使权利、受害人同意以及执行职务等。就身体权侵权责任而言,理论上,对承担身体权侵权责任的请求权,如果加害人援引上述任何一项免责事由,往往就可以主张原告的诉讼请求不成立或不完全成立。以下仅就与身体权侵权行为关系密切的正当防卫、受害人同意、自甘冒险等免责事由展开探讨。

（一）正当防卫

正当防卫不仅是刑法中排除犯罪性的行为,也是侵权法中的免责事由。在我国,所谓正当防卫,是指对于现时不法侵害,为防卫自己或他人或公共利益,所为的行为。此种行为,虽致他人损害,但行为人不负赔偿责任。① 我国《侵权责任法》第30条第1句规定："因正当防卫造成损害的,不承担责任。"例如,甲男酒后乱性,强行抱住乙女,对其进行亲吻和触摸。乙女反抗时,将甲男脸部抓伤,并将其舌头咬断三分之一。甲男起诉乙女,要求承担侵权责任。法院认为,乙女的行为属于正当防卫且未超过必要限度,不承担侵权赔偿责任。② 当然,如果防卫人超过了防卫行为的必要限度,造成了不应有的损害,仍应承担侵权责任（《侵权责任法》第30条第2句）。

比较法上,大陆法系的正当防卫概念涵盖了英美殴打侵权的免责事由中的"正当防卫"（self-defense）和保护他人（defense of others）。是否构成"正当防卫"的主要判断标准在于该行为是否在必要的限度内。普通

---

① 梁慧星:《民法总论》,法律出版社2011年版,第280页。
② "男友酒后吻女友舌头被咬断,法院判女友正当防卫",载中国青年网,http://news.youth.cn/sh/201102/t20110220_1487712_1.htm。

法对"正当防卫"的要求是以合理为标准，而非以正确为标准。合理的标准是指，在当时环境下，行为人所处的立场中能合理地判断出所使用的强度。其可细分为主观的标准（即以行为人的认识合理地使用强度的标准）以及客观的标准（以理性人的认识合理地使用强度的标准）。适用何种标准，美国不同的州有不同的看法，但可以确定的是，原告赤手空拳打向被告，被告用致命的武器打击原告致命的部位，这种强度明显超出了"正当防卫"的界线。法律的原则是，只有在自己受到致命或严重的身体伤害的威胁时，才可以用同样程度的武力进行自卫。[1] 保护他人（defense of others）较多适用于被告为了保护第三人的人身安全免受正在进行的不法侵害，而对原告实施殴打的行为。但对原告使用的强度应该在第三人可以使用的范围内。

（二）受害人同意（consent）

受害人的同意，也称"受害人允诺"或"受害人承诺"，是指受害人就他人特定行为的发生或者他人对自己权益造成的特定损害后果予以同意并表现于外的意愿。受害人的同意既可以是明示的（expressly），也可以是默示的（implied）。例如，医疗活动中，医务人员告知说明后应取得患者或其近亲属的书面同意，即为一种明示的同意。又如，伸出手臂让护士抽血，则为一种默示的同意。然而，在紧急状态下，如病人失去知觉且有生命危险，被送到急诊室而又无亲人陪同的情况下，法律就推定（presumed）获得病人的同意。考虑受害人是否同意，应该通过外在的表现方式考察，不能只考虑其本身的真实想法。例如，在 O'Brien v. Cunard Steamship[2] 一案中，原告希望移民，在入境时，她不想接受注射疫苗，但原告并没有做出同意与否的表示，并把手臂给医生注射。事后她起诉被告殴打。法院认为，在原告没有通过言语或行动表示拒绝接受注射的情况下，医生的行为是合法的。同意的表达应该是一种可以观察的法律事实，被告的行为应被视为是原告所同意的。此外，受害人的同意也不必然构成免责事由。有两类同意是无效的：一类是做出同意的原告不具有分辨能力，如小孩、精神病人、酗酒者等明显缺乏智力水平或思维能力，在很多

---

[1] 李响：《美国侵权法原理及案例研究》，中国政法大学出版社2004年版，第136—137页。
[2] 潘诗韵：《英美侵权法殴打制度研究》；梁慧星：《民商法论丛（第43卷）》，法律出版社2009年版，第425页。

情况下，这些人的同意不能被视为免责事由；另一类情形是同意违反了法律的强制性规定、禁止性规定以及公序良俗。例如，我国《合同法》第53条规定，造成对方人身伤害的免责条款无效。

知情同意（informed consent）也可以成为医疗纠纷中侵害身体权行为的免责事由。在医疗活动中，诊疗行为也会破坏患者身体的完整，如切除有癌细胞的器官等。这种侵害性的医疗行为须得到患者及其近亲属的书面同意，否则构成对患者身体权之侵害。这里，患者和其近亲属的"同意"不是法律行为，而是作为"受害人同意"，排除了该侵害性医疗行为的违法性。[①] 例如，在 Roberson v. Provident House 一案中，护士在没有得到病人的同意而且非紧急的情况下，为病人插入导尿管，就不能免责。当然，知情同意是一个复杂的专业问题，还涉及患者的知情权，以及医疗公共事业发展的相关前景。法律要求，医生为病人治疗前必须把治疗方法以及该方法可能引起的后果向病人披露，病人在获得这些信息后表示同意，医生就可以获得同意实施其阐释的治疗方法。但对病人进行治疗前，医生需要在多大程度上对病人披露其将要接受的治疗方法以及后果才能获得免责，这一问题在理论上尚处于探讨之中。美国宾夕法尼亚州最高法院通过"理性病人标准"来认定，通过陪审团的事实裁判结果认定案件中医生是否已经获得"知情同意"而予以免责。"理性病人标准"的理论基础是赋予病人对自己将要接受的治疗方法进行选择，如果医生的披露符合"理性病人标准"，医生就不再承担需要承担侵权责任的风险。这样的标准对病人的知情同意权赋予充足的保护，同时给予病人对自己身体完全的自主权，但这种自主权未必是对病人身体最有利的选择。"知情同意"的免责事由不仅适用于手术的治疗方法，还可以适用于非手术的治疗以及医疗过程中。例如，麻醉师在麻醉前，药剂师在开处方前，没有告知病人其步骤和方法，就不能获得免责。[②] 尽管我国《侵权责任法》没有将受害人同意一般性地规定为免责事由，但该法第55条对医务人员的说明、告知义务的规定表明，我国民法上也认可受害人同意可以是一种免责事由。

（三）自甘冒险（assumption of risk）

自甘冒险也叫作危险之自愿承担、自愿者非为不当规则，是指受害人

---

① 程啸：《侵权责任法》，法律出版社2011年版，第73页。
② 潘诗韵：《英美侵权法殴打制度研究》；梁慧星：《民商法论丛（第43卷）》，法律出版社2009年版，第426页。

明知可能遭受来自特定危险源的风险，却依然冒险行事。其一般规则是：原告就被告的过失或者鲁莽弃之不顾行为而致伤害的危险自愿承担者，不得就该伤害请求赔偿。① 在某些体育项目中，特别是在诸如足球这样的对抗性项目中，伤害事件是难以避免的，每个队员对此都要有所预料，并且他可以据此认为，对手也必须承担这种危险。根据德国联邦法院的审判实践，此种情形下，侵权责任的成立取决于造成伤害行为是否遵守了竞赛规则。这一规则的理由在于，在竞赛规则中，表明了每个运动员在什么范围内应该承受在比赛中发生伤害的风险。只有在对手的行为违反了竞赛规则时，这种风险才转移至对手。② 美国侵权法也持同样的观点，即认为，如果行为人在规则以内对他人进行接触而造成伤害，这是可以免责的。但是，如果被告的行为超出了比赛规则而接触他人，就不能免责。例如，在 Hackbart v. Cincinnati Bengals, Inc.③ 一案中，一方球员在对方守门员已在禁区内把球控制在手中的情况下伸脚猛踢其头部。法院的判决观点认为，"如果球员的行为能被看作是精心谋划的、故意的或轻率到根本不顾及对方球员的人身安全的，我们认为他就应该为自己的行为所造成的对方球员的伤害负责"。《埃塞俄比亚民法典》第 2068 条也有相应规定："在进行体育活动的过程中，对参加同一活动的人或在场观众造成伤害的人，如果不存在任何欺骗行为或者对运动规则的重大违反，不承担任何责任。"近些年来，我国法院在司法实践中也有采用自甘冒险规则作为免责事由的案例。例如，北京市石景山区法院审理中学生踢足球伤害案时认为，足球运动具有群体性、对抗性及人身危险性，出现人身伤害事件属于正常现象，应在意料之中，参与者无一例外地处于潜在的危险之中，既是危险的潜在制造者，也是危险的潜在承担者。足球运动中出现的正当危险后果是被允许的，参与者有可能成为危险后果的实际承担者，而正当危险制造者不应为此付出代价，从而法院判决驳回原告的诉讼请求，射门队员不承担侵权责任。④

---

① 美国法学会：《美国侵权行为法重述》（第二次），第 496A 条。
② BGHZ 63, 140, 146. 转引自［德］马克西米利安·福克斯《侵权行为法》，齐晓琨译，法律出版社 2004 年版，第 86 页。
③ 潘诗韵：《英美侵权法殴打制度研究》；梁慧星：《民商法论丛》（第 43 卷），法律出版社 2009 年版，第 424 页。
④ 杨立新：《侵权责任法（第三版）》，法律出版社 2017 年版，第 180 页。

第五章

中国民法典中身体权的立法构想

"人格权是法秩序的基石。"① 人格权法的编纂是我国民法典制定的焦点，而身体权则是人格权法理论研究中的一个重要问题，也是学术争论的焦点之一。在我国未来的民法典中，身体权应采用何种立法模式，身体权的权利结构如何界定，并如何构建我国身体权的法律保护制度，都需要进一步深入研究。

第一节 中国民法典中身体权的立法模式选择

一 身体权立法模式的比较法考察与启示

域外民法对身体权的立法保护模式主要有两种：一种是正面确认和规定身体权，可称之为权利化模式；另一种是负面保护类型，即通过侵权规定来被动保护，也可称为"人之本体"保护模式。②

（一）权利化模式

权利化模式是通过民事立法以规范性条款明确规定"身体权"。以权利化模式为特征的立法例有1960年《埃塞俄比亚民法典》、1994年《魁北克民法典》、我国澳门地区1999年修订的《澳门民法典》以及2005年修订的《越南民法典》。它们是二战后具体人格要素法定权利化的典范。这种权利化的立法模式把身体权界定为人身安全权、身体完整权、人身完

---

① 王泽鉴：《人格权法——法释义学、比较法、案例研究》，北京大学出版社2013年版，第1页。

② 马俊驹：《人格和人格权理论讲稿》，法律出版社2009年版，第367页。

整权或身心完整权①，在宣示该种权利存在的前提下，规定了比较具体的内容。

1. 《埃塞俄比亚民法典》的相关规定

《埃塞俄比亚民法典》是继《瑞士民法典》以来第二部出色规定了人格权制度的法典。这部出自法国比较法学家勒内·达维德的法典对"身体权"有较为细腻的规定。它首次在民法典中规定了关于人身完整性的规则（第18条）：(1) 自然人对其身体的全部或某一部分的处分行为，如果在其生前执行该行为将对其人身的完整性造成严重损害，则该处分行为在民法上无效。(2) 第1款规定不适用于被医疗行业规则证明为合理的行为。首次在民法典中规定了处分人身行为的可撤回性，同时平衡了相关人的利益（第19条）：(1) 自然人可随时撤回处分其身体之全部或一部分的行为，该处分行为的执行在处分人生前或死后进行，在所不论。(2) 为其利益做出该处分行为者，有权就其因信赖该诺言而引起的费用要求赔偿。首次在民法典中规定了医疗检查与治疗的规则（第20条至第23条）。

2. 《魁北克省民法典》的相关规定

处于大陆法系与英美法系的混合法领域的加拿大魁北克省，从1994年起开始施行的《魁北克省民法典》对人格权的规定也非常先进。尤其是关于维护"人身的完整"的规定非常具体，其内容详细之至，且符合正当性的考量。《魁北克省民法典》是第一个在人格权部分对死者遗体保护做出规定的民法典（第42-49条）。这些规则主要是死者遗体、器官的处理规则，强调了当事人的意思自治，规定了严格的执行程序（包括执行主体为两名以上的医生、遗嘱形式等）。该法典也是第一个在变性问题上予以反映的民法典。其代表性的规定是第71条，即"通过医疗手术和外科手术成功完成对性器官结构进行改变而实现其第二性征改变的人，可以改变其出生时确认的性别，必要时，可以变更自己的姓名"。这在事实上承认了变性为人格自由的内容。

3. 中国《澳门民法典》的相关规定

中国澳门地区1999年修订的《澳门民法典》关于身体权保护的立法也属于权利化模式。其是在第一卷总则中第二编法律关系第一分编"人"第二节"人格权"第71条规定了"身心完整权"。

---

① 林志强：《健康权研究》，中国法制出版社2010年版，第211页。

4.《越南民法典》的相关规定

2005 年修订的《越南民法典》第 32 条规定"生命、健康和人身安全权",把生命、健康和人身安全三种权利并列。特别是因应医疗科技的发展,《越南民法典》还增加了一些有关"身体权"的新内容,例如,第 33—35 条分别规定"捐献身体器官权""死后捐献器官权"以及"接受他人身体器官权"。其中第 35 条严禁买卖人体器官。这是一些实际生活中新出现并且要求法律解决的问题。但对于这些问题,新的民法典只是宣示其民事权利,至于具体的规定,特别是具体操作程序的规定,则交由个别规范性文件调整。第 36 条还规定了"重新确定性别权"。但该条规定主要针对的是,近年来,一些人因先天生理缺陷或性别特征不定型通过手术改变了性别从而产生的重新确认性别的法律要求。也就是说,"重新确定性别权"只适用于有先天生理缺陷或性别未明确定型,需要进行医疗干预使性别明确化的情形。新修订的越南民法典并未确认"性别变更权",也没有规定变更性别情形下的重新确定性别问题。

(二) 人之本体保护模式

人之本体保护模式是以侵权法规范对身体权进行负面保护。采此立法模式的除了普通法系诸国,大陆法系的有德国、日本、俄罗斯、阿尔及利亚以及我国台湾地区等。大陆法系以德国民法典为范式。它在分则的侵权行为法中规定了对侵犯身体权等的保护措施及救济方式。《德国民法典》第二编"债的关系法"中第二十五节"侵权行为"第 823 条"损害赔偿义务"第 1 款规定:"因故意或过失不法侵害他人的生命、身体、健康、自由、所有权或其他权利者,对被害人负损害赔偿的义务。"《德国民法典》之所以没有正面确认身体权是因为当时德国的法律伦理观将人的自由、尊严等范畴视为人的要素——人本身"内在的东西",进而使之成为法律人格的伦理基础。这种认识导致了德国民法典不可能将生命、身体、健康和自由等人格价值视为一种权利,正如德国民法典的立法者所指出的"不可能承认人格权的理论基础及其立法体例认可一项'对自身的原始权利'"[①]。王泽鉴先生也指出,在德国民法典中,生命、身体、健康、自由性质上系属人格法益,而非特别人格权。所称的其他权利,原指相当于

[①] [德] 汉斯·哈腾鲍尔:《民法上的人》,孙宪忠译,《环球法律评论》2001 (冬季号)。

所有权的绝对权（如无体财产权），不包括人格权。① 日本、我国台湾地区的民法均采认德国民法体例，在身体权的规范上与德国民法典大致相似。法国与德国民法典的做法大体上是一致的，都没有从正面规定人格权，只不过两者依据的理论不同，法国依据自然法理论，而德国依据康德伦理人格主义。直到1994年，《法国民法典》才在第一卷"人"的第一编"民事权利"中增加了一章"尊重人之身体"的规定，以适应身体权和健康权的历史发展潮流。②

就身体权"人之本体的保护"模式而言，除受自然法理论的影响外，上述各国的共同特点都是从人本身出发，认为人是一个伦理性存在，这种内在的伦理性是不能通过权利化予以明确的，否则人的伦理性外化出去，人自身就会成为权利的客体。因此，基于人自身的理性或尊严的存在，法典无须将其明确化、法定化，加上各国适用范围或广或狭的侵权行为法，就构成了所谓的"人之本体保护"模式。笔者认为，此种模式尽管强调了人格统一不可分性，但其缺陷也是显而易见的。理由如下。

第一，混淆了所有权和人格权的支配权能。"人之本体保护"模式涉及对人格权权利属性的质疑。人格权通常被理解为权利人针对自己本身的权利。在一些学者看来，人格权的主体与客体是同一的，故其在权利逻辑上是荒谬的。这种忧虑事实上是将人格权和所有权的支配模式混淆的结果。这里涉及对"支配权"的理解。所谓支配权，是指"直接对于权利之标的，得为法律所许范围内之行为之权利也"③。民法上典型的支配权为物权，尤其是所有权，因此我们往往难以摆脱以所有权的支配模式来理解"支配"的含义。事实上，《德国民法典》当初拒绝承认人格权的一个重要原因，就是企图回避由此而来的人格支配问题——"否则就会得出存在一项'自杀权'的结论"。但是，支配权在本质上应是一种自由。作为一种自由，本质特征应表现为对于物的直接控制而且得以排除其他人的不当干涉。④ 在这里存在这样一个权利的普遍法则："外在地要这样去行动：

---

① 王泽鉴：《人格权法——法释义学、比较法、案例研究》，北京大学出版社2013年版，第20页。
② 罗结珍：《法国民法典、民事诉讼法典》，国际文化出版公司1997年版，第3页。
③ 史尚宽：《民法总论》，中国政法大学出版社2000年版，第25页。
④ 郑永宽：《人格权的价值与体系研究》，知识产权出版社2008年版，第109页。

你的意志的自由行使，依据一条普遍法则，能够和所有其他人的自由并存。"① 就人格权而言，一方面，人对于自己的人格要素事实上的控制与支配始终是存在的；另一方面，人不是自己的所有权人，不能像处分所有物那样随意处置自己。这里涉及人格权支配的伦理限制。或如有学者所认为的，将吾人自然享有之生命、身体、自由与法律保护之生命、身体、自由相混同，将自然的能力与法律上之能力相混同，实属错误。②

第二，近代民法所确立的生命、身体、健康、自由等价值，是人的底线，是一个法律人格不可或缺、区别于物的标志，是一个"人与非人"的界线问题。③ 然而，随着现代社会人的伦理价值的急剧扩张，近代的"人之本体"的保护模式已经不能满足现实的需要，必须通过权利把这些价值与人连接起来。这也是现代"人格权"概念产生的原因之一。例如，人的身体，在近代民法中当然被视为内在于人的根本性价值。随着生物科技的发展，人的自己的身体的支配方式将会更加多样。但"人之本体"的保护模式对人的伦理价值的扩张的现实无法在实证法上得到确认，关于人格尊严和人格自由在民法典条文中不能得到体现，无法实现民法的理论逻辑自洽。

第三，就人格权发展的历程而言，较早制定民法典的国家，如德国和法国，立法上基本依赖于侵权法规范来提供对身体权的保护。这种立法模式将身体视为内在于人的价值，着重于人格价值的消极防御。随着现代人格权理论的发展和人格权概念的兴起，尤其是生物科技的发展，使得人对自己身体的支配权能凸显，人之本体的侵权法保护模式已经无法为身体权提供周全的保护，也无法使身体权的支配权能在实证法上得到确认和宣示，况且也不符合大陆法系权利明定化传统。因此，随着身体权的判例实践和理论研究的进一步成熟，除一些沿袭原有或继受"人之本体保护"模式的国家或地区外，越来越多的国家或地区的民法典对"身体权"出现权利化规定的趋势。例如，1994 年《法国民法典》专门增加了"尊重人之身体"一章的规定，除第 16 条总括规定外，有 9 个分条款。涉及身体权的规定有：任何人均享有身体受到尊重的权利。人之身体不可侵犯。

---

① ［德］康德：《法的形而上学的原理》，沈叔平译，商务印书馆 1991 年版，第 41 页。
② 龙显铭：《私法上人格权之保护》，中华书局 1948 年版，第 2 页。
③ 马俊驹：《人格和人格权理论讲稿》，法律出版社 2009 年版，第 446 页。

法官可以采取任何他认为适当的措施,以预防或阻止对人体的非法伤害或对人体器官、人体产物的非法途径①(第 16-1 条第 1、2 款、第 16-2 条)。该法典还规定了损害身体完整性的严格条件。(第 16-3 条、第 16-4 条)并坚持身体及组成部分不得进行商业化利用(第 16-1 条第 3 款、第 16-5 条、第16-7 条)。除此之外,法国民法典还对遗传特征、基因研究等有关的人格权利加以规定(第 16-10 条、第 16-11 条、第 16-12 条)。

二 中国民法典对身体权立法模式的选择

尽管有学者仍否认生命权、身体权、健康权等人格权保护地位具有权利性质而称其为"生活权益"②,但如德国学者迪特尔·施瓦布所言,"对于否认人格权保护地位具有完全的权利质量,并没有令人信服的论据。法律制度使人对其生命和身体完好无损性的利益成为具有最高专属性的决定领域的标的。倘若连要求对生命予以尊重的权利都没有,那么也根本没有什么人格权"。③ 作为人格权基础之身体权,当然应置于人格权体系中加以集中保护。但我国在制定民法典时,是采纳传统的大陆法系国家的立法例,将人格权的法律规范视为主体制度和债法(主要是侵权责任法)的组成部分,还是应当单独设立人格权法?如有学者认为,人格权与人格制度不可分离,因此人格权应当为民法典总则中的主体制度所涵盖。在梁慧星教授主持起草的《中国民法典草案建议稿》中,"人格权"就作为第二节规制于第一编"总则"第二章"自然人"中。④ 对此,笔者认为,这一观点的合理性在于强调了人格利益对于人格实现的重要性,但人格作为主体资格与具体的权利毕竟是两个完全不同的概念,在两个不同的范畴中,不可混为一谈。另有部分学者认为,人格权是一种特殊的权利,此种权利只有在受到侵害的情况下才有意义,只在侵权法中对人格权加以保护,无

---

① 杨遂全:《中国之路与中国民法典——不能忽视的 100 个现实问题》,法律出版社 2005 年版,第 122 页。

② [德]卡尔·拉伦茨:《德国民法通论(上册)》,王晓晔等译,法律出版社 2013 年版,第 169 页。

③ [德]迪特尔·施瓦布:《德国债法分论》,杜景林、卢谌译,法律出版社 2007 年版,第 635 页。

④ 梁慧星:《中国民法典草案建议稿附理由(总则编)》,法律出版社 2004 年版,第 1 页。

须规定独立的人格权制度。针对此类观点，王利明教授指出，侵权法不能代替人格权法，其主要理由如下。（1）人格权法能对具体人格权起到确认和宣示作用，这是通过侵权法保护具体人格权的前提和基础。（2）侵权法中的停止侵害、排除妨碍、恢复名誉、赔礼道歉责任形式是由人格权的支配性和排他性所决定的，这本身是人格权效力的体现。（3）侵权法就其本质功能而言是消极的，这与人格权内涵的积极请求权的特质相悖。①

笔者赞成将人格权法独立成编，进而将身体权置于物质性人格权体系中加以规定。王利明教授主持起草的《中国民法典学者建议稿》中，将"人格权"作为独立的一编，规定在总则编之后；"身体权"则规制于"人格权"编下的第三章《物质性人格权》中。② 对于王利明教授的学者建议稿，笔者有异议的是，将"身体权"位列"生命权""健康权"之后加以规定，此种规定方法与身体权在物质性人格权的基础性地位不一致。如前文所述，生命权是法律中的最高法益，任何人不得以享有某种在先权利为理由，来为侵害生命权的行为提出抗辩。生命权列为物质性人格权的第一位，应无异议。然而，身体权与健康权相比较，其居于基础性地位，公众对身体权的感知和重视程度远甚于健康权。而且，从历史的角度，健康权是从身体权推导出来的，而非相反。因而，笔者认为，"身体权"应介于"生命权"和"健康权"之间加以规定，以彰显身体权的基础性地位。

第二节 中国民法典中身体权的立法框架设计

一 中国现有民法典草案建议稿中相关内容之评述

截至目前，中国现有的民法典草案及学者建议稿共五个版本：（1）2002年12月23日第九届全国人大常委会第三十一次会议上提交并经审议的《中华人民共和国民法（草案）》（以下简称"2002版《民法草案》"）；（2）王利明教授主持起草的《〈中华人民共和国民法典（草

---

① 王利明：《人格权法研究》，中国人民大学出版社2005年版，第130—134页。
② 王利明：《中国民法典学者建议稿及立法理由（人格权编）》，法律出版社2005年版，第67页。

案)》学者建议稿》(以下简称"王利明教授的《民法典(草案)学者建议稿》");(3)梁慧星教授主持起草的《中国民法典草案建议稿》(以下简称"梁慧星教授的《民法典草案建议稿》");(4)徐国栋教授主持的《绿色民法典草案》;(5)《民法典人格权编(草案)》。在前四个版本中,2002版《民法草案》沿用了《民法通则》的表述,规定自然人享有"生命健康权",未提及"身体权";此后的三部学者建议稿均在一定程度上对身体权进行了相应的规定。第五个版本出台背景是:2017年3月15日,第十二届全国人大第五次会议通过了《民法总则》,明确将"身体权"规定为一项独立的具体人格权;2018年3月15日,全国人大法工委印发了《民法典各分编(草案)》(征求意见稿),将人格权独立成编,并在该编的第二章对"身体权"加以具体规定。以下,笔者依次对上述五个版本中有关身体权的内容展开评述。

(一)2002版《民法草案》中"身体权"规定之评述

在2002版《民法草案》第四编"人格权法"中,第八条第1款仅规定自然人享有"生命健康权",未提及"身体权";第八条第2款规定,"禁止非法剥夺自然人的生命,禁止侵害自然人的身体健康";第九条第1款规定,"自然人可以将自己身体的血液、骨髓、器官捐助,也可以将遗体等捐助";第九条第2款规定,"自然人生前不反对前款捐助,死亡后,他的配偶、子女、父母可以将他的遗体或遗体的一部分捐助"。第十条规定,"自然人的遗体、骨灰受法律保护,不得侮辱、损害遗体、骨灰"。第十一条规定,"有关科研机构开发新药或新的治疗方法,需要在人体进行试验的,经卫生等主管部门批准后,还应当向接受试验的本人告知可能的损害,并经其同意"。可以说,2002版《民法草案》的"人格权编"对与"身体权"有关的器官组织捐助、遗体捐助及保护、人体试验等问题均有规定,是积极、进步的,但仍存在如下问题。

第一,未将身体权从生命健康权中独立出来。受《民法通则》影响,该法典仅侧重于保护生命权和健康权,其中第2条所规定的"身体健康"实质是健康权,而不同于身体权的身体。[①] "身体权"概念的缺失,使得"身体完整性"这一法益无法得到充分的保护,也导致人体器官组织捐助

---

① 王竹:《身体权学理独立过程考》,《广州大学学报(社会科学版)》2012年第5期。

等身体支配行为缺失权利基础。

第二，缺少对医疗活动中患者身体自主权的规定，内容不完整。传统的医疗伦理以古老的"希波克拉迪斯宣言"（The Hippocratic Oath）为代表，其反映的医患关系是一种父权式的医患关系，即一种上对下关系的行为模式，医生与患者是支配与服从、命令与遵守的关系。但随着现代医学技术的发展和医疗伦理的演进，单向的"父权式"医患关系逐渐转变为在医患关系中尊重患者自主权。针对自己的身体采取何种医疗措施，从而形成何种身体特征，只能由患者本人决定。从身体权的角度，患者享有的是对其身体（完整性）的处分权。1960年的《埃塞俄比亚民法典》就首次规定了医疗检查与治疗的规则（第20条至第23条），强调了患者对自己身体的自主权。

（二）王利明教授的《民法典（草案）学者建议稿》中"身体权"规定之评述

在王利明教授的《民法典（草案）学者建议稿》"人格权"编的"生命权、健康权、身体权"一章中，第313条规定了"身体权"；第314条规定了"禁止家庭暴力"；第315条规定了"体液和器官的捐献"；第316条规定了"遗体的捐献"；第317条规定了"捐献行为的特殊规则"；第318条规定了"遗体解剖"；第319条规定了"禁止买卖"；第320条规定了"医疗检查和保健"；第321条规定了"人体试验的规制"。该建议稿不仅明确了身体权的独立性，强调了身体权的核心内容，即维护身体完整性的权能，而且在涉及身体支配权能时，进行了全面而详细的论述。这是一个相对完善的条文设计，但仍存在如下问题。

第一，身体权在物质性人格权中的基础性地位未能凸显。该学者建议稿将"身体权"位列"生命权""健康权"之后加以规定，此种规定方法与起草人杨立新教授对身体权和健康权的关系的界定有关。他认为，侵害身体权的认定标准，即"身体损害必须是身体组成部分构成的完整性、完全性受到损害，而对于身体机能运作的正常性及其整体功能的完善性没有明显的影响"[①]。否则，应认定为侵害了健康权，而非身体权。亦即，侵害身体权所造成的损害后果要轻于侵害健康权所造成的损害后果。然而，此种区分标准，与其"健康一般系通过身体构造的完整

---

① 杨立新：《人格权法》，法律出版社2011年版，第369页。

性而实现"① 的观点明显相悖。例如，砍断他人手臂，致人残疾，此种情形下，侵害身体（完整性）比侵害健康造成的后果更为严重。当然，断人肢体而致生理机能不完善，也会引起健康问题。但即便如此，我们也没必要将身体属性之健康牵强地从身体中分离出去，而只需要将对身体完整性和健康的损害作为一种独立的诉因，来给予侵权法的保护即可，没有必要知道如何区别身体损害和健康损害。所以，依据侵害后果的严重性，将身体权位列健康权之后，值得商榷。再者，不论是从身体权的基础性地位，还是从历史沿革和事实逻辑角度，身体权都应位列健康权之前。

第二，对身体支配权的限制采用了单独列举的方式，没有形成一个概括统一的制度。在此方面，1994年《法国民法典》修正案第16-1条到第16-9条对身体权的规定颇有借鉴意义，概言之，"人之身体不得侵犯，人体、人体各组成部分以及人体所生之物，不得作为财产权利之标的"；"任何赋予人体、人体各部分以及人体所生之物以财产性价值的协议，均无效"。而且，《法国民法典》第16-10条至第16-13条还对遗传特征、基因研究有关的人格权利加以规定，这是其针对生物科学发展所带来的伦理问题和法律问题在立法上的创新，体现了其与时俱进的一面。这对于我国民法典中身体权的内容设计也颇具启示意义。

(三)《绿色民法典草案》中"身体权"规定之评述

《绿色民法典草案》未将人格权独立成编，对人格权的规定也没有采用完全统一规定的方式，而是根据人格权的主体不同做了分别规定。具体而言，自然人的人格权被统一规定于第一编"人身关系法"第一分编"自然人法"第三题"人格权"之中。在对具体人格权进行规定时，该草案采用了保障自然人的自然存在的人格权与保障自然人社会存在的人格权的两分法。在保障自然人的自然存在的人格权部分，规定了"生命健康权"一节。在"生命健康权"一节中，第308条规定了包括身体权在内的生命健康权的"原则"；第310条规定了"生命健康权的不可让渡性"；第311条规定了"正当防卫权"；第312条规定了"消除危害生命健康的危险权"；第315条规定了"接受医疗权"；第316条规定了"医疗权"；

---

① 杨立新：《人格权法》，法律出版社2011年版，第369页。

第317条规定了"限制";第318条规定了"拒绝医疗检查的证据法效力";第319条规定了"自愿损害身体的行为";第320条规定了"危及生命健康的合同";第321条规定了"赠与人体组织";第322条规定了"为公益处分自己身体";第323规定了"处分身体行为的可撤销性"①。概言之,《绿色民法典草案》以列举的方式对包括身体权在内的生命健康权加以规定,内容可谓详尽,但这种分类含过多的列举式规定,从立法角度值得探讨。并且在"生命健康权"一节所列举的各项权利,是否均可以上升为具体人格权,也存在疑问。在该草案中,第309条规定,胎儿的生命权受法律保护,人工流产只能根据法律规定的条件和程序实施;第307条规定了死者人格权的保护,侵犯死者人格权的救济措施,由其配偶或三亲等以内的直系血亲请求之,无上述亲属的,检察院基于公共利益的考虑也可提起诉讼。② 然而,依据我国《民法通则》第9条、《民法总则》第13条,自然人从出生时起到死亡时止,依法享有民事权利,承担民事义务。亦即,胎儿和死者不享有民事权利。《绿色民法典草案》主张胎儿具有生命权,死者也有人格权的保护问题。这与我国现行民法对人格权主体的界定是相违背的。

(四)梁慧星教授的《民法典草案建议稿》中"身体权"规定之评述

梁慧星教授的《民法典草案建议稿》是在"总则编"第二章"自然人"中列"人格权"一节。"人格权"一节的第19条规定了"身体权"。在第19条中,第1款规定"自然人的身体受法律保护"。第2款规定"人体、人体各部分不得作为财产权的标的。但法律另有规定的除外"。第3款规定"自然人的身体的完整性受法律保护。为自然人的健康而进行手术治疗,须经本人同意或符合法律规定的条件"。第4款规定"为治疗或医学实验的目的,在符合法律规定的条件下,自然人可以捐献其身体的部分器官,但非经捐赠人和受捐赠人的同意,不得扩散可以鉴别捐赠人身份和受捐赠人身份的任何信息"。第5款规定"在确定亲子关系的诉讼中,必要时人民法院可以决定通过遗传特征对人进行鉴别,但应征得本人同

---

① 徐国栋:《绿色民法典草案》,社会科学文献出版社2004年版,第84页。

② 同上。

意"。"在为医疗或科学研究的目的进行前款的鉴别时,应征得本人同意。"① 该《民法典草案建议稿》明确了身体权的独立地位,并采用了"一般禁止+例外规定"的模式,较好地解决了人体及其组成部分的商业化问题。但该建议稿将包括身体权在内的人格权放在"自然人"一章加以规定,而未列为单编,无异于将我国成熟的立法、司法实践的经验予以放弃。该建议稿的此种规定方法的合理性在于强调了人格利益对于人格实现的重要性。但人格作为主体资格与具体的权利是两个完全不同的概念。人格权与作为主体资格的人格也属于两个不同的范畴。如前所述,笔者赞同将人格权独立成编的观点。

(五)《民法典人格权编(草案)》中"身体权"规定之评述

在《民法典人格权编(草案)》第二章"生命权、身体权和健康权"中,第14条规定:"自然人享有身体权和健康权,有权依法维护自己的身体完整和身心健康,依法享有行动自由。任何组织和个人不得侵害他人身体或健康。"第15条规定:"自然人的生命权、身体权、健康权受到侵害或者处于其他危难情形的,负有法定救助义务的机构和人员应当立即施救。"第16条规定:"自然人有权依法自主决定无偿捐献其人体细胞、人体器官、人体组织、遗体。任何组织和个人不得强迫、欺骗或者利诱自然人捐献。"(第1款)"因捐献人体细胞、人体器官、人体组织所实施的提出或摘取行为不得危及自然人的生命,也不得损害除提取或摘除行为产生的直接后果之外的正常生理功能。"(第2款)第17条规定:"自然人同意捐献的意思表示应当采用书面形式或者有效的遗嘱形式,并且可以随时撤销该同意。"第18条规定:"禁止以任何形式买卖人体细胞、人体器官、人体组织、遗体。"(第1款)"违反前款规定的民事法律行为无效。"(第2款)第19条规定:"有关科研机构开发新药或者发展新的治疗方法,需要在人体上进行实验的,依法经相关主管部门批准后,还应当向接受试验的本人或者其监护人告知可能产生的损害等详细情况,并经其书面同意,但本人或者其监护人可以随时撤销该同意。"第20条规定:"任何人不得以言语、行动等方式对他人实施性骚扰等性侵害行为。"(第1款)"用人单位应当在工作场所采取合理措施,防止性侵害行为的发生。"(第

---

① 梁慧星:《中国民法典草案建议稿附理由》(总则编)》,法律出版社2004年版,第32—35页。

2款)第21条规定:"自然人的人身自由不受侵犯。任何组织和个人以非法拘禁等方式剥夺、限制他人的行动自由,或者非法搜查他人身体的,受害人可以依法请求行为人承担民事责任。"首先,《民法典人格权编(草案)》贯彻了人格权独立成编的主张,正确区分了作为主体的人格和作为民事权利的人格权,这不仅符合民法典体系发展的客观规律,也是人格权体系自身发展的需要。其次,该草案在第一章"一般规定"之后即专章规定"生命权、身体权、健康权",凸显了物质性人格权在整个人格权体系中的基础性地位,并且将身体权介于生命权与健康权之间加以规定,明确了身体权和健康权的价值位阶。再次,该草案较为详细地规定了人体器官组织及遗体捐献的规则、人体试验受试者的知情同意规则等。最后,该草案在"生命权、身体权、健康权"一章中,明确规定了负有法定救助义务的机构和人员的紧急救助义务,有利于充分保护人身安全,也关系到基本人权的维护。尽管如此,《民法典人格权编(草案)》仍存在以下问题。

第一,该草案第14条和第21条分别规定自然人"依法享有行动自由","自然人的人身自由不受侵犯",混淆了"身体权"和"人身自由权"的概念。身体权是对身体完整性的保护,而人身自由权是对身体活动自由状态的保护。侵害身体权的主要形态表现为破坏他人身体完整性的行为,如殴打致人伤害等。对人身自由权的侵害主要是非法拘禁他人人身,剥夺他人的行动自由。

第二,该草案第20条关于性侵害行为的规定,混淆了"性自主权"和"身体权"的概念。性侵害在理论上应属于对性的自主权的侵害。"性自主权"(性行为的自主决定),即个人对于其是否及与何人发生性行为,有自主决定的权利。[①] 侵害他人的性自主权,虽与身体有联系,但并不必然导致对身体权的侵害,如在欺诈而诱使妇女与之发生性行为的情况下,一般不会造成对身体权的侵害。另外,性骚扰行为尽管与性有关,但并非一定构成对性自主权的侵害。如采用身体触碰,抚摸他人性器官或者采用文字、图像、语言、姿态骚扰等方式,可能构成对人身自由或人格尊严的侵害。

[①] 王泽鉴:《人格权法——法释义学、比较法、案例研究》,北京大学出版社2013年版,第113页。

第三，该草案未对遗传特征、基因研究有关的人格权益加以规定，也未涉及变性、代孕等生物科学发展所带来的伦理问题和法律问题，在立法上缺少与时俱进的创新。

二 中国民法典中身体权的权利结构界定

(一) 关于身体权的主体

身体权的主体是自然人。胎儿和死者不是身体权的主体。学界关于胎儿和死者是否可以作为人格权主体的争论，其实质是胎儿出生后利益的预先保护以及死者遗体的保护问题。

1. 胎儿出生后利益的预先保护

依据我国《民法总则》第13条、第16条之规定，胎儿不具有民事权利能力，不得为民事法律关系的主体；仅在涉及遗产继承、接受赠与等胎儿利益情形下，法律为保护胎儿将来出生后的利益，通过法律拟制手段，将胎儿视为具有民事权利能力。自20世纪90年代以来，我国裁判实务对于胎儿利益的保护有重大进展，在扶养义务人因侵权行为致死的情形下，不仅认可胎儿在出生后对加害人有损害赔偿请求权，而且认可尚未出生的胎儿对加害人有损害赔偿请求权。[1] 在理论上，对于胎儿利益的法律保护，有以下三方面需要探讨。

第一，如何界定胎儿的地位。胎儿是具有人类生命学生命的特殊实体。[2] 胎儿的道德地位主要是胎儿有没有生的权利。出生权利问题与人工流产问题的合道德性直接联系在一起。对于这个一直以来争论不休的问题，邱仁宗教授认为，胎儿不是人，但这并不意味着以任何理由破坏一个不是人的实体总是被允许的；胎儿虽然不是人，但毕竟与成人之间有连续性，在逐渐发育成人。就像成人死后，尸体不再是人但我们仍尊重尸体那样，我们也必须尊重胎儿；需要合适的理由才能剥夺它出生的权利，否则就会逐渐侵蚀我们对人的态度。所以，胎儿的特性有时可以作为胎儿具有生的权利的必要条件，但不是充分条件。对于人工流产问题上的价值冲突，该学者指出，胎儿不是人 (person)，但毕竟是人类的生命，所以仍具有一定的内在价值，但这个价值不足以赋予它与成人乃至婴儿同样的权

---

[1] 梁慧星：《中国民法典草案建议稿附理由（总则编）》，法律出版社2004年版，第26页。
[2] 邱仁宗：《生命伦理学》，中国人民大学出版社2010年版，第63页。

利。当胎儿与父母、社会的利益发生冲突时，它不得不服从于后者。所以，胎儿主要具有外在价值。在我国，当社会人口过度膨胀，影响到社会生产和人民生活时，放宽人工流产的限制，作为避孕失败后的生育控制辅助措施，是必要的。胎儿的价值因社会原因而降低，但有利于留下来的胎儿得到很好的照料。反之，当劳动力短缺或人口老龄化严重时，生育有可能被鼓励，人工流产或许需要用法律来进行严格的限制以至一般的禁止。胎儿的价值就会因社会原因而增大。① 鉴于此，如何对人工流产通过法律进行合适的社会控制呢？历史上主要有三种模型。（1）为了保护胎儿，一般是用法律禁止一切人工流产，或只是给予某种例外——继续怀孕会危及孕妇生命。（2）为了医疗实践的统一，人工流产需要根据医学的标准由独立的官员来批准才可获容许。（3）为了妇女自由，主要是由医学上有资格的人施行流产术，即合法。其目的在于给予妇女以控制自己身体的权利。我国即采取此种模式。20世纪70年代以来，许多国家采取了第三种模式的法律。笔者也倾向于支持人工流产，其理由有二。其一，价值是人赋予的。他们强调人类的意识和自由。胎儿的价值并非取决于其本性，而决定于具有一定目的的人。其二，法律与道德是分离的。该不该做是一回事，法律是另一回事。社会上对人工流产意见不一致时，法律应该把决断留给个人。②

第二，如何实现胎儿利益的保护。在我国现行的立法框架下，胎儿不是人格权主体，但其作为人类生命体的特殊地位应该得到法律确认。前者主要体现为人工流产的价值取向，后者主要体现为胎儿利益的"预先保护"，即通过对出生后自然人的某些利益的预先保护，达成对胎儿的保护。不论是所谓的个别主义的保护还是总括主义的保护，根据大陆法系国家（地区）的民法对于胎儿利益的保护的立法规定及司法实践可知，尽管在保护范围上有所不同，但在条文上多有"视为已出生"的措辞。这种措辞并非对权利能力制度的突破，而是一种法律拟制的规定，即"预先保护说"③。英美法系的立法对胎儿的定位与大陆法系并无二致。通行的观点认为，只有活着出生才有法律主体资格（legal personality）。在胎儿受

---

① 邱仁宗：《生命伦理学》，中国人民大学出版社2010年版，第65—66页。
② 同上书，第66—69页。
③ 郑永宽：《人格权的价值与体系研究》，知识产权出版社2008年版，第71页。

损害的案件上，法院认为胎儿在母体中所遭受的损害应予以救济，不过这种救济要以胎儿的活产为前提。① 我国《民法总则》采用瑞士、我国台湾地区民法对胎儿的总括主义的保护模式。台湾民法第 7 条规定，"胎儿以将来非死产者为限，关于其个人利益之保护，视为既已出生"。一般认为，这一规定将权利能力赋予胎儿。但从解释学的角度，笔者更倾向于将这一规定归纳为"预先保护说"，即在不改变权利能力制度的前提下，对胎儿的特殊利益预先保护。

第三，胎儿在母体时受到他人伤害，法律如何予以救济。在一般情形下，损害赔偿请求权是与损害同时发生的。但胎儿所受伤害，出生前往往不易发现和鉴定。此种情形下，赔偿请求权的时间被推后，且取决于胎儿娩出时是否为活体。活产胎儿，可以原告起诉。需要指出，伤害行为实际上完成于胎儿出生前，但法理上该侵权行为应被视为延长至胎儿出生之时。若出生后是死体的，或伤害行为直接导致死产的，母亲可以本人的身体权和健康权受侵害，提出损害赔偿。②

2. 死者遗体的保护

我国《精神损害赔偿的司法解释》第 3 条第 3 项规定，自然人死亡后，其近亲属因他人"非法利用、损害遗体、遗骨，或者以违反社会公共利益、社会公德方式的其他方式侵害遗体、遗骨"遭受精神痛苦的，可诉请精神损害赔偿。刑法第 320 条的"侮辱尸体罪"，则以国家公权力介入的方式，对死者的遗体损害予以处理。我国学界对死者遗体的保护，也提出了不尽相同的建议。徐国栋教授的《绿色民法典草案》在"生命健康权"一节中第 325 条规定了"死后身体受尊重权"；第 32 条规定了"死者器官、组织的商业交易"；第 327 条规定了"亲属的尸体处置权"；第 328 条规定了"卫生机构对尸体的处理"③。王利明教授的《民法典（草案）学者建议稿》"生命权、健康权、身体权"一章中，第 318 条规定了"遗体解剖"；第 319 条规定了"禁止买卖"④。梁慧星教授主编的《民法典草案建议稿》（总则编）在第二章"自然人"的"人格权"一节中，

---

① 姚辉：《人格权法论》，中国人民大学出版社 2011 年版，第 113 页。
② 李锡鹤：《民法哲学论稿（第二版）》，复旦大学出版社 2009 年版，第 39 页。
③ 徐国栋：《绿色民法典草案》，社会科学文献出版社 2004 年版，第 86 页。
④ 王利明：《中国民法典学者建议稿及立法理由》，法律出版社 2005 年版，第 73—74 页。

第 25 条规定了"对遗体的保护"①。

综上，对死者遗体的保护，主要是对死者近亲属的精神利益以及维护人之尊严的社会公共利益的保护。② 遗体是物，但是一种特殊的物。一般情况下，遗体的处分只能用于火化、埋葬、祭祀，不得使用、收益或处分，亦不得损害或侮辱。特殊情况下，为了公益目的的处分，也必须在符合法律和善良风俗的条件下进行。具体而言，合法利用尸体的行为主要包括：（1）依据死者生前的意愿，利用其捐献的尸体或尸体之部分，用于科学研究或医学事业；（2）依据法律规定，为查明死因、侦破案件等需要对尸体进行解剖；（3）经死者近亲属同意，在不违法、不违背公序良俗的情况下对尸体的利用。侵害尸体的行为则主要包括：（1）未经本人同意，或未经死者近亲属同意，对尸体（包括死胎）的非法利用；（2）非法损害尸体；（3）非法陈列；（4）殡仪馆对尸体的不法处理。③ 需要特别指出，遗体（尸体）是指人类死去之后，遗骸筋络组织尚未脱化至骨骼的程度而言。若其筋络已经分离脱化的，则为遗骨。骨灰与遗体、遗骨也存在差异，不能等同。④

（二）关于身体权的客体

理论上，身体权的客体即身体。身体既包括头颅、躯干、肢体等主体部分，也包括毛发、指甲等附属部分，具有完整性和完全性的基本特征。人造器官、组织或人工装置只要和身体结合在一起，那么它就应被视为人体的一部分，可以成为法律所保护的身体。人体器官组织一旦离开人体，就离开了人格的物质载体，那么也就与民事主体的人格脱离了关系，不再是人格的载体，具有了物的属性。但是，如果将某种人体器官组织先为分离，再为结合，依照权利主体者的意思，是在维护或实现其身体的功能的，此等人体器官组织应视为身体权的客体。需要指出，离体器官组织的法律属性应与其上所包含的基因（信息）的法律属性区别开来；对"离体器官组织"坚持物权说，"离体器官组织所包含的基因"则应归于人格权的保护范畴。

我国学界对身体权客体的界定与保护，已经有相对成熟的意见。梁慧

---

① 梁慧星：《中国民法典草案建议稿附理由（总则编）》，法律出版社 2004 年版，第 33 页。
② 姚辉：《人格权法论》，中国人民大学出版社 2011 年版，第 116—130 页。
③ 杨立新：《类型侵权行为法研究》，人民法院出版社 2006 年版，第 88—91 页。
④ 黄丁全：《医疗法律与生命伦理》，法律出版社 2007 年版，第 272 页。

星教授的《民法典草案建议稿》（总则编）第19条第2款规定，人体、人体各部分，不得作为财产权的标的，但法律另有规定的除外。也就是说，自然人的身体以及身体的各个部分，不能作为所有权的标的，也不能作为财产用于交易，以人体或人体组成部分为交易对象所订立的合同无效，但法律另有规定的例外，例如在法律允许条件下的血液、骨髓、眼角膜、皮肤、器官的捐赠。① 王利明教授的《民法典（草案）学者建议稿》第319条规定，"禁止买卖人体器官及其他组织，禁止买卖死亡者遗体及其组成部分"。徐国栋教授的《绿色民法典草案》第321条规定，身体、器官或不会再生的组织的一部分的赠与，不应严重地损害赠与人的健康或明显减少其预期寿命。此等处分的效力取决于赠与人的明示和书面同意。② 2018年《民法典人格编（草案）》第16—18条，具体规定自然人捐献人体细胞、人体器官、人体组织、遗体的权利及规则，并禁止以任何形式买卖人体组成部分及遗体。

人体器官组织的来源，主要来自活体和尸体。以尸体的器官组织摘取为原则，活体的器官组织摘取为例外。据此，笔者拟从活体器官和尸体器官组织两个角度来探讨。

1. 活体器官组织。在现代医疗科技条件下，从成年人活体摘取的器官组织仅限于血液、骨髓等再生组织以及单肾、半个胰脏等不影响捐赠者生命的器官组织。需指出，眼角膜虽然不是维持生命不可或缺的器官组织，但摘取后将造成失明的重大伤害，因此不能从活体上摘取。活体器官捐赠者大多具有血缘关系，此种情形下的器官组织移植比较不会产生排斥，成功概率较大。一般而言，在捐赠者是具有完全民事行为能力的成年人的场合，如得到本人同意，摘取器官组织的手术就是合法的医疗行为。然而，未成年人或精神病人可否捐献其器官组织？（1）未成年人的器官组织捐赠问题。依据我国《人体器官移植条例》，"人体器官"是指心脏、肺脏、肝脏、肾脏或者胰腺等器官；禁止以任何形式买卖人体器官③；任何组织或者个人不得摘取未满18周岁公民的活体器官用于移植。这就意

---

① 梁慧星：《中国民法典草案建议稿附理由（总则编）》，法律出版社2004年版，第33页。
② 徐国栋：《绿色民法典草案》，社会科学文献出版社2004年版，第85页。
③ 现实生活中，器官的交易往往不表现为形式上的买卖，而是表现为以捐献器官来抵债或获得赠与；此类行为构成法律规避行为，其形式上合法，实质上违法，应属无效。

味着，在我国，不允许未成年人活体捐赠像肾脏、胰脏这种不能再生的器官。该类摘取手术的侵害性大，而且附随永久性的危险性，要求捐赠人必须具有十分成熟的意识能力，因而不适用于未成年人。与此相对，捐献血液对身体的侵害程度小，而且失去的血液可以再生，因而可适用于未成年人。我国《献血法》也未对未成年人的献血做禁止性规定。但对捐赠骨髓而言，可以再生但侵害程度比捐血来得严重，介入捐血与肾脏、胰脏等器官之间，是否适用未成年人呢？对此，我国现行法律尚无明文规定。笔者认为，对于未成年人是否可以捐赠骨髓等人体组织的问题，应依照捐赠者对于摘取手术的性质、理解及判断能力并结合具体情况而定，而不应单纯依据年龄来判断。[1] 对于人体细胞，根据我国《人类辅助生殖技术管理条例》以及《人类精子库管理办法》的规定，禁止买卖配子（精子、卵子）、合子（受精卵）以及胚胎，但可以依法捐献精子。此外，在人格要素商品化趋势下，对于一些于人体并无实质性伤害的毛发、指甲、乳汁等可再生组织的买卖，应无必要进行严格限制。（2）精神病人的器官组织捐赠问题。从精神病人身上摘取器官与从未成年人身上摘取器官一样是不被允许的。依据我国《人体器官移植条例》第8条的规定，捐献人体器官的公民应当具有完全民事行为能力。对于器官摘取手术等具有侵袭性的医疗行为，精神病人因不具有有效的同意能力，应与未成年人相同对待。对于人体细胞、人体组织的捐赠问题，也应依照捐赠者对于摘取手术的性质、理解及判断能力并结合具体情况而定，一般情况下应否定其同意能力。亦即，对于是否捐赠器官组织是由自己决定的事项，其同意权在本质上是不允许他人代为行使的，这对于特别需要保护的无意识能力的精神病人的人权（自我决定权和个人自由）而言，是极其重要的。[2] 在活体器官

---

[1] 黄丁全：《医疗法律与生命伦理》，法律出版社2007年版，第270页。

[2] 1969年美国在斯蒂兰克（445.S.W.2d.145）一案的判决中以明确的形式肯定了法院批准从未成年人及无意识能力的人身上摘取器官的许可权。这无疑意味着法院有权代替无意识能力的人判断或决定该许可权。这一判断产生了重大影响，不仅在器官移植上，而且还涉及拒绝生命维持装置（1975年卡兰案、1976年沙依凯威奇案）、终止妊娠手术等医疗问题。对于无意识能力人，由法院代替本人行使同意权，实质上是在侵害本人的人权，这是极其危险的。参见黄丁全《医疗法律与生命伦理》，法律出版社2007年版，第272页。我国发生的某地儿童福利院将两名约14岁的弱智少女送到医院切除子宫的事件，也殷鉴不远。参见高一飞《人的生命永远都只能是目的》，《新京报》2005年5月8日。

组织捐献中，最终要考量的是捐赠者的同意有无违背善良风俗、人的尊严及相当性原则，亦即摘取器官组织不得造成捐献者身体残疾、精神障碍或失去生殖能力，不得因摘取器官组织而改变捐赠者的性格、特性，不得凭借紧急避险的理由而强行摘取他人的器官组织。①

2. 尸体器官组织。至少从经济和商品价值而言，尸体在器官组织移植变为现实之前毫无价值，但现在已不可同日而语了。从尸体上摘取器官组织不会产生从活体摘取器官组织所伴生的问题。所以，一般而言，移植用器官组织应以从尸体摘取为原则，从活体上摘取为例外。死者生前对自己的身体具有自我决定权，这种决定权可扩及死后的尸体，亦即死者生前订立同意书（遗嘱）同意在死后捐出遗体及其器官组织，属于身体权的行使范畴。通说认为，死者生前处分尸体，捐献器官或用于救助他人或供医学研究，只要不违背公序良俗，其继承人或遗嘱执行人就有按照其遗嘱处置的义务。在我国，器官的收集除采取自愿捐献外，还采用了推定同意的形式。依据我国《人体器官移植条例》第8条第2款的规定，公民生前未表示不同意捐献其人体器官的，该公民死亡后，其配偶、成年子女、父母可以以书面形式共同表示同意捐献该公民人体器官的意愿。这是一种法律推定的模式，即只要公民生前未表示不同意捐献其人体器官，其配偶、成年子女、父母第一顺序亲属拥有共同捐献权。对此，在法律或伦理上争议较多。首先，如果第一顺序的近亲属之间意见相左，按规定就无法实施。其次，如果该公民的父母已经故去且没有配偶和子女，或其父母及配偶已经死亡且没有子女者，抑或虽有第一顺序的近亲属但均无完全民事行为能力的，此等情形下，其第二顺序近亲属，如兄弟姐妹或祖父母、外祖父母有无同意捐献的权利呢？对于上述问题，我国深圳市及台湾地区的相关规定值得借鉴。即有权进行推定同意的"近亲属"的范围不仅包括第一顺序的配偶、子女、父母，还应包括第二顺序的兄弟姐妹以及第三顺序的祖父母、外祖父母、孙子女、外孙子女；如果先顺序近亲属同意，即使后顺序近亲属反对也可实施；如果后顺序近亲属赞同，而先顺序近亲属反对，则先顺序近亲属必须在器官摘取前出示明确的书面意见，否则就可以

---

① 黄丁全：《医疗法律与生命伦理》，法律出版社2007年版，第272页。

实施器官摘除手术。①

(三) 关于身体权的内容

身体权的内容不仅包括权利人对其身体完整性的享有和维护权，还包括对身体及其组成部分的支配权。医疗手术、医学实验、捐献、遗传鉴定等内容在上述民法典草案的学者建议稿中均有较为详细的规定，但关于人体克隆、代孕、变性等问题均未涉及，故有详加探讨的必要。

1. 人体克隆的合法性探讨

克隆，即复制，由英文单词 clone 而来，是指一种人工诱导的无性繁殖方式。根据人类基因国际组织（Human Genome Organization）伦理委员会《关于复制的声明》，人的复制可按照复制的目标分为生殖性复制和治疗性复制。② 其中，所谓生殖性复制，即适用转移细胞核的技术使一个新的个体诞生，指的是将一个体细胞的细胞核转移到一个去核卵子中，繁殖出与其相同的遗传机体；所谓治疗性复制则是以治疗为目的，把成人细胞核接种到一个被摘出的卵子里，在试管中培育出胚胎干细胞和有可能被使用的尤其是通过移植可被使用的细胞系或组织的技术。③ 简言之，生殖性复制制造的是活生生的人，而治疗性复制只生产人类所需要的组织或器官。对于前者，世界各国普遍认为，生殖性的复制的运用，将会引发一场影响生活环境、生存方式、价值观念的根本性革命，应予禁止。对于后者，科学家们则认为，此种技术的运用具有极大的应用潜力，能够攻克遗传性疾病、解决器官移植方面器官组织来源不足的问题，因而科学界普遍支持治疗性复制技术的研究。因此，在研究克隆技术时，应把生殖性复制——目的在于使一个孩子正常发育和诞生——和只涉及成人的体细胞或胚胎细胞，而不产生一个胚胎并使其发育的非生殖性复制（治疗性复制）区别开来。④

由于治疗性复制技术在挽救人类生命和治愈疾病方面所具有的积极功能，任何人都无法拒绝治疗性复制的正面诱惑，尤其是其背后还掺和了商

---

① 刘俊荣：《我国〈人体器官移植条例〉评析》，《医学与哲学（人文社会医学版）》2008年第8期。

② HUGO Ethics Committee, Statement on Cloning. Eubios Journal of Asian and International Bioethics 1999, 9, p. 70.

③ 黄丁全：《医疗法律与生命伦理》，法律出版社2007年版，第480—481页。

④ 同上书，第481页。

业上的巨大利益。美、法、英、日等发达国家在这个领域的研究非常活跃。但这并不意味着治疗性复制无伦理之争。治疗性复制，又可称为干细胞治疗。干细胞不仅存在于胚胎、胎儿组织、出生婴儿的脐带血中，还存在于某些成人组织（例如脑、骨髓）中。成体干细胞不涉及人类胚胎，似乎是一个不会引起争议的选择。但事实上，从成年人骨髓中抽取的成体细胞数量过少，且成体细胞有着重大局限，与胚胎干细胞的"全功能"相比，通常情况下，成体干细胞只能形成有限的几种组织，且难以培养。目前获得大量干细胞的方法是从人类早期的胚胎中提取，而这意味着未成形的生命的自身死亡，涉及人类早期胚胎的性质和地位问题。

由于人类胚胎干细胞研究涉及胚胎的道德地位以及人类尊严保护等议题，一般而言，各国对此问题都采取了比较谨慎的态度。大致上都采用了两种不同的方式：一种是自律型；一种是他律型。前一类型的立法者原则上就研究相关事项制定不具有法律效力的方针，由研究者自律遵守，仅在例外事项如复制人、复制人类胚胎上才以法律禁止，例如日本。后一类型原则上就相关事项一律以法律规定，设置监管机关负责审核发照等工作，例如英国。[①] 我国于 2001 年 1 月 13 日公布了《人类胚胎干细胞研究伦理指导原则》。其中，第 5 条规定了人类胚胎干细胞合法取得方式；第 6 条规定了此类研究的行为规范；第 7 条禁止买卖人类配子、受精卵、胚胎或胎儿组织。

2. 代孕的法律规制

代孕或称之为代理母亲，是指代人妊娠的妇女，或用自己的卵子人工授精后妊娠，分娩后交给别人抚养，或利用他人的受精卵植入自己的子宫妊娠，分娩后交给该人抚养。代孕在道德和法律上是否被容许，是一个值得探讨的问题。如果从不孕妇女角度而言，代孕无疑是合乎道德的，它使得那些不能怀孕但强烈希望有个孩子的妇女得到满足和快乐。但从子女、家庭、社会等方面综合考察，代孕会带来以下伦理挑战。其一，代孕母亲不利于家庭稳定。代孕母亲可能会不断要求对代生孩子进行监护、抚养或探视的权利，这无疑会干扰已经取得孩子监护权的委托方夫妇所组建家庭的稳定。其二，代孕不利于子女利益。当代生孩子有身体缺陷时，可能会出现互推责任的情形，不利于子女权益的保护。其三，代孕使得亲属关系

---

① 黄丁全：《医疗法律与生命伦理》，法律出版社 2007 年版，第 499—510 页。

和伦理观念混乱。如有的母亲替女儿代孕，姐姐替妹妹代孕，此种情形下出生的子女身份微妙，难以确定其在家庭中的地位。其四，代孕使得人类生育动机发生根本变化。代孕等于视女性的子宫为工具，忽略母亲在孕育过程中产生的天赋情愫，根本上违反了人的尊严。我国卫生部2001年8月1日公布的《人类辅助生殖技术管理办法》中第3条第2款规定，"医疗机构和医务人员不得实施任何形式的代孕技术"，即全面禁止代孕。对此，笔者认为，法律上应该禁止商业代孕行为，但可对非商业性的代孕有限度地开放，即委托者必须是不能怀孕者以及怀孕会影响健康者，代孕母亲也并非出于商业目的。[①] 目前，我国台湾地区拟开放代孕，以解决台湾出生率低的问题，同时强调代孕采取无偿方式，"子宫不会成为买卖工具"[②]。在印度，代孕也有几十年的历史。当然，非商业性代孕行为的开放与否还应基于立法政策的考量。

3. 变性的法律规制

性别，指人体上区分男女在身体结构、器官、功能以及兴致等方面所呈现的差别的总称，也是一个人之所以为男性或女性之所在。法律上只将人分为两个性别，即男性和女性，不承认有"中性"或"无性"。性别是人格权的表征。同性恋者，不存在对于自己的性器官彻底的厌恶感，但变性欲者此种感觉特别强烈。苦于精神与身体不一致，而在精神疗法没有效果的前提下，唯一的办法就是依赖变性手术使其身体与心理达成一致，这是真正的性转换症。广义的变性手术还包括性征不明的阴阳人，以手术使之性别明确。2005年修订的《越南民法典》第36条规定了"重新确认性别权"，主要针对就是性征不明的阴阳人的性别的重新确认权。医师为阴阳人实施变性手术属于医疗行为的范畴并无法律上的困扰。狭义的变性手术则仅指变性欲者。狭义的变性手术是否有悖于公序良俗？有学者指出，如将变性看成一种治疗手段，在一定程度上是符合医学伦理原则的。但狭义的变性手术势必引起一系列的社会问题，应谨慎对待。具体而言，未成年人的变性手术应禁止；已婚者的变性手术应于婚姻关系解除或消灭后始得为之。[③]

---

① 黄丁全：《医疗法律与生命伦理》，法律出版社2007年版，第470页。
② http://www.huaxia.com/tslj/flsj/fw/2014/10/4121221.html，2014年10月27日访问。
③ 黄丁全：《医疗法律与生命伦理》，法律出版社2007年版，第741—753页。

第三节　中国民法典中身体权救济制度的构建

人格权的法律保护是公法和私法共同任务，身体权的法律保护体系也应包括宪法、刑法、行政法和民法保护。本书仅从民法保护的角度来探讨身体权的法律保护问题，更确切的说是身体权侵权的民法救济问题。

一　中国身体权救济制度的现状和问题

在我国民法的理论与实践中，对于身体权是否是一项独立的具体人格权一直存在不同看法，立法上也未能就如何保护进行明确规定。

1986年《民法通则》仅规定了生命健康权，未提及"身体权"。2001年《精神损害赔偿的司法解释》第1条第1项明确使用了"身体权"的概念，将身体权视为一种具体人格权，并认为对他人身体权的侵害可以产生精神损害赔偿。此规定不仅在身体权是否是一项独立具体人格权的争论中肯定了"肯定说"的主张，而且可以适用精神损害赔偿的方法对身体权的损害进行救济，对侵权人的行为进行制裁，这在理论上和实践上均具有重要意义。2003年《人身损害赔偿司法解释》第1条则将生命、身体、健康三者予以区分，也可视为身体权独立的证据。该司法解释还进一步就侵害"身体权"等物质性人格权所应承担的精神损害赔偿的权利主体、义务主体以及精神损害抚慰金的支付方法等做出了具体规定，并纠正了过去将死亡赔偿金和残疾赔偿金作为精神损害赔偿的一部分的认识，将其界定为财产性质的赔偿。以上两部司法解释的出台在一定程度上克服了《民法通则》的缺陷，初步建立了我国有关身体权损害的救济制度。在司法实务中，将身体权作为独立的诉讼理由和判决依据的做法也比较常见。但是，在司法实践中，对侵害身体权行为的界定并不一致，影响了司法的严肃性和权威性。另外，社会与经济的发展日新月异，尤其是生物技术的进步，使得身体权的相关判例超出了现有的法律框架，从而凸显出我国现有的身体权救济制度之不足。同时，司法解释是在立法基础上的改进，不可能超越立法的范围，存在着不可避免的局限性，不可能从根本上对身体权制度做出全面、系统的规定。2009年的《侵权责任法》第2条所涵盖的"民事权益"中，仍仅列"生命权、健康权"而未承认"身体权"。尽管有学者认为，鉴于该法第2条采用了"等人身、财产权益"的提法，"身体权"属于人格权的范畴，在身体权遭受侵害以后，也可以适用《侵权责任法》。但法律规定的不明确，使得身体权的法律保护缺乏可操作性。直至2017年《民法总则》第110条最终在立法上明确将身体权作为一项独立的具体人格权加以规定。

综上，目前我国身体权的民法救济制度仍存在以下两大问题。

第一，侵害身体权行为的界定不统一。有学者认为，身体权所保护的"身体完整性"包含两个含义：其一是实质性完整，是指身体的实质组成部分不得残缺；其二是形式性完整，是指身体的组成部分不得非法触摸。[1] 在此基础上，该学者还指出，身体的形式性完整体现在自然人对自己身体的支配观念上，自然人是否接受对自己身体的接触，受自然人自己意志所支配，这种对自己身体的支配的观念体现了自然人对自己身体的形式性完整的追求。例如，非法搜身、面唾他人、当头浇粪、强行接吻等，均被视为侵害身体权行为。[2] 但有学者则认为，身体的完整不仅表现为维护身体主体部分的完整，还包括肢体、器官等身体各个组成部分的完整。如果行为人实施某种侵权行为，限制了他人的人身自由，或抚摸他人身体等，这些虽然构成了对其他人格利益的损害，但因为未侵害身体完整性，并不构成对身体权的侵害。[3] 围绕此两种观点的分歧，司法实践中出现的非法搜身、性骚扰等行为侵犯了什么权利？是否构成身体权侵权？众说纷纭，莫衷一是。另外，侵害尸体是否是侵害死者的身体权，也在司法实践尚存异议。

第二，精神损害"严重性"标准过于模糊。对于精神损害的"严重性"，我国的司法解释以及《侵权责任法》均未能给予适当的界定。在司法实践中，界定何为"严重"，主要采用法官自由裁量的方式。但由于缺少相对统一的标准，遭受同样的身体权侵害的受害人很可能无法获得公平的保护欲救济。尤其是，我国传统司法实践常将精神损害的严重性与身体的伤残等级简单挂钩，这在实际上阻却了许多受害人请求身体权的精神损害赔偿的权利。例如，"裴红霞案"[4] 中，身怀六甲的孕妇裴红霞在一起交通事故中，被摩托车碰撞腹部，导致胎儿早产，并且婴儿因早产而免疫

---

[1] 杨立新：《人格权法》，法律出版社2011年版，第396页。
[2] 同上书，第399页。
[3] 王利明：《人格权法研究》，中国人民大学出版社2012年版，第316页。
[4] 参见江苏省无锡市滨湖区人民法院（2001）滨马民初字第129号。

力低下，裴红霞夫妇要求精神损害赔偿1000元。但法院却认为，裴红霞尚未遭受严重的精神损害，因此不能支持其精神损害赔偿金的诉讼请求。

二 构建中国民法典中身体权救济制度的建议

（一）侵害身体权的行为仅限于造成身体损害的行为

关于侵害身体权的行为是否仅限于造成身体损害的行为，至今学界仍未达成共识。以杨立新教授为代表的部分学者坚持认为，"对于侵害他人身体的，是对自然人身体完整性的侵害，包括形式上的完整和实质上的完整。在侵害身体权的侵权行为中，较难处理的是损害赔偿的责任确定问题；对此，草案建议稿规定侵害身体权的，应当承担赔礼道歉、停止侵害、赔偿损失等责任。如果采取侮辱、殴打、非法搜查等手段侵害他人身体，造成精神损害的，受害人有权请求精神损害赔偿。其中的殴打，可以借鉴美国侵权行为法中的'殴打—冒犯性的身体触击'的规定确定。事实上，对身体的冒犯，就是侵害身体权的侵权行为"。[1] 不同于杨立新教授的观点，徐国栋教授主编的《绿色民法典草案》第1546条规定，任何破坏他人身体组成部分的行为都构成侵害身体权；[2] 梁慧星教授的《民法典草案建议稿》（侵权行为编·继承编）第1568条（对身体、健康权的侵害）规定，侵害公民身体或健康，造成受害人人身伤害或健康状况显著恶化的，受害人有权请求赔偿相关费用；造成受害人残疾的，有权请求包括残疾赔偿金在内的费用。[3]

笔者赞同后两部民法草案建议稿所持的观点，即侵害身体权的行为仅限于造成身体损害的行为。其主要理由是，身体权是一种物质性人格权。物质性人格权和精神性人格权应有明确的权利保护边界，不能混淆。身体权的客体是身体，其核心内容是"身体完整性"利益，这一利益具有固有性，是"人之为人"的必要条件，同时具有自然性、不证自明性，其正当性源于客体自身而非外来价值。精神性人格权的客体则是抽象的精神

---

[1] 参见中国人民大学民商事法律科学研究中心《中国民法典·侵权行为法编草案建议稿》，2002年。

[2] 徐国栋：《绿色民法典草案》，社会科学文献出版社2004年版，第711—712页。

[3] 梁慧星：《中国民法典草案建议稿附理由（侵权行为编·继承法编）》，法律出版社2004年版，第38—39页。（张新宝教授的观点）其立法理由可参见：http://www.civillaw.com.cn/article/default.asp? id=10770，2014年10月29日访问。

价值，具有社会属性，其正当性并非来自人格要素本身，而是源于外在于人格的价值目标或现实要求。① 对物质性人格权的侵害大多采用人身伤害的方式，多表现为身体这一物质载体本身受到了损害，其损害后果主要是财产损失和生理疼痛等。侵害精神性人格权，所涉及的内容往往与身体这一物质载体本身的损害无关。例如，侵害肖像权通常表现为未经本人许可非法使用他人的肖像，一般不直接侵害他人身体，如果损毁他人的面容或身体的某个部位，只能认定为侵害身体权，而不能认定为侵害肖像权。若侵权行为未造成他人的身体的物理性完整的损害，而是限制了他人的人身自由或抚摸他人，受害人遭受的主要是人格屈辱或精神痛苦。此类侵权行为应该归于精神性人格权范畴为宜；否则会模糊物质性人格权和精神性人格权的边界。

(二) 将"错误怀孕"纳入身体权侵权损害赔偿的范畴

错误怀孕的损害赔偿，是指由于医院或药商的过错，导致本没有计划或根本不愿意怀孕的夫妇怀孕；或由于医院之过错导致引产失败而使得孩子降生。在此种情形下，父母多因怀孕和抚养一个孩子而向医院或药商提出损害赔偿之诉。错误怀孕之诉的特点在于，假如医生或药商尽到职责或药商之药物无误，则怀孕不会发生。通说认为，在我国现行法上，错误怀孕损害赔偿请求权基础有二：违约责任和侵权责任。但从法律适用的角度，违约责任不利于原告利益保护。② 以侵权为由提出的损害赔偿案件，法院的处理意见分为两种。一种是支持原告的侵权损害赔偿诉讼请求。例如，苏女士在某保健院生产并实施了"双侧输卵管结扎手术"，并被告知有"输卵管结扎后复通的可能"。一年后苏女士发现自己再次怀孕并被迫实施了"人工流产"，诊断结果为：右侧输卵管畅通，左侧输卵管不通。苏女士遂以保健院节育手术失败造成自身损害为由提起诉讼，要求赔偿其各项损失7700余元，继续治疗费和精神抚慰金，待鉴定后再行主张。天津市南开区人民法院审理后认为，虽然在现有医学技术条件下，不能完全避免"再怀孕"的情况，但实施绝育手术后使原告再怀孕，给其造成了身体和精神损害，故原告和被告应分担民事责任。原告后期治疗费尚未发生，待确定后可另行主张。被告给予的经济补偿应包括原告剖腹产及双侧

---

① 张平华：《人格权的利益结构与人格权法定》，《中国法学》2013年第7期。
② 张红：《人格权总论》，北京大学出版社2012年版，第278页。

输卵管结扎手术费和后来因人工流产所支付的医药费。判决被告酌情一次性给予原告5000元。① 另一种是不支持原告的侵权损害赔偿诉讼请求。例如，陈女士在北京酒仙桥医院实施了输卵管绝育手术，两年后经医院妇产科检查，确认再次怀孕，只得再次实施"人工流产"。陈女士遂以医院的绝育手术失败导致她再次怀孕，给自己的身体和精神都带来了伤害为由提起诉讼，要求被告赔偿医疗费493.3元、误工费1000元和精神抚慰金2000元，并要求对方赔礼道歉。北京市朝阳区人民法院审理后认为，原告结扎后再怀孕的现象是现有医院医学科学技术条件下所不能完全避免的，对被告的手术行为不构成医疗侵权。医院无过错，但对原告因手术失败而引发的实际损失应共同负担，判决医院返还医疗费、赔偿误工费用共计514元，驳回原告的其他诉讼请求。② 对此，笔者认为，错误怀孕案件应纳入身体权侵权损害赔偿中。其理由有三。其一，侵权责任的构成需以存在侵权行为和损害事实为必要。在比较法上，违背妇女意愿使其怀孕构成身体伤害这一点已经被普遍接受，且成为关于违愿生育问题最新司法判例的基础，即普遍认可了对于虽然是被健康分娩但却是违背当事人意愿情况下受孕子女的抚养费责任。例如在 Walkin v. South Manchester Health Authority 案中，法院认为因不成功的绝育手术而导致的非自愿怀孕构成1980年时效法 Limitation Act 第38条意义上的"人身伤害"。可以肯定的是，"非自愿怀孕"给母亲的身体构成了伤害，即她需要承受怀孕带来的各种不适、流产对身体造成的侵害，乃至分娩带来的痛楚与不便，亦即被告侵犯了原告的身体权。其二，错误怀孕案件一般属于过错侵权责任。过错的主要形式是过失，主要变现为：（1）因误诊而延误了终止妊娠的时机；（2）过失导致流产或引产失败或选择绝育手术有过错；（3）过失提供错误的怀孕建议或事先未告知绝育手术后仍有怀孕的风险或未能及时告知怀孕的事实从而丧失终止妊娠的机会等。其三，错误怀孕中的因果关系是指医疗机构或医务人员的过失诊疗行为与原告的损害之间的引起和被引起的关系。此种关系的认定遵循侵权认定规则，即加害行为与损害后果之间具

---

① 《妇女绝育手术后再怀孕 保健院赔偿五千》，http://old.chinacourt.org/public/detail.php?id=426215，2014年11月4日访问。

② 《做绝育手术后又怀孕 法院判医院无过错》，http://old.chinacourt.org/public/detail.php?id=69586，2014年11月4日访问。

备事实因果关系和法律因果关系。在举证责任倒置的前提下,被告只需证明此两类因果关系中有一类不成立即可免责。①

(三) 侵害身体权的财产损害赔偿应遵循完全赔偿原则

对于造成财产损失的侵害身体权的行为,身体权侵权人应就被侵权人遭受的全部经济利益之损失负赔偿责任,即坚持财产损失完全赔偿原则("全面赔偿原则")。这一原则的具体内涵如下。

1. 财产损害赔偿以弥补被侵权人经济利益损失为目的。损失的范围决定了赔偿的范围。"对赔偿受到的损害而必须给予的赔偿金,应当按照损害(本身)的价值来计算,(行为人)的过错的严重程度对这种赔偿金的数额不能产生任何影响。"② 对于此种损害,应依照《侵权责任法》第16条的规定,造成医疗费、误工费损失以及其他费用的损失,应予全部赔偿。

2. 现实生活中,被侵权人的职业、收入、教育背景、人生规划、社会地位等因素各不相同,因此不同的被侵权人的财产损害也不相同,赔偿的数额也有差异。依据《人身损害赔偿解释》第25条,受害人因身体权或健康权遭受侵害以致残疾时,残疾赔偿金就应依据受害人丧失劳动能力的程度或者伤残等级加以确定。对于一些受害人虽然因伤致残但是实际收入并未减少的,或者一些受害人虽然残疾等级较轻但造成了职业妨害以致严重影响其劳动就业的,还需要相应地减少或增加残疾赔偿金。如一位仓库保管员失去一只手指,对其仓库保管工作并无影响,而同样的情况对一位钢琴演奏家来说,无异于剥夺了他的艺术生命。

3. 完全赔偿原则虽然是为了保护受害人,但也不能给加害人造成过重的负担,因而应采取因果关系、过失相抵等制度对损害赔偿范围加以合理的限制。③

(四) 明确精神损害严重性的判断标准

依据《侵权责任法》第22条,必须是在造成严重精神损害时才能赔偿精神损害。如果仅仅是轻微的损害,不应当适用精神损害赔偿。如何判

---

① 张红:《人格权总论》,北京大学出版社2012年版,第278页。
② 法国最高法院第二民事法庭1964年5月8日判例,转引自罗洁珍译《法国民法典》(下册),法律出版社2005年版,第1092页。
③ 王泽鉴:《损害赔偿法之目的:损害填补、损害预防、惩罚制裁》,《月旦法学杂志》2005年第8期。

断严重的精神损害?《精神损害赔偿的司法解释》第 8 条第 1 款规定:"因侵权致人精神损害,但未造成严重后果,受害人请求赔偿精神损害的,一般不予支持,人民法院可以根据情形判令侵权人停止侵害、恢复名誉、消除影响、赔礼道歉。"其第 2 款规定:"因侵权致人精神损害,造成严重后果的,人民法院除判令侵权人承担停止侵害、恢复名誉、消除影响、赔礼道歉等民事责任外,可以根据受害人一方的请求判令其赔偿相应的精神损害抚慰金。"根据我国一贯的司法实践,这种"严重性"在物质性人格权侵害中主要表现为造成他人死亡,或者致人身体损害已达到评残等级,或者造成受害人永久性伤痕。但这种以单纯的伤残等级来衡量精神损害程度的做法是值得怀疑的。其一,此种衡量标准往往将一些侵害身体权但未导致健康损害的行为排除在精神损害赔偿范围之外。例如,打人耳光、强制文身、断人毛发等,虽构成对身体权的侵害,但因未发生"伤残"等实质性的物理损害而不能得到救济。较诸人类文明早期的古代法,这样的法律后果在法治昌明的现代社会不能不说是一种遗憾。其二,精神损害不同于人身损害。人身损害具有较强的客观性,对是否存在人身损害、损害程度等,有较为明确的判断标准。对人身损害,通常可以借助医学鉴定结论来做出判断。但是,如果受害人一方的精神损害未达到临床医学上的精神疾病程度,则很难从医学科学的角度做出判断,而法律要救济的精神损害远不需要达到如此严重的程度。[①] 事实上,对精神损害的赔偿并不能真正弥补精神损害,因为精神损害是无法精确估量的,这种赔偿应是基于法官的衡平而对受害人做出的补偿,并对侵害人有违公序良俗的惩戒。我们应把精神损害的"严重性"从对客观损害结果的判断转化对侵害事实的认知,而这种"侵害事实"又是通过侵害人的过错程度及侵害人的手段、场合、行为方式、后果这些要素来进行综合评价的。这些要素不仅可以用来估量精神损害赔偿金的数额,而且本身就可以直接用来评价精神损害的"严重性"[②]。其三,精神损害毕竟是受害人一方的一种心理感受或反应,这样的感受或反应对于不同的人来说可能是千差万别的,在判断精神损害的严重性时,我们还应将受害人一方的主观感受或反应纳入到考虑范畴。这也体现了精神损害赔偿对受害人进行抚慰的价值功能。例

[①] 张新宝:《侵权责任构成要件研究》,法律出版社 2007 年版,第 253 页。
[②] 肖俊:《人格权保护的罗马法传统:侵辱之诉研究》,《比较法研究》2013 年第 1 期。

如，英美侵权责任法和大陆法系侵权责任法都接受"蛋壳脑袋理论"。该理论认为，被告不得以没有故意或不能预见原告头骨像鸡蛋般脆弱而主张免除损害责任。具体而言，"蛋壳脑袋理论"可以概括为受害人的两种主观因素：（1）受害人受害前的精神状况，包括承受精神打击的能力；（2）受害人的精神损害表现程度。

（五）明确精神损害赔偿数额的裁量因素

对身体权侵权精神损害赔偿金的数额采何种方法确定，其实取决于对精神损害赔偿金功能的认识，两者相互关联。因此，在探究该精神损害赔偿数额的确定方法之前，有必要先明确精神损害赔偿金的功能。

1. 精神损害赔偿金的功能

精神损害赔偿金具有何种功能，学界说法不一。姚辉教授认为，精神损害赔偿金应具有两种功能，即补偿功能和抚慰功能。[①] 台湾学者王泽鉴则认为，精神慰抚金的功能包括：一、填补损害；二、被害人的慰抚；三、预防功能。[②] 王利明教授认为，精神损害赔偿的功能主要体现在：一、克服功能；二、抚慰功能；三、惩罚功能；四、调整功能。[③] 综合上述学者的观点，并考察国内外的相关理论与实践，笔者认为精神损害赔偿金主要应具备补偿、抚慰和预防三种功能。

第一，补偿功能。精神损害赔偿金的基本功能和首要功能即在于补偿损害。尽管精神损害不是现实的、有形的损害，但是毕竟是一种损害事实。"无损害，无赔偿。"法律肯定精神损害赔偿制度，就是要肯定其补偿对被侵害人所造成的精神损害的作用。精神损害本质上是一种非财产损害，对于精神损害不能通过金钱的方式直接对受害人的损害加以补偿，同时，精神损害也不能通过金钱的赔偿而得以恢复。但是，在市场经济条件下，金钱虽不能购买"同样"的非痛苦而直接填补受害人的损害，但可以通过精神损害赔偿减少或消除受害人精神上的痛苦和不良情绪。受害人在遭受精神损害之后，通过精神损害赔偿获得一笔金钱，受害人可以用来购买物品或服务，从而使得受害人获得一定的精神享受和愉悦，以替代、

[①] 姚辉：《人格权法论》，中国人民大学出版社2011年版，第303页。

[②] 王泽鉴：《人格权法——法释义学、比较法、案例研究》，北京大学出版社2013年版，第415—416页。

[③] 王利明：《人格权法研究》，中国人民大学出版社2012年版，第693—698页。

弥补其所遭受的精神痛苦。① 身体权受侵害后，不仅会有精神痛苦，而且会有肉体疼痛。毁人容貌、致人残疾等甚至会使受害人蒙受终身的痛苦。尽管金钱并不能真正地补偿身体伤害所带来的伤痛，但是通过责令相当数量的金钱赔偿，被侵权人可借此取得替代性的欢娱，尽快从身体损害的阴影中走出来，重新开始正常的工作和生活。需要指出，在司法实务中，常有被害人因身体遭受侵害而失去知觉，此种情形下，被害人也可以请求精神或肉体痛苦的精神损害赔偿，不以被害人有感受心神痛苦为必要。

第二，抚慰功能。所谓抚慰，是指通过对受害人进行精神损害赔偿，使受害人感觉到正义得到伸张、权益得到保护，从而直接缓和其精神痛苦。比较法上，如瑞士、日本等均认为精神损害赔偿主要具有抚慰的功能，因而将其称为抚慰金。抚慰功能也称满足功能。该功能是建立在这样的思想基础上，即加害人就其曾对受害人的所作所为负有使受害人满意的义务。德国法学家 Von Tuhr 曾言："金钱给付可使被害人满足，被害人知悉从加害人处取去金钱，其内心之怨懑将获平衡，其报复的感情将可因此而得到慰藉。对现代人言，纵然其已受基督教及文明的洗礼，报复的感情仍尚未完全消逝。"② 因而，精神损害赔偿责任可以体现法律伸张正义之精神，消除受害人及其亲属的报复念头。

第三，预防功能。法律上的制裁因对行为人课以不利益，具有一定的预防功能，促使受制裁者调整其行为以为规避。根据《精神损害赔偿的司法解释》第 10 条之规定，在确定精神损害赔偿的金额时，需要考虑侵权行为人的过错程度，以及侵害手段、场合、行为方式等具体情节，这与财产损害赔偿中仅考虑财产损失的大小具有明显差异。所以，精神损害赔偿金具有预防的作用，即经由精神损害赔偿责任的确定，尤其是斟酌加害人的主观过错，调整相当赔偿的数额，从而发挥其吓阻不法行为、确立行为模式的功用。

2. 确定侵害身体权之精神损害赔偿金的裁量因素

在我国，精神损害赔偿的原则主要是法官自由裁量原则，即法律赋予法官在法律允许的范围内对案件的具体赔偿数额灵活确定的权利。依

---

① 王利明：《人格权法研究》，中国人民大学出版社 2012 年版，第 693—698 页。
② 王泽鉴：《民法学说与判例研究（第 2 册）》，中国政法大学出版社 1998 年版，第 260 页。

据《精神损害赔偿的司法解释》第 10 条第 1 款之规定,法官在决定精神损害赔偿数额时需要参考以下因素:侵权人的过错程度;侵害的手段、场合和行为方式等具体情节;侵权行为所造成的后果;侵权人的获利情况;侵权人承担责任的经济能力;受诉法院所在地的平均生活水平。这些裁量因素对于绝大多数涉及身体权侵权精神损害赔偿数额的确定具有重要意义。其一,过错程度一般是决定因素之一。加害人故意甚或恶意侵害他人身体权的,则可能承担较高数额的精神损害赔偿金;具有重大过错的加害人亦应承担较高数额的精神赔偿金,反之,加害人仅因为一般过失,尤其是轻微过失侵害他人的,则可能少量赔偿甚至不赔偿精神损害。比如,恶意殴打他人,侵权人应承担精神损害赔偿责任;但在乘坐公交车时,不小心踩了别人一脚,则属于道德调整的范畴。"盖被害人苦痛、怨愤之慰藉与加害人故意过失之轻重具有密切之联系。在以预谋残酷手段毁人容貌之情形下,被害人怨愤深,苦痛难忘,其因一时疏忽致伤害者,被害人容有宽恕之心,被害人感觉有异,慰藉程度亦应有所不同也。"[①] 其二,侵权人的侵害手段、场合、行为方式等具体情节的不同可以反映出侵权人的主观恶意程度和社会危害性大小,而且也影响着受害人所遭受的精神损害的轻重。比如,在前述的"金贞淑、金雪薇侮辱金明锦、朴杏梅案"中,被告采用暴力手段,强行剪去原告的大部分头发,手段恶劣,给受害人造成严重的精神损害。其三,身体权侵权行为所造成的后果也是影响精神损害赔偿数额多少的重要因素。基于保障人身安全的需要,我国一贯的司法实践主要以身体伤残等级来衡量被侵权人的精神损害的严重程度。其四,把侵权人承担责任的经济能力以及受诉法院所在地平均生活水平也作为参考因素,主要是考虑到使经济能力较低的侵害人的生活在赔偿后不致陷入极端困难的境地或经济能力较高的侵害人不致因赔偿数额较低而未受到足够的"威慑",以及判决被当地社会公众认可的程度,避免引起社会负面效应。这样的考虑有利于社会稳定,有利于案件得以最终执行。在今后的司法实践中,我们可以参照上述因素来确定适当的身体权侵权之精神抚慰金数额。但在确定具体标准时,建议还要考虑如下因素。

[①] 王泽鉴:《民法学说与判例研究(第 2 册)》,中国政法大学出版社 1998 年版,第 260 页。

第一，设立精神损害赔偿制度的目的。精神损害赔偿的目的就是要补偿受害人的精神损害、对受害人进行抚慰以及促使侵权人今后以更为谨慎的方式从事，避免侵害他人合法权益。是故，赔偿的数额就要与赔偿的目的相一致。从补偿角度而言，必须考虑到受害人的精神损害的具体情况，基于完全赔偿的原则，由法官具体斟酌受害人"身体和心理被妨碍的性质和程度；受害人的年龄和个人状况；生命损害的程度；疼痛、外形损坏及痛苦的大小、持续时间及剧烈程度；住院治疗和家属分离的时间的长短；不能工作的时间长短；疾病发展的不可预计性；受害人已经患病的体质"等具体情况，而后确定精神损害赔偿金。① 而对于抚慰和预防而言，则应由法官考虑加害人过错的性质和程度、受害人的共同过错以及对加害人的刑罚的可能性或已经实施的刑罚等。

第二，要考虑加害人的悔过态度。身体权侵权行为人的悔过态度，也应是法官在确定精神损害赔偿金时的一个考量因素。比如，在"梁某慧诉阳春市富泉水业有限公司人身损害赔偿案"② 中，被告由于游泳安全设施未配套好以及人为过错，造成原告被吸到水池排水管内，下身的裤子全被冲走，身上多处受伤，且引发多人围观，给原告造成严重的精神损害，应给予精神抚慰。但被告并非故意，况且在发生事故后积极采取了各项补救措施，尽量减少对原告造成的不必要伤害，并及时支付给原告营养费。因而，法院酌定被告赔付原告精神抚慰金5000元，原告请求的80000元精神损失费，数额过高，不予支持。正如有学者所谓"加害人立刻道歉，时加慰问，并代付医药费，有悔过之意者，被害人亦较易宽容，自可酌情减少慰抚金"③。

第三，要考虑受害人的受伤害部位，受害人的性别、年龄。我国台湾学者曾隆兴指出，受害人在遭受人身伤害并留下后遗症的情况下，后遗症"残留之部位、程度及所预测继续残留期间，亦为被害人过去、现在及将来精神上、肉体上苦痛之斟酌要素。被害人尚未结婚者，可能因此而丧失或减少婚姻机会，其精神上痛苦，自较已结婚者为重，自应考虑酌情增加

---

① 韩赤风：《精神损害赔偿制度的划时代变革——〈德国民法典〉抚慰金条款的调整及其意义》，《比较法研究》2007年第2期。

② 金俊银：《法律教学案例精选（2008年民事卷）》，中国政法大学出版社2009年版，第248—252页。

③ 曾隆兴：《详解损害赔偿法》，中国政法大学出版社2004年版，第32页。

金额。又上下肢或脸部露出面之丑状一般瘢痕或上下肢机能障害,女子较男子所受精神上损害较大。年龄小者,较年龄大者,所受痛苦期间较长,均应予以斟酌"①。

(六) 将对身体完整性和健康的损害作为一种独立的诉因

同一侵权行为往往同时侵害身体权和健康权,在两大法系也有不少国家是将两种权利放在一起进行保护的。例如,《美国侵权法重述(第二次)》第 15 条规定,人身伤害(personal injury),就是对他人的身体造成的肉体伤害,或者是肉体疼痛,或者是疾病。② 在英国,《1980 时效法案》(Limitation Act of 1980)第 38 条第 1 款规定,人身伤害包括任何的疾病和对人的肉体或精神造成的任何损害。《奥地利民法典》第 1325 条中的身体伤害,包括了一切对身体或精神健康或精神完好性的不利影响。《欧洲侵权法原则》第 10∶202 条第 1 款将人身伤害界定为"身体健康损害以及被认定为疾病的精神健康损害"。可见,在两大法系中,人身伤害均指对身体的完整性以及身心健康的侵害。所以,尽管身体权和健康权是两个相互独立的权利,但在司法实践中,我们没有必要区分身体损害和健康损害,只要行为的结果被界定为其中之一,法律责任就随之产生了。从权利救济的角度,我们不妨借鉴外国法的成熟经验,将对身体完整性和健康的损害作为一种独立的诉因。

---

① 曾隆兴:《详解损害赔偿法》,中国政法大学出版社 2004 年版,第 31 页。
② Restatement of the Law, Second, Torts §15.

结　　语

通过对身体权的研究，完成了对身体权的历史流变过程的描述，实现了对身体权的内涵和结构的界定与分析，在立足于国内外关于身体权保护的立法和司法经验的基础上，对我国未来民法典中身体权的立法提出了制度构想。具体而言，本书的研究结论可表述如下。

第一，身体权的理论发展与制度嬗变是一个历史范畴。在古代等级社会中，法律更多关注的是人的身份和财产，以主体平等为特质的生命权、身体权、健康权等人格权概念无从产生，但还是存在保护人的生命、身体、健康的习惯或法律。古代法保护人之生命、身体的主要目的在于社会秩序的维护，就保护方法而言，刑法更具有优位性。及至近代，在古典自然法的思想启蒙和个人主义思想的推动下，近代民法确立了主体平等原则，将人的生命、身体、健康、自由等人格价值视为人的要素。但近代民法并没有从权利角度看待这些"人之为人"的应有，在保护方法上，采用了侵权法的保护模式。现代社会中，随着社会变迁，个人人格的自我觉醒，以及现代科技和生活方法所产生的层出不穷的侵害样态，身体权的所谓"人之本体保护"模式已无法完整体现"人之为人"的本质要求。而身体权的权利化，能明确身体权的内涵和外延，从而有利于人格尊严的保护和人格自由的实现。现代民法的一个重大变化就是（逐步地）将生命权、身体权、健康权等人格权予以权利化保护。

第二，身体权在内涵上既包括排除对身体侵害的权利（消极层面）又包括决定有关身体处分的权利（积极层面）。前者表现为权利人有权维护其身体的完整性，后者则表现为权利人有权在一定限度内对其身体完整性进行处分。身体权是一项独立的人格权，与其他人格权既有区别又有联系。本书对身体权的独立性以及与其他人格权关系的认知主要体现在以下环节。（1）身体权是独立于健康权的具体人格权，因为不仅"身体"和

"健康"是两个相互独立的法学概念，而且身体权和健康权在学理上也有明显区别。这已为一些主要成文法国家的立法例所证明。（2）有学者仅从学理和司法解释上扩大对健康权的概念的解释，将身体权包括在健康权内①，或扩大对身体权的解释，将健康权包括在身体权内②，无异于削足适履，势必会引起逻辑上的混乱，且不利于立法的发展和完善。（3）身体作为人格的物质载体，体现了人格的诸多特点，为了人格的全面发展，身体权必然与名誉权、肖像权、声音权、隐私权等精神性人格权发生密切的联系。但是，身体权是主体就生命有机体的存在而享有的一种权利，精神性人格权则主要是为了满足人们正当的精神需要而确定的一项权利，两者有着明显的区分，不应混淆。（4）有学者将非法搜查自然人的身体、非法侵扰自然人身体视为侵害身体权行为的方式③，模糊了物质性人格权和精神性人格权的界线，也造成了司法实践中的困扰。人的权利观念的更新，是社会自身发展和人类文明进步的结果。④ 身体权从最初作为人的自然权利，伴随着物质文明的价值取向而充实为财产权利，进而升华到人格权利。身体权，归属于物质性人格权，兼具宪法基本权利和民事权利的双重属性。在物质性人格权体系中，身体权应位列生命权之后、健康权之前。究其原因如下。（1）身体是生命、健康所依附的物质载体，身体权在物质性人格权体系乃至整个人格权体系中居于基础性地位，这一点也可以从身体权、肖像权、声音权等标表型人格权的关系上得到印证。（2）从历史沿革的角度，健康权是从身体权推导出来的，而非相反。我国历史上的两部民律草案和后来的"民国民法"关于身体权和健康权的立法变革过程就是例证。（3）就事实逻辑而言，公众对身体权的感知和重视程度远甚于健康权。在法律上将身体权确立为一项独立的人格权，具有如下多重意义。（1）满足权利人全面保护人身安全的需求以及法官妥当处理侵权案件的需求。（2）有利于民法、刑法等法律保护体系协调一致，互相衔接。（3）为身体权人对其身体完整性的有限处分行为提供了合法依据，顺应了医疗和生物技术发展的需求。（4）为新型权利的创设

---

① 唐德华：《最高人民法院〈关于确定民事侵权精神损害赔偿责任若干问题的解释〉的理解与适用》，人民法院出版社2001年版，第28页。

② 顾长河：《身体权与健康权的区分困局与概念重构》，《商业研究》2013年第5期。

③ 杨立新：《人格权法》，法律出版社2011年版，第399—400页。

④ 姚辉：《人格权法论》，中国人民大学出版社2011年版，第33页。

提供了基础，防止权利滥设。（5）有利于明确某些离体器官组织（如脐带血、胎盘等）的权属。

第三，对身体权权利结构的解析，事实上即属于对身体权主体、客体、内容的分别展开。自然人是身体权的主体；自然人的权利能力始于出生，终于死亡，故胎儿和死者并非民法上的主体，不享有身体权。但否定胎儿和死者的权利主体资格，并不意味着拒绝承认对胎儿和死者遗体保护的必要性。母体中胎儿所受伤害，活产胎儿可以原告起诉；如导致死产，母亲可以身体权、健康权受侵害为由，请求损害赔偿，包括精神损害赔偿。[①] 人的冷冻胚胎应被视为具有人格属性的伦理物，归属于物权的保护范畴。[②] 死者生前处分其尸体的意思表示，是其身体权的行使；自然人死亡后，身体变成了尸体，成为物，就发生了所有权。尸体是一种特殊类型的物，物权的行使应受法律及公序良俗的限制。身体权的客体包括身体及其组成部分。植入人体的特定的器官、组织和物体也可以成为身体权的客体。离体器官组织一般应构成物权法上的物；但如果将某种人体器官组织先为分离，再为结合，依照权利主体的意思，是在维护或实现其身体功能的，此等离体器官组织亦应被视为身体权的客体；离体器官组织所包含的基因信息则应归于隐私权的保护范畴。身体权的内容表现为，权利人所享有的维护其身体完整性的权利以及在一定限度内对其身体完整性进行处分的权利，即所谓身体维护权和身体支配权。所谓权利行使，指权利人实现其权利内容的正当行为。关于身体权的行使及限制，笔者选择以下几种较具有代表性、争议性的行为加以探讨。其一，关于捐献人体器官或组织的行为。合法的人体器官或组织捐献应遵循如下原则：（1）必须出于捐献者的真实意愿；（2）必须无偿捐献；（3）捐献行为不能以造成捐献者身体的重大损害为代价；（4）捐献行为不得违反公序良俗。其二，关于代孕行为。代孕行为的法律规制应遵循如下原则：（1）全面禁止商业性代孕行为；（2）有限度地开放非商业性代孕行为；（3）公权力介入原则。其三，关于变性手术。对于变性手术的法律规制应注意以下两个方面的问题：（1）实施变性手术必须符合一定的医学条件；（2）接受变性手术必须符合一定的主体资格条件。

---

① 李锡鹤：《民法哲学论稿（第二版）》，复旦大学出版社2009年版，第39页。
② 杨立新：《人的冷冻胚胎的法律属性及其继承问题》，《人民司法》2014年第13期。

第四，对身体权的侵权法保护，主要涉及侵害身体权的责任构成和责任承担问题。侵害身体权的一般责任构成要件体现为违法行为、损害事实、因果关系和主观过错四个方面。构成侵权责任的侵害身体权行为主要包括两大类。其一是侵害身体权的医疗损害行为，主要包括：（1）不当手术致他人身体部位受损；（2）"错误怀孕"与"错误出生"。其二是侵害身体权的非医疗损害行为，主要包括：（1）殴打；（2）仅侵害身体而不损及健康的违法行为；（3）"不作为"身体权侵权行为。侵害身体权的损害赔偿责任包括财产损害赔偿和精神损害赔偿。对于财产损害，应坚持全部赔偿的原则；所谓"精神损害"是指肉体疼痛或精神痛苦，侵害身体权的精神损害赔偿责任的承担应以精神损害达到一定程度为条件。在确定侵害身体权的精神损害赔偿金数额时，应综合权衡事实损害确定、价值体系判断、金钱评价三方面因素。在身体权范畴中，不论受害人是因身体权侵害行为而成为植物人或精神病人的情形还是植物人或精神病人遭受身体权侵害行为的情形，受害人均有精神损害赔偿请求权。对于侵害身体权、健康权的间接精神损害，间接受害人有权获得精神损害赔偿，但是间接受害人的精神损害赔偿的构成要件，除符合一般侵权行为的构成要件外，以下两方面应是考量重点。（1）侵权客体及间接受害人范围。配偶、父母和子女之间客观存在的婚姻关系和血亲关系对精神活动的影响尤其明显；对于主张精神损害赔偿的间接受害人范围，必须考虑到间接受害人与直接受害人的亲疏程度、扶养程度等因素。（2）损害程度。大陆法系和英美法系国家及地区均要求受害人的近亲属所遭受的精神损害达到"严重"的程度。

第五，我国未来的民法典在将身体权法定为独立的人格权的基础上，构建完善的身体权侵权救济制度。首先，身体权应被规制于独立的"人格权"编的物质性人格权中，且应介于"生命权"和"健康权"之间加以规定，以彰显身体权的基础性地位。对胎儿利益的保护，采取"总括主义"的保护模式；对死者遗体的保护，主要是着眼于死者近亲属的精神利益以及维护人之尊严的社会公共利益的保护。身体权的内容除有一般性规定外，还应对医疗手术、医学实验、器官组织捐献、遗传鉴定、人体克隆、代孕、变性等问题加以规制。关于身体权侵权救济制度，应明确以下环节：（1）身体完整性是指身体的实质性完整；（2）精神损害的严重性应从对客观损害结果的判断转化为对侵害事实的认知；（3）确定侵害身体权的精神损害赔偿金额时，应以精神损害赔偿金的功能为基础，并参考侵害事实的相关因素；（4）若同一侵权行为既侵害了身体权又侵害了健康权，可将对身体完整性和健康的损害作为一种独立的诉因。

参考文献

一 中文论文

曹玲玲：《论器官权利》，吉林大学，2009年。

陈慧珍：《作为生命伦理学基本原则的完整性》，《世界哲学》2009年第6期。

陈现杰：《〈关于确定民事侵权精神损害赔偿责任若干问题的解释〉的理解与适用》，《人民司法》2001年第4期。

杜瑞芳：《人体器官移植立法问题探讨》，《医疗法律》2003年第3期。

方潇：《中国传统礼法规制下的身体归属及其在近代的法律转向》，《环球法律评论》2009年第6期。

高妍：《身体权法律问题研究》，河北大学，2009年。

宫晓燕、潘珍珍：《代孕行为之民法思考》，《安徽警官职业学院学报》2007年第5期。

顾长河：《身体权与健康权的区分困局与概念重构》，《商业研究》2013年第5期。

郭明瑞、张平华：《侵权责任法中的惩罚性赔偿问题》，《中国人民大学学报》2009年第3期。

郭自力：《器官移植立法问题探讨》，《当代法学》2000年第6期。

韩大元、于文豪：《论人体器官移植中的自我决定权与国家义务》，《法学评论》2011年第3期。

何蓓：《由"借腹生子"引发的关于人工生殖立法的思考》，《咸宁学院学报》2004年第5期。

何立荣、王蓓：《性权利概念探析》，《学术论坛》2012年第9期。

黄文艺、于莹、朱振等：《人体器官移植》，《法制与社会发展》2004年第1期。

黄晓虹：《论完善我国胎儿利益民事法律保护制度》，中国政法大学，2007年。

霍原：《器官捐献人自己决定权的多元基础》，《学术交流》2013年第11期。

姜新东：《人格权的哲学基础探源——理性与身体在人格中的角色变迁及其法律意义》，《东岳论丛》2011年第8期。

李冬：《生育权研究》，吉林大学，2007年。

李江：《论代孕的限制性使用》，《法制与社会》2007年第3期。

李玲娜：《关于人体器官法律性质的分析》，《河北法学》2010年第3期。

李旭修、耿焰：《由"借腹生子"的新闻所引发的思考——论民法中的身体权》，《中国律师》2000年第9期。

李怡杰：《论变性手术的可行性及相关法律问题》，《法制与社会》2010年第6期。

林祺祥：《人体分离物及其衍生物或权利之法律属性与权利归属之研究》，国立成功大学，2009年。

刘长秋、赵志毅：《人体器官买卖与捐献的法律分析》，《法律与医学杂志》2007年第1期。

刘春梅：《论人身伤害中的非财产损害赔偿》，对外经济贸易大学，2010年。

刘春梅：《论身体权的保护》，《暨南学报（哲学社会科学版）》2011年第2期。

刘静静：《胎儿利益保护研究》，中国社会科学院，2012年。

刘俊香：《人体器官可以买卖吗——儒学与西方哲学关于身体归属权的比较》，《伦理学研究》2009年第3期。

刘明祥：《伤害胎儿行为之定性探究》，《法商研究》2006年第5期。

刘召成：《胎儿的准人格构成》，《法学家》2011年第6期。

马强：《试论贞操权》，《法律科学》2002年第5期。

马新学：《澳门民法典对人格利益保护的立法启示》，《学术研究》2002年第12期。

满洪杰:《人类胚胎的民法地位刍议》,《山东大学学报(哲学社会科学版)》2008年第6期。

满洪杰:《荣誉权——一个巴别塔式的谬误?》,《法律科学》2012年第4期。

毛宁:《身体权研究》,复旦大学,2007年。

聂程:《现代民法对身体权的保护》,湖南大学,2012年。

聂铄:《论对尸体的合法利用和保护》,《河北法学》2001年第5期。

潘诗韵:《英美侵权法殴打制度研究》;梁慧星:《民商法论丛(第43卷)》,法律出版社2009年版。

彭志刚、徐晓娟:《人体器官的法律属性及其权利归属》,《科技与法律》2006年第3期。

邱玟惠:《人体、人体组织及其衍生物民法上权利之结构》,台湾东吴大学,2009年。

曲升霞、袁江华:《侵犯贞操权与身体权的司法认定及其请求权竞合之解决》,《人民司法》2009年第15期。

曲新久:《论禁止利用死刑犯的尸体、尸体器官》,《中外法学》2005年第5期。

任汝平、唐华琳:《代孕的法律困境及其破解》,《福建论坛(人文社会科学版)》2009年第7期。

沈建峰:《具体人格权的立法模式及其选择——以德国、瑞士、奥地利、列支敦士登为考察重点》,《比较法研究》2011年第5期。

石中玉:《论英国侵权法上人身直接暴力侵害制度》,对外经济贸易大学,2007年。

宋培华:《论胎儿利益的民法保护》,华东政法学院,2007年。

隋彭生:《论肖像权的客体》,《中国法学》2005年第1期。

汪智渊:《胎儿利益的民法保护》,《法律科学》(西北政法学院学报)2003年第4期。

王安福:《论过度医疗侵权责任及其法律救济》,《河北法学》2012年第10期。

王玥:《解读"借腹生子"的相关法律问题》,《甘肃政法学院学报》2006年第11期。

王玥:《论人体移植器官、人工替代器官的法律地位》,《湖南公安高等专科学校学报》2006年第4期。

王凤民：《论人体器官移植供体知情权与人格权法律保护体系构建》，《科技与法律》2010年第6期。

王凤民：《人体器官移植与人格权的法律保护》，《佳木斯大学》（社会科学学报）2007年第3期。

王歌雅：《生育权的理性探究》，《求是学刊》2007年第6期。

王军、粟撒：《德国侵权法上的人身伤害抚慰金制度》，《暨南学报（哲学社会科学版）》2008年第6期。

王淇：《关于生育权的理论思考》，吉林大学，2012年。

王瑛：《健康权损害赔偿及其范围的研究》，华东政法大学，2007年。

王竹：《解释论视野下的侵害患者知情同意权侵权责任》，《法学》2011年第11期。

王竹：《身体权学理独立过程考》，《广州大学学报（社会科学版）》2012年第5期。

吴国平：《自然人婚后变性权问题研究》，《福建行政学院学报》2012年第3期。

吴劲夫：《活体器官移植的若干民法问题研究》，西南政法大学，2009年。

吴文珍：《论人体组成部分的法律地位及其归属》，《河北法学》2011年第5期。

肖俊：《人格权保护的罗马法传统：侵辱之诉研究》，《比较法研究》2013年第1期。

肖薇：《母亲与胎儿关系的伦理争论》，《应用伦理研究通讯》（中央大学哲学研究所应用伦理研究中心）2004年第31期。

谢菲菲：《论代孕行为的法律规制》，暨南大学，2011年。

熊永明：《论自我决定权在器官移植中的行使边界》，《法学杂志》2009年第1期。

熊永明：《尸体器官或遗体捐献涉及的法律问题》，《南昌大学学报（人文社会科学版）》2012年第4期。

徐海燕：《论体外早期人类胚胎的法律地位及其处分权》，《法学论坛》2014年第4期。

颜厥安：《财产、人格，还是资讯？——论人类基因的法律地位》，《鼠肝与虫臂的管制——法理学与生命伦理论文集》，台湾元照出版有限公司2004年版。

杨立新：《论公民身体权及其民法保护》，《法律科学》1994年第6期。

杨立新：《人的冷冻胚胎的法律属性》，《人民司法》2013年第13期。

杨立新、曹艳春：《论尸体的法律属性及其处置规则》，《法学家》2005年第4期。

杨立新、曹艳春：《脱离人体的器官或组织的法律属性及其支配规则》，《中国法学》2006年第1期。

杨立新、刘召成：《论作为抽象人格权的自我决定权》，《学海》2010年第5期。

杨立新、陶盈：《人体变异物的性质及其物权规则》，《学海》2013年第1期。

杨立新、王海英、孙博：《人身权的延伸法律保护》，《法学研究》1995年第2期。

杨立新、袁雪石：《论声音权的独立及其民法保护》，《法商研究》2005年第4期。

杨立新、袁雪石：《论医疗机构违反告知义务的医疗侵权责任》，《河北法学》2006年第12期。

杨亮红：《论胎儿的身体权客体属性》，《商洛学院学报》2013年第3期。

杨巍：《论胎儿利益的民法保护》，《环球法律评论》2007年第4期。

姚辉：《侵权责任法视域下的人格权》，《中国人民大学学报》2009年第3期。

姚辉、周云涛：《人格权：何以可能》，《法学杂志》2007年第5期。

姚岚：《试论人体器官权与器官捐献激励原则》，《法律与医学杂志》2006年第4期。

易继明：《人格权立法之历史评析》，《法学研究》2013年第1期。

尹田：《自然人具体人格权的法律探讨》，《河南政法管理干部学院学报》2004年第3期。

于飞：《"法益"概念再辨析——德国侵权法的视角》，《政法论坛》

2012 年第 4 期。

余能斌、涂文：《论人体器官移植的民法理论基础》，《中国法学》2003 年第 6 期。

詹文良：《器官移植之法理分析》，台湾东吴大学，2012 年。

张耕、唐弦：《脐带血的相关法律问题思考》，《科技与法律》2003 年第 3 期。

张红：《〈侵权责任法〉对人格权保护之评述》，《法商研究》2010 年第 6 期。

张会永：《基于代孕技术的伦理与法律思考》，《湖北第二师范学院学报》2010 年第 11 期。

张婕：《身体权论》，西南政法大学，2008 年。

张静：《论人体器官组织支配的法律问题》，《河北法学》2000 年第 2 期。

张莉：《变性人变性手术的民法基础及其法律规制》，《福建师范大学学报》2012 年第 2 期。

张莉：《论人类个体基因的人格权属性》，《政法论坛》2012 年第 4 期。

张良：《浅谈对尸体的法律保护》，《中外法学》1994 年第 3 期。

张民安、龚赛红：《因侵犯他人的人身完整权而承担的侵权责任》，《中外法学》2002 年第 6 期。

张平华：《人格权的利益结构与人格权法定》，《中国法学》2013 年第 7 期。

张伟：《论尸体侵权的民事责任》，吉林大学，2005 年。

郑净方：《人工生殖技术下夫妻生育权的契合和冲突》，《河北法学》2012 年第 5 期。

周鹏：《论美国侵权法中的侵扰制度》，《环球法律评论》2006 年第 2 期。

周详：《胎儿"生命权"的确认与刑法保护》，《法学》2012 年第 8 期。

朱辉：《变性手术及相关问题》，《中国美容医学》2004 年第 6 期。

朱晓峰：《人格立法之时代性与人格权的权利内质》，《河北法学》2012 年第 3 期。

朱岩：《风险社会与现代侵权责任法体系》，《法学研究》2009年第5期。

郏立军：《论脱离人体的器官的法律属性——对"二元区分说"的商榷及对"人身之外"的理解》，《法学论坛》2011年第5期。

宗晓虹、钟和艳：《器官移植的人身权问题研究》，《重庆大学学报（社会科学版）》2004年第2期。

左静：《人体器官捐献的法律规制》，西南财经大学，2007年。

二　中文著作

［英］巴里·尼古拉斯：《罗马法概论》（第二版），黄风译，法律出版社2004年版。

［德］鲍尔、施蒂纳尔：《德国物权法》，张双根译，法律出版社2004年版。

［英］边沁：《道德与立法原理导论》，时殷弘译，商务印书馆2000年版。

曹险峰：《人格、人格权与中国民法典》，科学出版社2009年版。

程啸：《侵权责任法》，法律出版社2011年版。

［德］迪特尔·梅迪库斯：《德国民法总论》，邵建东译，法律出版社2001年版。

［德］迪特尔·施瓦布：《民法导论》，郑冲译，法律出版社2006年版。

［美］格瑞尔德·J.波斯特马：《哲学与侵权行为法》，陈敏、云建芳译，北京大学出版社2005年版。

黄丁全：《医疗法律与生命伦理》，法律出版社2007年版。

江平：《江平文集》，中国法制出版社2000年版。

［德］卡尔·拉伦茨：《德国民法通论（上册）》，王晓晔等译，法律出版社2013年版。

［德］克雷斯蒂安·冯·巴尔：《欧洲比较侵权行为法》，焦美华译，法律出版社2004年版。

李锡鹤：《民法哲学论稿（第二版）》，复旦大学出版社2009年版。

梁慧星：《民法总论》，法律出版社2011年版。

梁慧星：《中国民法典草案建议稿附理由（侵权行为编·继承编）》，

法律出版社 2004 年版。

梁慧星：《中国民法典草案建议稿附理由（总则编）》，法律出版社 2004 年版。

林志强：《健康权研究》，中国法制出版社 2010 年版。

龙显铭：《私法上人格权之保护》，中华书局 1948 年版。

[德] 马克西米利安·福克斯：《侵权行为法（第 5 版）》，齐晓琨译，法律出版社 2006 年版。

[德] 马克西米利安·福克斯：《侵权行为法》，齐晓琨译，法律出版社 2004 年版。

马俊驹：《人格和人格权理论讲稿》，法律出版社 2009 年版。

马特、袁雪石：《人格权法教程》，中国人民大学出版社 2007 年版。

[英] 梅因：《古代法》，沈景一译，商务印书馆 1959 年版。

钱大群：《唐律疏议新注》，南京师范大学出版社 2007 年版。

邱仁宗：《生命伦理学》，中国人民大学出版社 2010 年版。

沈建峰：《一般人格权研究》，法律出版社 2012 年版。

史尚宽：《债法总论》，中国政法大学出版社 2000 年版。

王利明：《民法典·人格权法重大疑难问题研究》，中国法制出版社 2007 年版。

王利明：《侵权行为法研究》，中国人民大学出版社 2004 年版。

王利明：《人格权法研究》，中国人民大学出版社 2012 年版。

王利明：《中国民法典学者建议稿及立法理由（人格权编·婚姻家庭编·继承编）》，法律出版社 2005 年版。

王胜明：《中华人民共和国侵权责任法释义》，法律出版社 2010 年版。

王泽鉴：《人格权法——法释义学、比较法、案例研究》，北京大学出版社 2013 年版。

[德] 沃尔夫：《物权法》，吴越、李大雪译，法律出版社 2004 年版。

[日] 五十岚 清：《人格权法》，铃木贤、葛敏译，北京大学出版社 2009 年版。

[英] 肖恩·斯威尼、伊恩·霍德：《身体》，贾俐译，华夏出版社 2011 年版。

徐国栋：《绿色民法典草案》，社会科学文献出版社 2004 年版。

徐国栋：《民法哲学》，法制出版社 2009 年版。

徐国栋：《民法总论》，高等教育出版社 2007 年版。

杨立新：《〈中华人民共和国侵权责任法〉精解》，知识产权出版社 2010 年版。

杨立新：《〈中华人民共和国侵权责任法〉条文解释与司法适用》，人民法院出版社 2010 年版。

杨立新：《类型侵权行为法研究》，人民法院出版社 2006 年版。

杨立新：《侵权法论（第二版）》，人民法院出版社 2004 年版。

杨立新：《侵权行为法专论》，高等教育出版社 2005 年版。

杨立新：《侵权责任法》，法律出版社 2010 年版。

杨立新：《人格权法》，法律出版社 2011 年版。

杨立新：《中国人格权立法报告》，知识产权出版社 2005 年版。

姚辉：《人格权法论》，中国人民大学出版社 2011 年版。

张红：《人格权总论》，北京大学出版社 2012 年版。

张俊浩：《民法学原理（修订第三版）》，中国政法大学出版社 2000 年版。

张民安：《现代法国侵权责任制度研究》，法律出版社 2003 年版。

张民安、梅伟：《侵权法（第二版）》，中山大学出版社 2005 年版。

张新宝：《侵权责任法立法研究》，中国人民大学出版社 2009 年版。

张新宝：《侵权责任构成要件研究》，法律出版社 2007 年版。

郑永宽：《人格权的价值与体系研究》，知识产权出版社 2008 年版。

郑永流：《人格、人格的权利化和人格权的制定法设置》；郑永流：《法哲学和法社会学论丛》，北京大学出版社 2005 年版。

三 外文文献

Carl E. Schneider. *After Autonomy* [J]. Wake Forest Law Review. 41. No. 2. Summer 2006.

Charles C. Dunham. Ⅳ. "Body Property: Challenging the Ethical Barriers in Organ Transplantation to Protect Individual Autonomy." [J]. Annals of Health Law. 17. no1. Wint. 2008.

Christyne L.*Neff.Woman, Womb, and Bodily Integrity* [J]. Yale Journal of Law & Feminism.1991（3）.

DIEGO GRACLA：*Ownership of the Human Body：Some Historical Remarks* [M]. Published by Kluwer Academic Publishers, 1998.

Donna L.Dickson.*Property in the Body：Feminist Perspectives* [M]. Cambridge University Press, 2007.

Eric H.Reiter.*Personality and Patrimony：Comparative Perspectives on the Right to One's Image* [J]. Tulane Law Review, February 2002.

Giorgio Resta.*The New Frontiers of Personality Rights and the Problem of Commodification* [J]. Tulane European and Civil Law Forum.33（2011）.

Gori Ramachandran.*Against the Right to Bodily Integrity：Of Cyborgs and Human Rights* [J]. Denver University Law Review.2009（1）.

Guido Calabresi.*An Introduction to Legal Thought：Four Approaches to Law and the Allocation of Body Parts* [J]. 55 Stan.L.Rev.2113（2003）.

International Personal Injury Compensation Year Book [M]. 1996, Sweet & Maxwell.

Kristen Ann Curran.*Informed Consent：A Right without Remedy Examined through the Lens of Maternity Care* [J]. American University Journal of Gender, Social Policy & the Law.Vol.21.2012.

Kristin Savell.*Sex and the Scared：Sterilization and Bodily Integrity in English and Canadian Law* [J]. McGill Law Journal.1093（2004）.

Lloyd R.Cohen.*Increasing the supply of transplant organs：The virtues of future market* [J]. 58 Qeo.Wash.L.Rev.1989-1990.

Meredith M.Render.*The Law of the Body* [J]. Emory Law Journal.549（2013）.

Peter Hale Wood.*Of Commodification and Self-ownership* [J]. Yale J.L.& Summer 2008.

Philippe Malinvaud, Introduction à l'étude du droit [M]. 9e edition, Litec, 2002.

Prosser, "privacy" [J]. Calit.L.R., Vol.48（1960）.

Radhika Rao. *Property, Privacy and the Human Body* [J]. Boston University Law Review.2000.

Richard Owen. *Essential Tort Law* [M]. Wuhan: Wuhan University Press, 2004.

Stephen R. Munzer. *A Theory of Property* [M]. Cambridge University Press, 1990.

后 记

在对民法的学习、研究过程中,我一直对人格权问题比较感兴趣。在读博士研究生期间,得益于导师王歌雅教授的指引,得以将我国民事立法遗漏的一项重要人格权"身体权",确定为博士学位论文题目。本书即是在我的博士学位论文基础上修改而成的,在一定意义上也是对我多年来对人格权制度学习、研究的一个小结。

感谢我的导师王歌雅教授!从我开始攻读博士学位,到论文的开题、提纲的拟定,再到全文的修改,一直到答辩前的表达训练,乃至论文出版的推荐,导师都倾注了大量心血,给予了无微不至的关心、指导和启发。于我而言,以"恩师"一语称呼导师最为贴切。

感谢我的老师孙毅教授,在我论文写作最困惑的时候,他给予了殷切的关怀和帮助,书中不少观点,都是在他的启迪下形成的。感谢张铁薇教授,她不仅就我的论文写作悉心施教,还竭力为我提供良好的科研环境,使我能长期在图书馆的研究间安心写作。感谢申建平教授,她对我论文的命题与写作不吝教诲,提出了诸多非常宝贵的意见。感谢杨震教授、董惠江教授,他们在我的课程学习、论文开题和撰写过程中,所给予的批评和指点,使我受益良多。还要感谢四川大学的王竹教授,他一直关心本书的写作,并对本书的架构设计提出了非常中肯、珍贵的意见。

"高山仰之,景行行止。虽不能至,然心向往之。"各位老师的学术底蕴、大家风范和优雅气质,为我以后的学术生涯乃至人生道路,树立了新的目标和方向。

感谢我的家人,他们的关心和支持是我奋力前行的最大动力。特别要感谢我的妻子姚瑶,在我撰写论文期间,辞职在家照顾女儿,分担了更多的家务,使我能专心写作,小女健康聪明、活泼可爱,多归功于妻子的辛劳。

感谢李景义、李幡、司丹、严城、马成慧、李丹丹、王睿、赵博、窦玉倩、李兵巍、孙磊、韩彧博、任江、霍原等诸位博士同学、朋友,他们无私的帮助和关怀使我得以顺利完成博士学业。同学友谊,永记于心。

还要特别感谢中国社会科学出版社的宫京蕾女士,她的严谨、负责的工作态度和敬业精神令我敬佩!

……

路漫漫其修远兮,吾将上下而求索!

柳春光

2019 年 10 月 23 日

于洛阳师范学院月明湾